第九批公共管理一级学科河南省重点学科支持计划

河南省高等学校哲学社会科学创新团队支持计划：
公共服务创新与地方政府治理现代化（2018-CXTD-09）

国家社会科学基金项目：
国家治理能力现代化视野下的“省直管县（市）”体制改革研究（14BZZ059）

河南省教育厅人文社会科学重点研究项目：
日常生活视角下农民集中居住与社区治理创新问题研究（2016-ZD-056）

河南大学公共管理学科丛书

正村的社区试验

李有学 / 著

中国社会科学出版社

图书在版编目（CIP）数据

正村的社区试验/李有学著.—北京：中国社会科学出版社，2018.8
（河南大学公共管理学科丛书）
ISBN 978-7-5203-2666-7

Ⅰ.①正… Ⅱ.①李… Ⅲ.①农村社区—社区管理—研究—新安县
Ⅳ.①D669.3

中国版本图书馆 CIP 数据核字(2018)第124931号

出 版 人 赵剑英
责任编辑 孔继萍
责任校对 李 莉
责任印制 李寡寡

出 版 中国社会科学出版社
社 址 北京鼓楼西大街甲158号
邮 编 100720
网 址 http://www.csspw.cn
发 行 部 010-84083685
门 市 部 010-84029450
经 销 新华书店及其他书店

印 刷 北京明恒达印务有限公司
装 订 廊坊市广阳区广增装订厂
版 次 2018年8月第1版
印 次 2018年8月第1次印刷

开 本 710×1000 1/16
印 张 14.75
插 页 2
字 数 235千字
定 价 68.00元

序　言

《正村的社区试验》一书是我的学生李有学以攻读博士学位时撰写的一篇调研报告为基础，经逐渐提升与完善而成的一部学术著作。现在付梓出版，要求老师作序，我当然义不容辞。另外，我感觉李有学的论述中未能对传统的广大农村为何突然掀起一场暴风骤雨式的所谓“社区建设”运动，即“它从哪里来、干吗要这样展开”这些重大缘由作一完整而清晰的交代，很容易让读者对蕴藏其中的许多矛盾冲突产生一种突兀感。因此，也想借作序的机会，对当时的宏观历史背景与微观政策得失谈谈自己的体会和看法，希望能够对这部著作的宣传起到一些积极作用。

大约于“十一五”期间，作为农业大省的河南与湖北争当促进“中部崛起”的战略“支点”，急欲需要工业化、城镇化的超常规发展。时任河南省委主要领导人在考察了新乡、平顶山、安阳、鹤壁、许昌等地以“社会主义新农村建设”为旗号所推行合组并村、合村并居、农村改社区、村委会改居委会的改革实践之后，高度肯定这个“伟大创举”是继家庭联产承包责任制之后农村发展的“第二次革命”。2011 年 11 月，河南省召开第九次党代会，政治报告中又以大量篇幅系统地阐述了新型农村社区建设的必然性、必要性和重要性，提出“走新型城镇化道路，必须增加新型农村社区这一战略基点”。大会要求全省尽快行动起来，把新型农村社区建设作为“统筹城乡发展的结合点、推进城乡一体化的切入点、促进农村发展的增长点”。

正村属于河南省东部某县的一个以农业为主的普通村庄，在上述政策背景与社会力量的裹挟之下，也迅速地被卷入一场轰轰烈烈地由传统农村向现代城镇改造转型的“人民战争”之中。李有学攻读博士学位期间深入此村作过较长时间的追踪访问，与基层干部、农民群众交朋友，拉家常，共同经历新型社区建设的整个过程。2014 年秋天，他曾邀请我实地考察，但此时的正村在短短的数年间已经完全失去了往日的宁静，千百年来让外出游子们刻骨铭心、魂牵梦萦的美丽乡愁几乎荡然无存，一栋栋高大的“洋楼”从麦田里拔地而起，整齐的街道，连排的住宅，统一的户型，加上按照人口规模配套建设的社区卫生室、学校、菜场、居委会和党员群众服务中心等公共建筑基本上一应俱全，就像一座小城镇突然降临青纱帐中，连不远处的郑州许多游客都觉得这里“换了人间”。

李有学认为：“在农村现代化转型过程中，新型农村社区为‘农村向何处去’提供了答案，其主旨在于建设适应城乡一体化发展的新型农村社会生活共同体，同时也为国家的乡村治理转型与公共服务均等化提供相应的基础平台。国际经验与国内发展都表明建设新型农村社区是促进农村现代化的最佳路径，全国各地都已经开展了各种各样的有益探索。”因此，他决定选取正村新型农村社区建设为研究对象，希望通过对案例的深度描绘，展现微观过程与全部图景，最后总结其中的经验与教训，探讨其中的规律性问题，从而为新型农村社区建设提供理论服务。

我估计有人会提出歧义：这个新型农村社区建设的主要内涵与基质特征到底是什么？当前热火朝天地进行着的所谓“新型农村社区”建设，是不是真正地在展现广大农村社会的现代化转型？正是这些歧义，使得包括河南省在内的全国很多地方新型农村社区建设的正确性、必然性、重要性等不断受到专家学者的质疑。同时，新型农村社区怎样确定科学目标、如何积极稳妥建设，以及农村社会如何与时俱进以实现现代化转型等，也成了人们目光高度聚集的社会热点焦点问题。可以说，李有学的选题和研究很有意义。

实践证明，正村超常规的跨越性发展，不仅带来“换了人间”的神奇变化，也带来了一系列成长中的无穷“烦恼”。根据李有学的观察分析，产生“烦恼”的一个重要根源，乃为新型农村社区建设的决策者们所追求的奋斗目标和执行的历史任务，已不再是党中央在十六届五中全会提出的以“生产发展、生活宽裕、乡风文明、村容整洁、管理民主”为核心内涵的社会主义新农村，而是通过政府强大的行政动员能力，迅速到达驱除农业、改造农民、消灭农村的彼岸以尽快实现城镇化。按照这个目标与方向朝前走，打着“新型”旗号的农村社区建设的标准“范式”便理所当然地会表现出“拆迁规模化、安置聚居化、产业非农化、基础设施城市化、生活服务社区化、社会治理网格化、生活方式市民化”等一系列的典型特征。尽管名义上仍然称之为农村社区，实质上是把一种粗放式、外延扩张型的城市建设与城市管理办法直接“硬搬”到了广大农村。

客观地评价，此种发展路径对于那些处在工业化、城镇化辐射前沿而“近水楼台先得月”的部分农村，特别是对那些已经属于“城中村、城郊村、园中村”的地方来说，应该是一种瓜熟蒂落、水到渠成的有效选择。但是，对于包括正村在内的经济社会发展水平还很低的广大农村腹地来讲，则没有决策层想象中的那样顺利和美妙。因为这里离真正的城镇化尚很遥远，绝大多数人口的身份仍旧是地地道道的农民，需要继续守望传统的农业生产方式即依靠务农以维持生计。然而，“合组并村”或“合村并居”甚至干脆撤村建镇的超前变化又把他们强制性地推入城市居民的生活方式之中。生产方式涛声依旧而生活方式日新月异的结果，许多前所未有、闻所未闻的新情况、新问题、新矛盾像狂风暴雨一般铺天盖地而来，便是合乎逻辑的正常现象。

城镇化当然是一件于人民、于国家都是求之不得的大好事。但是，此举应该如妇女十月怀胎、一朝分娩一样是一个地区经济社会繁荣发展到了一定阶段之后的自然产物，而绝对不能依靠甚至盲目迷信政府的行政动员能力，在并不具备城市建设条件的地方采取类似“人工授精”和“剖腹产”等急功近利、投机取巧之法，以快速推动城镇化进程。同样的道理，农村社会治理模式脱离传统的建设轨道，走现代新型社区发展之路，也必须老老实实地遵循其内在规律，走激发活力、积累要素、夯实基础、徐而图之的道路，千万不可“一刀切”地强行推广，搞那种“没有条件创造条件也要上”的“霸王硬上弓”。这样的话，极有可能使新旧矛盾叠加在一起，危及整个农村社会的稳定。就算政府通过强大的财政支持把城镇“化”成了，也会像建立在沙漠之上的大厦，迟早一定会坍塌。

这本是一个非常简单的基本常识，地方决策层不可能不懂。为什么明知山有虎，却偏向虎山行呢？主要原因就在于：进入21世纪以来，农业经济在整个GDP结构中所占的比重越来越小，不仅税费改革之后很难再给地方政府贡献财政收入，反而成为财政支出的巨大包袱。虽然中央政府在不断地加大财政转移支付的力度，地方政府仍然一直陷在“吃饭财政”的窘境之中，无法推动经济的跨越式发展。地方领导人只好另辟蹊径，把发展重心与主攻方向转移到既能迅速做大GDP蛋糕，又能贡献更多财税收入的工业化、城镇化建设上来。这也是多年来为什么党中央反复强调“三农”工作的“重中之重”地位，不少地方在贯彻落实时却总是表现出“雷声大、雨点小”，甚至“干打雷、不下雨”之现象的真正缘由。

然而，发展工业化、城镇化并非随心所欲，需要一系列生产要素的优化配置特别是土地资源的保障。但以1997年出台的《中共中央、国务院关于进一步加强土地管理，切实保护耕地的通知》和1998年修订的《中华人民共和国土地管理法》为标志，国家开始实施“世界上最严格”的土地管理制度。按照新规定，市、县地方政府对非农建设用地的审批权完全被剥夺，省级政府的审批权限也仅在35公顷之内。倘若再多，则必须上报国务院“格外开恩”了。为破解农业耕地保护与非农用地保障“两难”困境，一些地方采取置换、周转和农地整理折抵等办法，盘活城乡存量建设用地，以解决城镇化和工业园区土地资源之不足。国家觉得此乃“鱼和熊掌兼得”之举，遂于2000年6月出台《中共中央、国务院关于促进小城镇健康发展的若干意见》，规定“对以迁村并点和土地整理等方式进行小城镇建设的，可在建设用地计划中予以适当支持”。随后，国土资源部发出《关于加强土地管理促进小城镇健康发展的通知》，明确提出建设用地周转指标，主要通过“农村居民点向中心村和集镇集中”“乡镇企业向工业小区集中和村庄整理”等途径解决。

毋庸讳言，长期以来各个地方都普遍存在土地粗放利用问题，特别是在广大农村，村庄布局零乱，农户居住分散，加之剩余人口潮水般涌入城镇务工，空心化日趋严重，很多宅基地被闲置浪费。针对这种既紧缺又浪费的实际情形，2006年4月，国土资源部以山东、天津、江苏、湖北、四川五省市为试点，先行开展城乡建设用地增减挂钩的探索。我记得当时最为活跃的地方一是四川的成都，二是山东的聊城、德州、潍坊。这几个地方我都先后去专门考察学习过，虽然各自的操作模式有所不同，但大多都是以“合组并村”或“合村并居”为突破口，通过政府的行政主导并辅之以市场手段，将散居的个体农户和距离近、规模小、条件差的自然村落，按照规划布局迁移到某个地方集中居住，形成新农村，有的叫小城镇，但多数称之为“新型农村社区”。农民集中迁移之后，原来的村庄经过复垦成为耕地，统一纳入城乡建设用地增减挂钩与占补平衡的核算范围。

合组并村、合村并居和农村改社区、村委会改居委会的实践结果，使得一批人口集居度相当高的新型社区（尽管还是农村）脱颖而出。这些社区的异军突起，为社会主义新农村建设实现“规模效应”创造了客观条件，构筑了体制平台，亦对基础设施和公共服务的效率提升产生了明显的促进作用。更让地方领导人心花怒放的是，通过新型农村社区建设而“整理”出来的大量土地资源，为地方工业化、城镇化建设作出了巨大贡献，甚至直接转化成为了地方政府的土地财政收入。事实证明，这一创举对于解决基层政府“缺钱用”、新农村建设“缺资金”、工业化城镇化“缺土地”、城乡统筹发展“缺抓手”、土地制度改革“缺平台”、社会治理转型“缺路径”等众多“疑难杂症”来说，无疑是一剂可以妙手回春的“治病良药”。

新型农村社区建设的上述诸多溢出效应，给正处在“山穷水尽疑无路”的地方经济建设与社会进步带来了“柳暗花明又一村”的神奇作用，其经验很快被全国各地移植便是极其自然的事情。可以说，这就是21世纪以来农村社区建设之所以高潮迭起的政策背景与社会条件，也是包括河南省在内的许多地方政府之所以强力推进农村社区建设的利益所系与动能所在。《正村的社区试验》一书即为李有学紧密围绕这个故事渊源和时间节点所进行的实证调查与具体分析，也可以理解为是李有学对21世纪初中国农村社会变革这一宏大叙事的微观记载和理性总结。因此，了解和把握上述背景与渊源，有助于我们客观分析地方政府的价值取向、政策引导和行政干预模式在新型农村社区建设中的利弊得失，亦有助于我们正确判断农村原始性组织结构、意识形态、农民利益诉求方法在应对社会变迁与发展之时所表现出来的是非曲直。

我曾经在县市区一级担任过党政主要领导职务，后来又长期在省委政策研究部门工作，多年的实践经验与直觉告诉我，凡农村出现重大矛盾问题或者引发群体事件，其主要责任多半在我们“官方”，也可以说是地方政府惹的“祸”，因为地方政府几乎所有的目标追求都是以自己的生存与发展为中心，很少真正地考虑农民群众的权力与利益。即使是贯彻落实中央的方针、路线与政策，他们也会或多或少地夹杂着自己的“小算盘”。当然，归根结底追究起来，地方政府之所以敢于冒着很大政治风险去挑战中央政策的权威性，去盘算本地区经济社会发展的“小九九”，不少确实属于是现行体制机制压迫之下的无奈之举。但是，凡过分追求局部利益必然导致心浮气躁、急功近利的现象层出不穷，从而危害国家的整体利益和长远利益。

有人指出：中国的所谓“三农”问题，合起来其实就一个问题，即农民的权利问题。我基本上同意这个观点。改革开放以来，农业繁荣、农民富裕、农村进步的事实确实有目共睹，必须高度肯定，但农民群众不情愿、不高兴、不满意、牢骚满腹、怨声载道，甚至引发群体冲突的事件也不胜枚举，往往都是政府把本该属于农民的基本权利剥夺了。以正村新型农村社区建设为例，农民的土地财产权、住宅交易权、自由迁徙权、生产合作权、社区管理权等这些基本权利，哪一个是由农民自己真正掌握着？带普遍性的现实情况是：凡属重要的事情，都由政府以“为人民服务”的名义给农民“当家作主”了。

李有学从政府与农民两个层面对正村新型农村社区建设与治理过程进行了具体考察和深入分析，得出的结论让人十分忧虑。他认为农民本该是新型农村社区建设与管理的主人，但在实际上政府不仅通过规划、征地、赔偿、分配等手段主导着新型农村社区的建设，而且还通过日常治理与公共服务等方式掌控着社区农民生活的转变。他指出，这种社区建设与社区服务具有明显的行政化和形象化色彩，绝大多数农民对政府提供的建设方案与治理行为持有不满情绪和抵触行为，从搬迁到分配，村民很少参与其中以形成积极互动。尽管如此，农民最终还是顺从了政府的安排与管理。

农民顺从政府的安排与管理固然是件好事，但前提必须是政府的安排与管理要顺从农民合乎情理的意愿，不能依靠行政权力的压迫。按照党的十七届三中全会上所作出的判断：农业基础仍然薄弱，最需要加强；农村发展仍然滞后，最需要扶持；农民增收仍然困难，最需要加快。10

年过去了，我们应该清醒地看到，比较之下，农业依旧是最薄弱的产业，农村依旧是最落后的地方，农民仍旧是最贫穷的群体。农民群众的地位之所以普遍低下，收入之所以普遍菲薄，一个重要原因就是许多基本的权利被剥夺，使他们无法保障本该属于自己的各种权益。可以说，一个没有基本权利的农民群体，永远只能是一个弱势群体和贫困群体。他们虽然有着自己的意愿与想法，但博弈到最后，还是被别人所替代，不得不顺从政府很多时候并不怎么公平正义的安排与管理，问题与隐患却被掩盖起来了。由此可见，贯彻落实以习近平同志为核心的党中央提出的全面依法治国思想，坚持村民自治制度，还权于社会，还权于农村，让农民群众真正地当家作主，的确是一件十分艰难而任重道远的事情。

读了李有学的书之后，我有三点体会或思考：第一，传统农村不管选择哪条路径向现代化转型，都必须是经济社会繁荣发展到了一定历史阶段之后的自然产物，需要老老实实地遵循其内在规律，通过激发活力、积累要素、夯实基础来徐而图之；第二，传统农村向现代化转型，不一定非得吊死在城镇化这一棵歪脖子树上，而必须依据各自的区位地理、资源禀赋、经济基础、人文精神等实际情况来选择适合本地农村农业发展的科学道路；第三，传统农村向现代化转型过程中，政府必须始终把实现好、维护好、发展好最广大农民群众的根本利益作为一切工作的出发点和落脚点，克服“为民做主”的陋习和“与民争利”的恶习，完全尊重农民的主体地位，充分发挥其积极性创造性，这是传统农村向现代化成功转型的制胜法宝。

是为序。

宋亚平

二〇一七年八月二十日于武汉

目　录

摘　要 ……………………………………………………………… (1)

第一章　绪论 ………………………………………………………… (1)
　一　研究缘起及选题背景 ………………………………………… (1)
　二　国内外研究综述 ……………………………………………… (6)
　　（一）国外研究 ………………………………………………… (7)
　　（二）国内研究 ………………………………………………… (9)
　　（三）新近发展及其研究 ……………………………………… (13)
　三　研究思路及论文结构 ………………………………………… (18)
　四　研究方法与资料来源 ………………………………………… (20)
　　（一）研究方法 ………………………………………………… (20)
　　（二）资料来源 ………………………………………………… (22)

第二章　正村社区的历史变迁 ……………………………………… (24)
　一　正村社区的基本情况 ………………………………………… (24)
　二　历史中的正村社区 …………………………………………… (27)
　　（一）村庄治理 ………………………………………………… (28)
　　（二）宗族规训 ………………………………………………… (31)
　　（三）村庄生活 ………………………………………………… (34)
　三　新中国成立后的正村社区变迁 ……………………………… (37)
　　（一）土地改革运动 …………………………………………… (37)
　　（二）合作化与人民公社运动 ………………………………… (43)
　　（三）乡政村治格局下的正村社区 …………………………… (50)

第三章 社区建设：政府行动与村民诉求 ……………………… (61)
一 被选择的正村社区：试点、项目与政策 ……………… (61)
二 政府的主导性行动 ……………………………………… (67)
(一) 行动机制与方法……………………………………… (68)
(二) 行动过程与策略……………………………………… (81)
三 村民的诉求与行动策略 ………………………………… (101)
(一) 土地：社区建设的核心要素 ……………………… (101)
(二) 村民的行动策略 …………………………………… (107)

第四章 社区生活：政府治理与村民变化 ………………… (117)
一 正村新社区：全新的生活空间 ………………………… (117)
(一) 进入新空间：安置村民 …………………………… (117)
(二) 接受新环境：从自然发展到人为规划 …………… (120)
(三) 理解新社区：理性与事实的差别 ………………… (125)
二 政府主导的社区治理与公共服务 ……………………… (128)
(一) 行政化的社区治理 ………………………………… (128)
(二) 集优化的社区公共服务 …………………………… (134)
(三) 社区治理与服务的多元理解 ……………………… (137)
三 村民的社区新生活 ……………………………………… (143)
(一) 社区公共生活及其变化 …………………………… (143)
(二) 家庭私人生活及其变化 …………………………… (149)
(三) 村民的适应性反应 ………………………………… (159)
(四) 理解新生活：矛盾并适应着 ……………………… (164)

第五章 反思：小事件与大问题 …………………………… (168)
一 正村社区试验的反思与判断 …………………………… (168)
(一) 新型农村社区：主导—顺从关系模式下的
逻辑结果 ……………………………………………… (168)
(二) 新型农村社区是一项颠覆性的社会工程 ………… (176)
(三) 农民：边缘化的社区主体 ………………………… (182)

二　正村社区试验的抽象与放大 ………………………………（187）
（一）理性认识农村社会的发展阶段及其特征 ………………（187）
（二）重新认识政府主导的价值：从主导到引导 ……………（189）
（三）尊重农民主体权利，培育和发挥农民主体性 …………（192）

附　录 ……………………………………………………………（196）

参考文献 …………………………………………………………（201）

后　记 ……………………………………………………………（217）

摘　要

在农村现代化转型过程中，新型农村社区为“农村向何处去”提供了答案，其主旨在于建设适应城乡一体化发展的新型农村社会生活共同体，同时也为国家的乡村治理转型与公共服务均等化提供相应的基础平台。国际经验与国内发展都表明建设新型农村社区是促进农村现代化的最佳路径，全国各地都已经开展了各种各样的有益探索。不过在建设过程中，必然会产生各种各样的问题，这些问题需要我们进行理论层面的深入研究。

在此背景下，本书主要采用个案研究的方法，选取正村新型农村社区建设为研究对象，通过对案例对象的深度描绘，展现其中的微观过程与全部图景，最后总结其中的经验与教训，探讨其中的规律性问题，为新型农村社区建设提供理论服务。

首先，本书从历史的角度对正村的社区变迁过程进行叙述与分析，揭示其历史基础与背景。通过对正村社区变迁的历史描述认为，正村的社区变迁是国家与社会关系的缩影，国家力量一直在寻找与建立有效治理的载体，村庄内生力量则使村庄保持着适应与复原能力，两种力量的交互作用决定着农村社会的治理变化与发展方向。新型农村社区是国家为了适应农村发展而试图建立的治理载体，这两种力量也必然会在其建设过程中进行互动博弈。

然后，本书对正村新型农村社区建设过程进行了描述与分析。在对政府行动与农民诉求两个层面进行描述后，笔者认为政府主导了社区建设，社区的规划、征地、赔偿、分配等各个方面都由政府主导推动。政府的主导作用主要依靠规定动作与自选动作来实现。同时指出，村民也会想尽各种方法实现自己的利益诉求，不过这种行动明显地表现出被动的补偿性特征。两种力量的博弈造就了正村新的社区生活空间。

接着，本书对正村新型农村社区生活状态进行了描述与分析。在对政府的社区治理与农民的社区生活两个层面进行描述后，笔者认为在社区生活过程中，政府依然主导着社区的日常治理与公共服务，政府开展了各种社区治理与公共服务的工作，促进了农民社区生活的转变，不过这种社区治理与服务具有明显的行政化色彩，村民的参与程度与认同程度都比较低。另外，村民被安置进入全新的社区空间，生活环境的改变也彻底改变了村民原有的村落生活与家庭生活，村民在享受着现代化生活的同时也承受着其中的代价与风险。

最后，本书总结认为，正村新型农村社区是主导—顺从关系模式下的逻辑产物，是一项颠覆性的社会工程，表现出农民权利及其主体性的缺失。在进一步的理论探讨中，笔者指出：新型农村社区建设是一个长期的客观的发展过程与发展趋势，在此过程中，需要理性认识农村社会的发展阶段与农民的经济发展水平，超前建设与盲目推进都会造成不可预知的风险；正确认识政府主导的合理性与有限性，主导不是全面干涉而是有边界、有规范的主导；尊重农民主体权利及其主体性的实践价值的同时，需要注重培育与发挥农民的主体性，进而在政府与农民两者之间建立互动合作型的关系模式，这样才能够更有利于推动新型农村社区的建设与发展。

关键词： 社区变迁；新型农村社区；政府主导；主体性

第一章

绪论

一 研究缘起及选题背景

转型是描述我国现代化进程的关键词，从传统向现代转变，从农业向工业转变，从计划经济体制向市场经济体制转变，社会变迁已经成为我国的社会常态，这些社会变迁的剧烈性、深刻性丝毫不亚于卡尔·波兰尼所言19世纪西方文明发生的“大转型”。乡村社会的历史性变迁是这一“大转型”过程中的关键过程，农村现代化、农村城镇化、社会主义新农村、城乡一体化、农村工业化等众多饱含战略意义的词汇一直占据着各种传播媒介的中心位置，成为政府与社会、精英与大众讨论的热门语汇。

以城市和工业建设为中心的我国现代化战略的实施在取得巨大成绩的同时也呈现出落差极大的两个方面，一方面是持续繁荣、突飞猛进的城市与工业，另一方面是持续衰落、凋敝破败的农村与农业，“世界上任何意识形态、任何体制条件下的发展中国家工业化和城市加速时期，大都呈现二元结构，大都出现农业生产力诸要素大规模净流出，这是已经被国际经验所证明的导致乡村衰败的主要原因。”[①] 这样，二元结构和不均衡发展造成农村社会的落后并使之成为现代化进程中的发展“短板”，“城乡区别就是社会最现代部分和最传统部分的区别。处于现代化之中的社会政治的一个基本问题就是找到填补这一差距的方式，通过政治手段

① 温铁军：《中国新农村建设报告》，福建人民出版社2010年版，第16页。

重新创造被现代化摧毁了的那种社会统一性"[①]。因此需要找到一个新的制度平台与抓手改变城乡差别，实现城乡公共服务均等化与城乡一体化发展。

在这样的现代化转型过程中，农村社会也必然发生深刻的历史变迁，农村社会的利益关系、社会秩序、经济结构、精神纽带等都发生了根本性变化，从封闭走向开放，从固守走向流动，从同质性走向异质性，这种转变一方面给农村社会带来了现代化元素，增强了农民的现代性，而另一方面也加速了农村社区共同体的快速解体，社区边界逐渐被打破，社区认同感与归属感等社区文化资本快速流失。尤其是在市场化的影响下，农村社会的各种资源要素的持续性流出导致了"乡土衰败"，也扩大了城乡差距，这表明现行的农村基层组织与管理体制已经无法适应农村社会的发展变化，需要找寻与创设新的更加适应农村社会转型与变化的制度与机制。

以现代化发展的视野来看，"社区建设是世界各国努力实现社会现代化与经济现代化均衡发展的一种国家战略"[②]。1955 年联合国发表的《通过社区发展促进社会进步》（*Social Progress Through Community*）专题报告，让社区发展成为一个全球性的概念，许多国家根据自己国家的不同情况都积极开展了社区建设行动。社区发展与社区建设已经成为国际性的发展潮流与历史趋势，开创了一股世界性的社区运动，越来越多的国家开始积极促进社区发展与建设，日本的"造町运动"、韩国的"新村运动"、台湾地区的"社区营造"、欧盟国家的"领导+"项目等，通过社区建设重新建立社区居民之间的互识、互联、互助的精神纽带与情感价值，同时也成为政府提供更好的公共治理与公共服务的载体与平台。当然，社区肯定不是解决所有社会问题的根本途径，但是社区建设却为解决各种问题、找回消逝在工业化和现代化过程中的"天堂"提供了最好的途径。因此，从国际视野看，社区发展与社区建设也是国家现代化发展过程中的必然趋势，

正是在国际社区建设经验与国内社会发展需求的双重考量下，为了

① 塞缪尔·P. 亨廷顿：《变化社会中的政治秩序》，上海人民出版社 2008 年版，第 56 页。

② 陈伟东：《论社区建设的中国道路》，《学习与实践》2013 年第 2 期。

适应农村发展与现代化的要求，农村社区建设就成为我国现代化进程中的必然的制度选择，十六届六中全会通过的《中共中央关于构建社会主义和谐社会若干重大问题的决定》中提出“积极推进农村社区建设，健全新型社区管理和服务体制，把社区建设成为管理有序、服务完善、文明祥和的社会生活共同体”。党的十七大报告进一步将推动城乡统筹发展和农村改革发展纳入国家长远发展规划。农村社区建设为乡村治理模式的创新提供了制度平台，从村落变为社区，从村民委员会变为社区委员会是农村基层社会治理体制的制度创新与重大变革。新型农村社区建设与传统的农村社区不同，其旨在建设新的农村社会生活共同体，如果说人民公社创建了农村社会生产共同体，村民自治形成了农村社区行政共同体，那么农村社区建设的农村生活共同体则实现了对两者的继替，这也为政府在新的时期为农村社区提供均等化的公共服务搭建了行动载体，这些对于社会主义新农村的深入推进与城乡一体化发展具有重要的现实意义与历史意义。

与国外发达国家社区建设的自然逻辑进程不同，我国的社区不是“自然发现的”而是“主动建设的”，社区建设的中国道路从开始就是一种中国语境下的政治性建构过程，呈现出强烈的主动性色彩。政府作为一种外部整合力量，扮演了行动主导者的角色，自上而下、由外而内地推动并完成了动员、组织、规划、建设等主要活动。“社区建设”的概念最初是由民政部在1991年5月提出，首先进行的是城市社区建设，城市社区建设的经验为农村社区建设提供了可资借鉴的经验。2006年7月，民政部下发了《关于做好农村社区建设试点工作推进社会主义新农村建设的通知》，决定在全国有条件的地区开展农村社区建设的研究探索和试点工作。2007年，民政部制定了《全国农村社区建设实验县（市、区）工作实施方案》，第一批确定了251个全国农村社区建设实验县（市、区），覆盖28个省、市、自治区和直辖市。截至2008年10月底，共有304个全国农村社区建设实验县（市、区），占全国2862个县级单位的10.55%。共有20400个村作为农村社区试验村，占全国64万多个村的3.19%。全国除香港、澳门两个特别行政区之外，中国大陆31个省、市、自治区均参与了农村社区的建设实验工作。[①] 2009 年 3 月 6 日，民政部下发了《关于开展“农村社区建设实验全覆盖”创建活动的通知》，提出领导协调机制、社区建设规划、社区综合服务设施、社区各项服务、社区各项管理五项全覆盖要求，全面推进农村社区建设。

尽管明确提出农村社区建设政策与思想的时间并不长，但是在国家政策的整体框架下全国各地都在开展着多种模式的农村社区建设。如江西“一会五站”村落社区模式、湖北杨林桥撤组建社的社区模式等，这些模式强调社区服务的建设。四川、山东、河南、吉林、浙江等很多地方政府将城市发展与社会主义新农村建设结合起来进行农村社区建设，如成都市将城乡一体化与农村社区建设结合起来，强调要“打造功能协调、服务配套的新型农村社区，集中连片推进社会主义新农村建设”。以三个集中、六个一体化、四大基础工程[②]为主要内容开展新型农村社区建设。作为“全国首批农村社区化建设全覆盖示范市”，山东省诸城市把全市统筹规划为“1 城（中心城区）—13 镇（街道）—208 个农村社区”的新格局，确立了“城、镇、农村社区”一体化发展的新型村镇体系，计划撤销全市 1249 个行政村，同时建立 208 个农村社区，对原有居住较为分散的村庄空间进行规划和优化，让地域相近的村民集中居住。将全市 70 万农民全部纳入“2 公里社区服务圈”，在中心村设置社区服务中心，为社区居民提供近距离、全方位的公共服务。河南省新型农村社区建设也是农村社区建设的一个组成部分。河南省新型农村社区建设被看作是统筹城乡发展的结合点、推进城乡一体化的切入点、促进农村发展的增长点、是促进农村生产、生活方式转变的主要载体和推进“三化”协调、城乡一体化发展的根本途径。主要做法是运用城市的思维与办法，重新规划村庄空间，让农民集中居住，土地进行流转，集约利用，这样

① 项继权、袁方成：《全国农村社区建设实验与发展报告》，《研究咨询报告》2009 年 1 月 5 日，第 11 页。转引自许远旺博士论文：《规划性变迁：机制与限度——中国农村社区建设的路径分析》，华中师范大学政治学研究院 2010 年 3 月。

② 三个集中是工业向集中发展区集中、农民向城镇和新型社区集中、土地向适度规模经营集中，六个一体化为城乡规划、城乡产业发展、城乡市场体制、城乡基础设施、城乡公共服务、城乡管理体制方面的一体化，四大基础工程为农村产权制度改革、农村新型基层治理机制建设、村级公共服务和社会管理改革、农村土地综合整治等。

工业项目就可以落地，城镇化就可以推进，农业现代化就有进一步发展的空间，在这样的思想指导下，各地市开展了不同模式的探索，新乡和舞钢是其中的典型代表。

新型农村社区既不同于传统的行政村，也不同于城市社区，而是在城乡一体化的发展战略下，通过统一规划建设的新型社区，以此在农村社会营造一种新的社会生活形态，进而缩短城乡差距，促进城乡统筹发展，基于此，本书将新型农村社区的概念界定为：所谓新型农村社区，就是指打破原有的村庄界限，把两个或两个以上的自然村或行政村，经过统一规划，按照统一要求，在一定的期限内搬迁合并，统一建设新的居民住房和服务设施，统一规划和调整产业布局，组建成新的农民生产生活共同体（也成为“中心村”），形成农村新的居住模式、服务管理模式和产业格局。[①] 在政府看来，农村社区建设，有利于把社会主义新农村建设的各项政策措施落到实处，引导政府的社会管理和公共服务向农村延伸，搭建推进社会主义新农村建设的有效平台；有利于协调农村利益关系，化解农村社会矛盾，调动农民群众和社会力量参与新农村建设的积极性。对于加快城乡一体化进程，具有重要意义，这也充分表明了政府建设新型农村社区的善治动机。

在很短的时间内，新型农村社区建设已经在全国各地全面推行，社区化建设已然成为一个影响重大的社会工程，其产生的影响与发挥的巨大效应使这个带有探索性质的实践受到了各个方面的关注，也引发了激烈的争论。肯定的观点认为有利于守住 18 亿亩耕地；有利于节约农村基础设施建设投资；农村公共品供给更加有效；农村治理更加有效；有利于促进农村金融和经济发展；有利于改变农村基础设施建设和农村经济发展外部依赖的困局。[②] 同时，农民的居住条件、精神面貌和社区治理结构也会发生变化，而且有利于拉动投资。[③] 不过也有观点对农村社区建设提出质疑，认为新型农村社区建设是在搞运动，是华而不实的面子工程、形象工程，这些“消灭村庄”“大拆大建”及“逼农民上楼”的行为，

① 喻新安、刘道兴、阎德民：《新型农村社区论》，人民出版社 2012 年版，第 46 页。

② 李昌平：《撤村改社区、宅基地换住房，我顶》，《东方早报》2010 年 8 月 27 日。

③ 党国英：《如何看“迁村并居”热潮》，《人民论坛》，第 6 页。

是"土地财政"及行政机器驱动下的"伪城市化"。①

建设新型农村社区是实现农村现代化的最好途径，不过在持续推进建设的过程中，肯定存在各种各样的实践问题，这就需要对新型农村社区建设进行深入研究，为社区建设的更好推进提供有力的理论指导与服务。在这样的农村社区建设浪潮中，本书选择正村新型农村社区为研究个案，对这一事件的过程进行细致的微观观察，尽力描绘农村社区建设的详尽过程，进而给出一幅可视性较强的社区画面，并努力总结其中的经验教训，探讨其中某些规律性的问题，以期为进一步完善农村社区建设提供理论认识与理论服务。总体而言本书关注的问题是："新型农村社区建设的微观运行机制与过程究竟是怎么样的？其蕴含的演进逻辑是什么？"本书将这个微观过程按照时间维度分为建设过程与生活过程，其中指涉的具体行为主体主要是乡镇政府与村民，这样，本书的关注主题可以拓展为三个层面：

（1）在新型农村社区建设过程中，代表国家权威的基层乡镇政府是如何看待新型农村社区的？如何行动以完成工作任务？利益攸关者农民是如何被卷入这场轰轰烈烈的现代乡村建设运动中的？在这样的运动过程中，农民是如何思考与行动的？

（2）在新型农村社区生活过程中，基层乡镇政府采取了怎样的社区治理行动？农民进入了怎样的生活情景？日常生活发生了哪些变化？农民是如何思考与行动的？

（3）在这两个过程中蕴含了哪些演进逻辑？有哪些经验与教训，对如何进一步完善农村社区建设有何启示？

二 国内外研究综述

在理论研究方面，有一种类型化的理论分析方法，即将社会形态高度抽象概括为两个极端的类型，进而以此为框架实现对分析对象的研究，

① 杨明生：《新型农村社区建设要谨防"走偏"》，《中国建设报》2012年8月21日；王贵仁：《山东诸城推行农村社区化宅基地换房屋农民住楼》，《瞭望》2010年第47期；苏北：《半月评论：乡村文明的明天是什么》，《半月谈》2014年1月31日。

马克思的“封建主义社会”和“资本主义社会”，迪尔凯姆的“机械团结”和“有机团结”，库利的“首属群体”和“次属群体”，贝克尔的“神圣社会”和“世俗社会”以及费孝通提出的“礼俗社会”和“法理社会”都是这样的抽象化概念。“社区”与“社会”的概念也是理论的抽象，在德国社会学家斐迪南·滕尼斯的名著《共同体与社会》一书中，首先提出“社区”或“共同体”（Gemeinschaft）[①] 的概念，意指人们依自然意志结合而成的社会联合，血缘、邻里、感情、地缘、心理的关系是人们“默认一致”而结合的主要方式。与社区相区别的社会则是以理性意志为联合基础，契约、协商、立法、舆论等是社会的连接基础。美国芝加哥大学罗伯特·帕克最早对社区进行了定义：“社区的基本特点可以概括如下：（1）它有一群按地域组织起来的人群；（2）这些人口程度不同地深深扎根在他们所生息的那块土地上；（3）社区中的每一个人都生活在一种相互依赖的关系之中。”[②] 通常情况下，最基本的、最重要的概念往往也是争论最多的概念，根据杨庆堃教授的统计，到1981年，仅“社区”的概念就有140种之多，时至今日，社区内涵更加丰富，社区概念也更加多样。不过，滕尼斯的“共同体”即社区概念为人们提供了一种全新的研究思路，社区—社会的类型学分析成为学者经常沿用的分析框架，社区研究也随着人们的重视开始拓展自身的研究范围，产生了很大的学术影响，很多学者进行社区研究产生了众多具有重要价值的学术成果。

（一）国外研究

西方学者对中国乡村社区给予了持续不断的关注与研究。1899年，美国传教士明恩溥（A. H. Smith）以自己在中国农村的生活经历和观察为基础写成的《中国乡村生活》与《中国人德行》两书中，明确提出“中

---

① 该书英文本为《Community and Society》，在国内也有将社区翻译为社群、公社或者共同体的。中文“社区”一词是20世纪30年代初以费孝通为代表的一些燕京大学社会学系学生根据滕尼斯原意首创。（白益华：《中国基层政权的改革与探索》，中国社会出版社1995年版，转引自黎熙元：《现代社区概论》，中山大学出版社1998年版，第3页。）

② 转引自：Larry Lyon，*The Community in Urban Society*，Chicago：The Dorsey Press，1987，p. 5。

国乡村是这个帝国的缩影”，考察乡村是认识中国的最佳切入点和关键①，这种观点促进了西方对中国农村的学术关注。20 世纪初，西方学者开始以规范的社会学和人类学理论与方法对中国乡村社区进行调查研究。1913 年，美国学者葛学溥（D. H. Kulp）带领学生多次对华南沿海地区凤凰村进行田野调查，并写成《华南的农村生活——广东凤凰村的家族主义社会学研究》（2006），该书提出了“家族主义”的核心概念，并以民族志的方式详细描述了凤凰村的人口、经济、政治、教育、婚姻等各方面的情况，葛氏研究的开拓性意义在于其开中国乡村社区研究之先河。几乎同时，美国学者卜凯（John Buck）在对中国 7 省 17 县 2866 个农户的调查基础上出版了《中国农家经济》一书，后来在 1929 年至 1933 年又以更大规模的农家调查为基础出版了《中国土地利用》一书，这两次调查被认为是西方学者利用实证方法对我国农村状况进行调查和研究的典范，其调查范围几乎涵盖了整个中国，其调查深度、广度和影响度前所未有。

新中国成立以后，政治性封闭限制了西方学者对中国大陆乡村社区的学术研究。此时，对香港和台湾农村的调查研究成为“代用品”，如裴礼达（Hugh D. R. Baker）的《一个中国宗族村庄：上水》（1968）、波特（Jack. M. Potter）《资本主义与中国农民——一个香港村庄的社会经济变迁》（1968）等。还有学者利用历史文献资料对中国农村社会的政治、经济、文化等方面进行研究，如萧公权、黄宗智、施坚雅、张仲礼等进行的研究。改革开放以后，对中国乡村社区的研究又开始逐渐增多，比较有影响的著作如弗里德曼（Edward Friedman）等人的《中国乡村，社会主义国家》（1991）、陈佩华（Anita Chan）等人的《陈村：毛泽东时代一个中国农村社区的近代历史》（1984）、萧凤霞（Helen F. Siu）的《华南的代理人与受害者》（1989）、黄树民的《林村的故事：1949 年后的中国农村变革》（1989）等。共产党领导的乡村革命运动也引起了国外学者的研究兴趣。韩丁（William Hinton）1966 年出版了《翻身：一个中国村庄的革命纪实》（1966）记录 40 年代山西革命根据地长治张村的土改过程，1971 年又对该村进行调查，撰写了《深翻：一个中国村庄的继续革

① ［美］明恩溥：《中国乡村生活》，午晴、张理京译，时事出版社 1998 年版，第 1 页。

命》(1983)，不过他的“革命”叙事在西方受到了多方批判。相似的还有戴维·克鲁克（David Crook）与伊莎贝尔·克鲁克（Isabel Crook）撰写的《十里店：一个中国村庄的革命》（1959）和《十里店：一个中国村庄的继续革命》(1979)。此外，利用间接资料尤其是日本满洲铁路株式会社（简称满铁）对中国的调查资料进行乡村社区研究也是一个重要途径。杜赞奇（Prasenjit Duara）的《文化、权力与国家——1900—1942年的华北农村》（1995)、黄宗智的《华北的小农经济与社会变迁》(2000)、《长江三角洲小农家庭与乡村发展》（2000）是其中的代表作品。此外还有戴慕珍（Jean C. Oi）的《选举与权力：中国村庄的决策主导者》（2000)、欧博文（Kevin O’ Brien）的《村民、选举及公民权》(2001）等有影响的研究成果。

国外学者从西方经济学、社会学、人类学、历史学和政治学等不同学科出发，运用多种不同的理论对中国乡村问题展开了多学科、多角度、多层次的研究，并引入了国家政权建设、国家与社会等分析框架，其对中国乡村社会进行研究的目的在于通过乡村社区认识中国，其最大的共同点在于对中国农村社会的经验研究，强调通过微观乡村社会的田野调查获知对中国社会性质的整体把握，进而理解国家与社会之间的互动关系。相关研究包含了寻求对中国乡村社区与社会进行解释的理论追求，很多学者根据自己的研究提出了很多有价值的理论概念或者分析视角，如杜赞奇的“权力的文化网络”“保护型经纪与赢利型经济”，黄宗智的“内卷化”“第三领域”，萧凤霞的“细胞化社区”，施坚雅的“市场共同体”，戴慕珍的“法团化”，费正清的“蜂窝结构”，这些理论认识与理论视角丰富了对中国乡村社区的理解与认识，也有助于对中国乡村社会的更深层次的把握。

（二）国内研究

从历史角度而言可以初步将乡村社区的中国研究划分为两个阶段：第一个阶段是20世纪三四十年代社会人类学者对中国乡村社区进行的本土化实地调查研究，其主要试图通过研究微型的乡村社区认识中国社会性质，并以此提出社会改革的方案；第二个阶段是改革开放以后，更多来自社会学、人类学、政治学的学者对中国乡村社区进行的经验性实证研究，试图实现小社区与大国家之间的理论关联，进而分析国家与社会的本质关系。

中国乡村社区研究是在西方社会学与人类学的影响下逐步开展的，首先倡导中国乡村社会的社区研究的是吴文藻先生与吴景超先生。吴文藻先生提出应把社会学的理论和方法与文化人类学或社会人类学结合起来，对中国进行社区研究，并认为，这种做法“与中国的国情最吻合!”[①] 吴文藻、吴景超、费孝通、林耀华、杨庆堃等很多有西学背景的学者开始通过调查不同类型的农村社区，对中国农村进行本土化的社区研究，其目的在于通过乡村社区调查认识中国，提出本土化理论，进而实现改造中国的宏观关怀。此时的社区研究受英国功能主义学派的理论与方法的影响，专注于乡村社会的微型社区，主要以文化、功能主义等方法对乡村社区进行田野调查与研究，创立了有中国特色的乡村社区研究范式，被称为“社会学的中国学派”。

此时的社区研究产生了很多研究成果，如林耀华的《义序宗族的研究》《金翼》和《凉山彝族家》，史国衡的《昆厂劳工》与《个旧矿工》，杨庆堃的《山东的集市系统》，黄迪的《清河：一个乡镇村落社区》，徐雍舜的《河北农村社区的诉讼》，谷苞的《化城镇的基层行政》，田汝康的《内地女工》等。费孝通是社区研究中的代表性人物，从《花篮瑶社会组织》《江村经济——中国农民的生活》到《云南三村》再到《乡土中国》，通过研究不同类型的农村社区，其逐渐形成对中国社会性质的整体性认识与理论概括，提出了很多极有影响的理论概念如“差序格局”“礼俗社会”“横暴权力”等，最终形成了“乡土中国”的通论性质的理论认识，这一成果至今仍然影响着中国乡村社会方面的理论研究。在被认为是“人类学实地调查和理论工作发展中的一个里程碑”[②] 的代表作《江村经济》一书中，费孝通通过第一手调查资料细致描述了一幅极具画面感的中国乡村社区农民的全部生活。尤其值得注意的是，费孝通先生在书中展现了外部力量如市场、国家等主体对乡村社区的影响，甚至预言似的将国家对村庄的管理变革称为“有计划的变迁”，还提出“看一看

① 吴文藻：《吴文藻自传》，《晋阳学刊》1982年第6期。

② 费孝通：《江村经济——中国农民的生活》，商务印书馆2004年版，第13页。

有计划的社会变迁，从社会结构，包括群体形式、正式的行为准则、正统的思想体系等开始，能进行到什么程度。在要求全国具有一致性的愿望之下，这种尝试显然会越来越多。"①

此时的社区研究侧重以中国农村的村庄社区为案例，通过对村庄的深入研究来把握和认识中国的国家性质，正如马林诺夫斯基所言，"通过熟悉一个小村落的生活，我们犹如在显微镜下研究，可以看到中国的缩影"。因此所谓"乡土中国"研究的实质是"村庄里的中国"，这种以小见大、以微观推论宏观的研究理路自然受到了批判性反思，反思的焦点就在于个别村落社区的微型研究能否或如何概括中国国情？英国社会人类学家利奇（Edmund Leach）曾经在评判中国乡村社区研究时说道："这种研究没有，或者不应自称代表任何意义上的典型。它们也不是为了阐明某种一般的论点和预设的。它们的意义在于它们本身。"② 对社区研究局限性的思考也催生了费孝通先生从乡村社区到小城镇再到区域发展的持续研究与探索。但是无论如何，20 世纪三四十年代的乡村社区研究是具有中国特色的本土化研究，形成了很多有影响的理论成果，而且真正实现了本土研究与国际学术研究的对话，因此，可以说此时的中国乡村社区的中国研究接近了国际水平。

20 世纪二三十年代，除了学院派的社区研究以外，乡村建设运动及其研究也形成高潮，到 1934 年，全国形成各种乡村建设运动的公私团体 691 个。③ 1932—1934 年，全国各地举办的乡村建设、农村改造、民众教育、自治实验等共计有 63 处。④ 尽管各种复兴思想的背景、问题及内容都不尽相同，但是其共同目标在于如何建设乡村社区，进而复兴国家与民族。其中著名的有：梁漱溟的"邹平试验"及其乡村建设理论强调"文化救国"；晏阳初的定县试验及其乡村改造理论强调"教育救国"；卢作孚的"北碚试验"提出"实业救国"等。这些乡村建设运动具有明显的社会改良性质，在当时的历史背景下存在历史局限性，也受到很多人

① 费孝通：《江村经济——中国农民的生活》，商务印书馆 2004 年版，第 109 页。

② Edmund Leach, *Social Anthropology*, London and New York: Fontana. 1982, p. 127.

③ Harry J, Lamley, Liang Shuming. *Rural Reconstruction and Rural Work Discussion Society*, 1933—1935. Chung Chi Journal, Vol. 8, No. 2. May 1969, p. 60.

④ 杨懋春：《近代中国农村社会之演变》，台湾：巨流出版社 1984 年版，第 107 页。

的批评，但是这并不能掩盖这些思想的合理之处，其主要思想对于现在社会主义新农村建设仍然具有很强的借鉴意义。

改革开放以来，在对国外先进理论的借鉴和社区研究的批判性反思基础上，中国乡村社区研究得到了新的继承与发展，基于村庄的民族志研究在全国很多地方逐步展开。此时的乡村社区研究产生了不胜枚举的研究成果，如：陆学艺的《改革中的农村与农民——对大寨、刘庄、华西等 13 个村庄的实证研究》（1992），曹锦清的《当代浙北农村的社会文化变迁》（1995），折晓叶的《村庄的再造——一个超级村庄的社会变迁》（1997）、《社区的实践——超级村庄的发展历程》（2000），王铭铭的《社区的历程——溪村汉人家族的个案研究》（1997）、《村落视野中的文化与权力：闽台三村五论》（1997），庄空韶的《银翅——中国的地方社会与文化变迁》（2000），牛凤瑞的《一个华北自然村落》（1998），毛丹的《一个村落共同体的变迁——关于尖下村的单位化的观察与阐释》（2000），阎云祥的《礼物的流动——一个中国村庄中的互惠原则与社会网络》（2000），孙秋云的《社区历史与乡政村治——鄂西土家族地区农村宗族文化与村民自治研究》（2001），于建嵘的《岳村政治——转型期中国乡村政治结构的变迁》（2001），项继权的《集体经济背景下的乡村治理——南街、向高和方家泉村村治实证研究》（2002），吴毅的《村治变迁中的权威与秩序——20 世纪川东双村的表达》（2002），林尚立的《社区民主与治理：案例研究》（2003），王敬尧的《参与式治理：中国社区建设实证研究》（2006），李培林的《村落的终结——羊城村的故事》（2010）。众多的社区研究多以村庄为个案对社区治理、社区生活、农户经济、社区政治、社区组织、社区变迁、社区文化与社区结构等各个方面进行了历史性、全景性的描述分析。此时的社区研究也产生了很多的有价值的理论概念，如“总体性社会”（孙立平，1994）、“家国同构论”（杨念群，1998；郑杭生，洪大用，1997）、“压力型体制”（荣敬本、杨雪冬等，1998）、“内核—边层”的二元结构论（徐勇，2003）等，这些理论概念为我们认识改革开放前后农村社会性质提供了有效的理论基础。此时的乡村社区研究是对 20 世纪三四十年代社区研究的继承与拓展，也大大深化了对改革开放前后中国乡村社区的理论解析与理论认识。

受西方相关学术理论的影响，此时的乡村社区研究不再专注于把

"村庄"看作国家的缩影，而是将"村庄"社区放置于"国家—社会"的二元分析框架内进行"研究社区、超越社区"的案例研究，尽管在社区描述分析时采用了多元化的研究视角如文化的视角、制度的视角、政权建设的视角、治理的视角等，不过其共同的研究指向都是试图通过对乡村社区的案例描述与理论解析，从乡村社区出发，自下而上和以小见大地审视"国家"力量与"社会"力量之间的互动博弈与相互影响，实现乡村社区与国家整体之间的关系勾连，进而达到对国家与社会关系的理论认识的目的，因此可以说，此时的社区研究中的乡村是"国家与社会关系下的乡村"，这种研究理路的变化是一种西方学术思想与中国社会事实相结合的理论创新。

（三）新近发展及其研究

新中国成立以来，农村社区建设一直没有停止，2006 年以来党的十六届六中全会提出"积极开展农村社区建设"的要求，农村社区建设开始成为国家改造乡村社会的主要战略措施。温铁军曾经说道："其实我们现在要做的事情，和二三十年代的事情是相似的"，"中国大陆的乡村建设，不是个新事儿，是个老事儿，二十世纪发生过两次，两次都不能说失败，但也都不能说成功。"① 可以说现在的农村社区建设是历史的继续与拓展。不过与历史上的乡村建设相比，当前的农村社区建设呈现出更多的规划性特征。在各个区域如山东、浙江、河南、广东等地进行的名为"新型农村社区"建设的地方性乡村建设并不是农村社区建设的升级版本，而是农村社区建设的地方实践。伴随农村社区建设的逐步推广，农村社区建设研究成为一个吸引更多学术注意力的"富矿"，相关学术研究也逐步跟进，总体而言，学术界对于农村社区建设的研究主要集中在内涵、模式、发展与治理等方面。

农村社区建设与社会主义新农村的关系问题。社区建设是在社会主义新农村的战略框架下展开的，是社会主义新农村建设的重要切入点与有效途径，是社会主义新农村建设的基点、平台与抓手，这是多数学者的基本共识，正如徐勇教授指出的："农村社区建设实际上是农村社会的

---

① 温铁军、黄平等：《中国大陆的乡村建设》，《开放时代》2003 年第 2 期。

建设过程，是社会主义新农村建设的基点。通过农村社区建设创新农村基层管理体制，为社会主义新农村建设提供新型的制度平台。”①

关于农村社区建设的内涵问题。按照国家的政策目标，农村社区建设的内涵是要建立社会生活共同体，多数研究都认识到服务性与规划性是农村社区建设的本质内涵，如有的认为“农村社区建设的实质是通过农村基层管理和服务体制的变革与创新，利用和整合农村社区资源，解决农村社区问题，促进农村社区政治、经济、文化环境协调健康发展和现代化的过程”②。有学者认为“农村社区建设是指在行政村的地理区域范围内，在各级党委政府的统一领导和民政部门的协调指导下，村党组织和村委会直接组织，通过直接民主和自我管理的方式，依靠政府、社会和村民自身等多方面的资源和力量，推动农村基础设施、环境治理、社会保障和公共产品体系建设，强化各项公共管理与服务功能，加强农村精神文明建设，不断提高农村社区成员物质文化生活水平的过程”③。还有观点认为“农村社区建设主要是指在党和政府的领导下，动员各方面力量，整合社区资源，强化社区功能，解决社区问题，合力建设管理有序、服务完善、文明祥和的新型农村社会生活共同体”。并继而提出农村社区建设的整合性、综合性、社会性、地域性与计划性特征。④ 总结以上分析，农村社区建设包括了农村社区组织管理体制建设、农村社区服务体系建设与农村社区文化建设三个主要内容。

新型农村社区建设是在城镇化战略与城乡一体化背景下提出的农村社区建设方式，有观点指出新型农村社区建设的实质是顺应非农化大趋势，积极推行村庄整合，引导农民集中居住，扩大社区规模，改变传统农村分散居住的状态；引导公共资源相对集中，建立较为完善的公共服务设施和生活服务设施，缩小城乡差距，提高农民生活水平。⑤ 还有观点

① 徐勇：《在社会主义新农村建设中推进农村社区建设》，《江汉论坛》2007 年第 4 期。

② 詹成福、王景新：《中国农村社区服务体系建设研究》，中国社会科学出版社 2008 年版，第 16 页。

③ 胡宗山：《农村社区建设：内涵、任务与方法》，《中国民政》2008 年第 3 期。

④ 师坚毅：《新农村社区建设与管理》，中国社会出版社 2011 年版，第 16—18 页。

⑤ 刘云：《关于新型农村社区建设若干问题的思考》，林宪斋、王建国主编：《河南城市发展报告》，社会科学文献出版社 2012 年版，第 196 页。

认为新型农村社区建设指的是以区域位置和经济发展条件较好的农村居民点为中心，聚集周围一些自然村，建设成具有一定规模和良好生产、生活环境并对周边区域具有一定经济辐射作用的新型社会生活共同体。[①]总结而言，新型农村社区建设的主要内容是用城市社区模式在乡村社会进行合村并居、集中居住、集中服务，这种社区建设更加强调政府的主导性与规划性。对于这样的建设路径存在三种不同的观点，赞同者认为这是对农村就地城镇化的积极回应，如甘信奎、毕于建等；反对者认为这是对农村生活共同体的破坏，甚至就是灭村运动，如贺雪峰、刘奇等；第三种观点认为应该慎重对待，因地制宜，不能一刀切，如党国英等。

关于农村社区建设模式问题研究。模式只是特定环境下形成的解决问题的一种方案，学者从不同角度对农村社区建设模式做了不同的归纳，比较有代表性的观点有：按照农村社区的建置与边界，分为五种，即：一村一社区、一村多社区、多村一社区、集中建社区、社区设小区[②]；从社区体制改革的视角把农村社区建设分为四种模式即村落自组织模式、村社合一模式、村企主导模式、联村建设模式[③]；从空间的视角，按照农村社区与城镇的距离远近，把农村社区建设分为三种模式即城市化扩张下的城郊型建设模式、就地城镇化的集镇型建设模式与村民自治体制下的村落型建设模式[④]；从建设主体的视角，将建设模式分为内源式和外推式模式。其中内源式建设模式强调内在潜力激发，主要包括城中村改造、城郊村改造、集镇社区、中心村社区四种类型，外推式建设模式强调外来推力的引导与推动，主要分为移民社区和撤村改居型社区两种模式。[⑤]

新型农村社区建设模式方面，因为具体动因与推动力量的不同也存在不同的建设模式。如喻新安、任晓莉总结河南省新型农村社区建设经验，提出了六种主要的建设模式即城镇开发连建模式、产业集聚区带动

① 张颖举：《中部地区新型农村社区建设的必要性与可行性：以河南省为例》，《贵州农业科学》2011 年第 2 期。

② 项继权：《论我国农村社区的范围与边界》，《中共福建省委党校学报》2009 年第 7 期。

③ 卢爱国：《农村社区体制改革模式：比较与进路》，《理论与改革》2009 年第 5 期。

④ 甘信奎：《中国当代新农村社区建设的现实条件及路径选择》，《理论学刊》2007 年第 1 期。

⑤ 高强：《全面小康依托下新农村公共服务平台建设的探索——新型农村涉恶趣“内源式”和“外推式”建构模式分析》，《学习与实践》2006 年第 2 期。

模式、中心村——多村联建模式、村企共建模式、移民异地搬迁模式、旧村集聚建设模式等[①]；王惠平总结了河南、山东、湖北、江苏、内蒙古等地的社区建设，提出了六种建设模式：村庄合并型、旧村改造型、城中村改造型、产业带动型、服务共享型与整体搬迁型。[②] 多种建设模式的存在说明农村社区建设的复杂性与多样性，这也意味着强调整体性、统一化、标准化的农村社区建设与规划方案事实上是对乡村社区的否定，不符合农村社会的地方化事实。

关于农村社区的建设发展及其治理问题。农村社区建设是一个系统工程，表现出长期性与复杂性的特征，对于其建设发展问题也有诸多讨论。贺雪峰批判了通过新农村建设刺激农民消费的想法，提出农村社区应该建立"低消费、高福利"的乡村社会，认为这样的生活方式才是社会主义的应有之义。[③] 有观点认为农村社区建设主要解决"三位"问题——政府越位、居委会错位、非盈利组织缺位，"三位"问题的根源在于制度性缺陷和结构性矛盾，解决问题的关键在于对政府角色进行合理界定，对政府权力进行必要的限制和剥离。[④] 项继权指出农村社区建设是一项重大的社会建设工程和制度创新，新型农村社区的构建与治理要实现三个转变即从生产共同体向生活共同体转变以实现"村社分离"；从村民自治向居民自治转变以实现"社区自治"；从城乡分割向城乡一体转变以实现"城乡统筹"；最终建设为新型的农村社会生活共同体。[⑤] 有观点从城乡一体化的视角指出新型农村社区建设既要去城乡"二元化"、去"天堂"社区的"天真性"，又要留住传统农村社区的温馨，还要与城市社区对接，这就需要新型农村社区建设要符合村情、对接城市社区、关键是要培育居村市民。[⑥] 值得注意的是黄锐、文军提出了"转型社区"的

---

① 喻新安、刘道兴：《新型农村社区建设探析》，社会科学文献出版社 2013 年版，第 29—33 页。

② 王惠平：《建设新型农村社区是推进城乡一体化的有效切入点》，《农村财政与财务》2011 年第 10 期。

③ 贺雪峰：《乡村社会关键词》，山东人民出版社 2010 年版，第 50—56 页。

④ 张静：《统筹城乡社区发展展望》，《求实》2006 年第 2 期。

⑤ 项继权：《农村社区建设：社会融合与治理转型》，《社会主义研究》2008 年第 2 期。

⑥ 吴业苗：《新型农村社区建设：如何可为？——以城乡一体化为视角》，《社会主义研究》2012 年第 3 期。

概念，他将城市边缘的村庄定义为转型社区，并提出转型社区是一种从传统村落到新型都市共同体转变的过渡型社区，对这种特殊类型的社区进行社区治理的核心问题是社区公共性的生产、社区认同感、安全感和凝聚力的重建。[①] 袁方成提出了“产权治理”的问题，他认为社区制取代村委会制是中国农村社会结构的根本性变革，而其中的核心变革是农村集体产权的变化，因此在农村社区建设与治理过程中的首要问题与基础问题是治理集体产权，明确产权边界，划分政府与农民之间的权利与权益。[②] 此外，因为农村社区建设存在地域性差异，很多学者基于不同的区域对农村社区的建设进行了区域性研究，在管理体制、服务机制、社工建设、参与机制、组织机制、物业管理等很多具体方面提出了政策建议。如张明锁、贺庆生对河南新型农村社区建设的研究[③]；谢松保、张元凤对湖北新型农村社区建设的研究[④]；周国平、徐成华对苏州新型农村社区建设的研究[⑤]；毕于建、姜继玉对山东合村并居新型农村社区建设的研究等。[⑥]

总结而言，当前的乡村社区及其建设研究与历史的社区研究一样遵循浪漫化处理后的道德救助主义视角，很多讨论对象都是模型化和理想化后的社区建设实践。不过与社区的历史研究不同的是，当代的乡村社区及其建设研究呈现总体性、宏观性，偏好整体性学术情怀。对乡村社区建设政策与实践的注释性与阐释性研究多，而批判性与反思性较少，观察问题的视角存在明显的精英化倾向，而从乡村底层视角出发的研究很少，让最受影响的农民主体游离于研究之外本身就是研究的缺陷，而

---

① 黄锐、文军：《从传统错落到新型都市共同体：转型社区的形成及其基本特质》，《学习与实践》2012 年第 4 期。

② 袁方成：《治理集体产权：农村社区建设中的政府与农民》，《华中师范大学学报》（人文社会科学版）2013 年第 2 期。

③ 张明锁、贺庆生：《新型农村社区建设的制约困境与突围路径分析：基于河南四市农村的实证研究》，《社会工作》（学术版）2011 年第 3 期。

④ 谢松保、张远凤：《关于农村新型社区建设的研究报告：以湖北省为例》，《中国民政》2011 年第 4 期。

⑤ 周国平、徐成华：《苏州新型农村社区组织建设实证研究》，《唯实》2010 年第 8 期。

⑥ 毕于建、姜继玉：《“合村并居”后新型农村社区建设的现状与对策》，《高等函授学报》（哲学社会科学版）2011 年第 8 期。

且也必然增加了当代乡村社区研究的道德缺失。对现在农村社区的研究大都是采用制度分析方法进行抽象的理论研究，表现出较强的理论阐释能力，但是相应的实证性案例研究很少，重视程度不够，尤其是对案例的历史与过程的追踪性研究更少，可能导致对农村社区建设及其治理的基本事实了解不足。

与当前的乡村社区及其建设研究不同，乡村社区的历史研究更多是从案例出发，遵循自下而上的实证研究思路，强调对微观案例的深度描绘与细致把握，进而实现对社区的整体理解与理论提升，尽管这种社会人类学的研究存在种种不足，但是对于乡村社区建设的当代研究却有很好的借鉴价值，现在的乡村社区及其建设研究需要微观的、具体的、详细的个案研究以此累积更为深厚的研究基础。换而言之，现在研究乡村社区的新问题依然需要情景化的过程研究，尤其是对造成乡村社区巨变的事件的细致入微的过程性研究，这就需要现在的乡村社区研究“重返个案”，观察案例中最直观的现象，对现象进行最朴素的描述，从描述中找寻最直接的证据，进而获得对农村社区建设这一事关宏旨的社会事件进行或检验、或反思、或印证的理解与认识。

三　研究思路及论文结构

在国家与社会的二元分析框架中，结构——制度分析与事件——过程分析是两种各具优势的分析进路。相对而言，事件——过程的分析进路在以案例为主的研究中更能体现案例的微妙精深之处。本研究决定采用事件——过程的分析进路，将案例对象的新型农村社区建设看作是一个历时性过程，以迁居为节点将这个事件性过程分为两个阶段即社区建设阶段与社区生活阶段，通过对两个阶段具体的、深入的叙述性描写，展现新型农村社区建设的过程全貌，最后对整个过程进行理论总结，发现新型农村社区建设的实然逻辑。全书共分为五章，具体而言，本书的逻辑结构主要包括以下几个部分：

第一章是导论部分，本部分对本书的研究缘起与选题背景、国内外相关研究文献、本书的研究方法、资料来源以及基本概念进行了概括与交代。侧重指出当代农村社区研究需要重返个案研究，夯实研究基础才能为农村社区建设提供更加丰富的基础经验与理论来源。

第二章是对本书的案例对象正村社区的历史变迁过程进行叙述与分析，为后文正村的新型农村社区建设提供历史基础与背景。通过对正村社区变迁的历史性描述，笔者指出，正村是在国家与社会关系下完成自身持续性的变迁过程的，特别是新中国成立以来，国家的制度与政策极大地影响着正村的村庄秩序与村民生活，规定着村民与国家的各种关系，国家一直在试图建立与寻找能够进行乡村治理的有效载体。不过在外部力量的影响下，正村也表现出较强的适应能力与复原能力，因而能够在外部力量极强的影响下依然保持相对的村庄形态。正是这两种力量的交互作用决定着农村社会的治理变化与发展方向。

第三章是对正村新型农村社区建设过程的描述与分析。主要从政府主导性行动与农民主体性诉求两个层面进行深度描绘，通过描述笔者认为，新型农村社区是政府主导的公共行动，在社区的规划、征地、赔偿、分配等各个方面都表现出明显的主导特征。此外，政府的主导作用还表现在基层政府会利用体制内与体制外的各种资源进行恰适性行动，以各种策略完成上级政府的任务与目标。笔者同时指出，村民也会想尽各种方法实现自己的利益诉求，这种行动表现出明显的被动特征下的补偿性特征。最后比较了两个主体的行动差异并指出新型农村社区建设过程是非对称、非均衡的交易过程。

第四章是对正村新型农村社区生活过程的描述与分析。主要从政府的社区治理与农民的社区生活两个层面进行描述。笔者通过描述指出，在社区生活过程中，政府依然主导着社区的日常治理与公共服务，政府努力开展了各种社区治理的工作，提供了各种各样的社区公共服务，在事实上促进了农民社区生活的转变，不过这种社区治理与服务具有明显的行政化与形象化色彩，而且村民对政府提供的治理与服务并没有产生兴趣。而相应地，在社区生活过程中，村民一直处于一种被动的状态，从搬迁到分配，村民很少参与其中，只是服从安排，从社区公共生活到家庭生活，村民不得不承受陌生化的公共生活、高成本的经济生活。最后指出村民必须适应新型农村社区的生活并承担其中隐藏着的未知风险。

第五章是总结研究发现与理论探讨。通过正村新型农村社区建设与生活过程的描述，笔者认为，正村新型农村社区是主导—顺从关系模式下的逻辑产物，是一项颠覆性的社会工程，其中明显表现出农民主体性的缺失。在进一步的理论探讨中，笔者指出新型农村社区建设是一个长期的客观的发展趋势，在建设新型农村社区的过程中，需要理性认识农村社会的发展阶段与农民的经济发展水平，正确认识政府主导的价值与意义，由主导向引导转变，尊重农民主体及其主体性的实践价值，在两者之间建立互动合作型的关系模式，进而推动新型农村社区的顺利建设。

四 研究方法与资料来源

（一）研究方法

本书主要采用个案研究法。

个案研究是对某一特定案例对象进行的细致深刻的研究，其实质就是毛泽东曾经倡导的“解剖麻雀”的微观实证研究。“从方法的角度看，微观的社会研究特别有助于摆脱既有的规范信念，如果研究只是局限于宏观或量的分析，很难免套用既有理论和信念。然而，紧密的微观层面的信息，尤其是从人类学方法研究得来的第一手资料和感性认识，使我们有可能得出不同于既有规范认识的想法，使我们有可能把平日的认识方法——从既有概念到实证——颠倒过来，认识到悖论的事实”[①]。尽管学术界对于个案研究一直存在争论，认为它在解释因果关系方面存在根本缺陷，但是却并没有妨碍以个案研究为主要方法的经典著作的生产，因为案例研究的一个最大优点在于“它提供的分析的深度，也许有人会把这种深度视为某一个解释所显示出来的细致性、丰富性、完整性或差异的程度”[②]。面对单一分析资源的情况，个案研究的重点在于对个案的深描，试图通过深度描绘回答“是什么”和“怎么样”的问题，而不是对“为什么”问题的原因解释。

本书采用的个案对象是正村[③]，隶属中部 Y 县陈镇，这是为了研究方

---

① 黄宗智：《长江三角洲小农家庭与乡村发展》，中华书局 2000 年版，第 429 页。

② John Gerring，“What is case study and what is good for”，American Political Science Review，2004，Vol. 98，No. 2.

③ 按照学术规范，文中所有地名、人名都经过学术处理。

便而针对研究对象设计的名称。正村是中部平原的一个普通村落，它在政治、经济、文化等各个方面和其他普遍存在的中原村落几乎一致，也正是这种普通与普遍能够突出正村的代表性。此外，调查入场问题是影响研究可行性的一个重要因素，调查者通过社会关系能够顺利进入该社区并得到当地政府支持，解决调查研究的入场问题，这也是选择正村社区为研究对象的原因。本书采用的个案研究方法主要定位为描述性个案研究，通过对案例对象正村社区的规划性突变的发生与发展过程进行详尽的描述，以揭示出正村新型农村社区建设的完整过程、变化特征及其后果，进而做出描述性推论，以期实现对新型农村社区建设的理论认识，并试图提出针对性的建议与修正。

在进行案例研究的过程中，具体的资料收集方法主要有深度访谈、参与观察与问卷调查。

（1）深度访谈。访谈的对象主要包括政府工作人员以及正村村干部和村民，基于研究问题和分析单位的特点，正村村民是主要的访谈对象。通常情况下，访谈包括结构化访谈和非结构化访谈两种，对村民的深度访谈通常是在半结构化的状态下进行，谈话内容体现出一定的重点的同时也比较机动灵活。访谈者要紧跟访谈对象的谈话进行引导式提问，很多时候，甚至干脆放弃原有提纲，保持谈话的弹性空间，紧跟村民谈话的内容进行提问，这样的访谈可能使谈话内容在广度和深度方面比较有效，但是可能存在比较散乱的缺点。

（2）参与观察。从进入社区的那一刻，作为一个外来者，很容易被村民察觉并感到自己正在被观察，这是参与观察法的最大不足。不过其最大优势在于“研究者生活在所研究的对象、群体及社区中间，对许多现象都能够得到生动具体的感性认识。同时，他还能够公开地询问他想了解的任何问题，可以收集到许多其他方法难以得到的资料”。[①] 进入社区观察社区容貌、整体布局、公共设施、广场活动；走到茶馆观察村民的日常活动、平常聊天甚至打牌抽烟；进入农户观察村民家庭、生活器物、房间分配等都有助于透过表面现象了解事情的实际状况与村民的真实看法。

---

① 袁方：《社会研究方法教程》，北京大学出版社 1999 年版，第 346 页。

（3）问卷调查。问卷调查主要由研究者个人在社区进行面对面询问作答完成，以保证问卷质量。问卷对象主要靠入户、社区偶遇与滚雪球的方式确定。因为人力、财力的限制，问卷数量比较少，属于小样本调查，共计获得117个有效样本，不过考虑社区的异质性程度较低，这样的数量基本上可以反映社区居民的真实情况。

（二）资料来源

笔者对样本社区进行了三次实地跟踪调研，分别为2012年11月底至12月初、2013年6月至7月、2013年9月中旬至月底，总计实地调研时间为两个月。本书所用资料主要是这三次实地调研所得，包括以下几个方面：

（1）文献资料。文献资料主要包括三个部分。

一部分是在Y县档案局全面收集的陈镇和正村的相关历史资料，包括Y县县志、陈镇的政府工作报告、各种政策规定、工作总结、思想汇报等，从这些资料里能够大致了解陈镇及正村建国以来的历史变化。

另一部分是在Y县政府获得的有关新型农村社区的各种规章制度、工作汇报材料、领导讲话等，以及在陈镇政府获得的有关新型农村社区建设的各种文件资料、工作汇报、经验交流材料、社区规划设计方案、社区管理制度汇编、工作管理台账等文件资料，从中可以了解陈镇政府在建设正村社区时的工作过程、方式、方法等方面的基本情况。

最后是在正村收集和查看的关于正村原有村庄的相关文字及图片资料，如清朝、民国时代的房契、地契，新编修的正氏族谱等，原来村庄以及现有社区的各种图片资料。此外还包括部分村民的上访材料、安置补偿协议、房产权证图片等。

此外，笔者从中国知网等学术数据库获取了相关学术性文献资料。从民政部、地方政府网站等政府网站获取了有关社区建设方面的进展进度、政策法规等相关网络资源。

（2）访谈资料。通过对Y县、陈镇和正村干部及村民的深度访谈，收集整理了一大批的访谈录音资料，并把全部录音资料转化为文字资料。需要说明的是，由于部分政府工作人员的自身要求，有些访谈没有能够录音，访谈记录是随后按照记忆与访谈笔记整理形成的，所以文字记录和访谈对象的主要谈话精神与意思保持基本一致，与当时谈话的具体表述可能存在差异。

（3）问卷调查资料。问卷调查资料是第三次实地调研时获得，主要调查对象是社区居民。在问卷调查中，因为研究对象同属一个社区，内部差异较小，所以采用的是小样本问卷调查，主要采用入户调查和偶遇抽样的方法进行问卷调查。总共发放问卷 120 份，全部回收，有效问卷 117 份。调查对象的基本情况如下表所示：

表 1—1　　调查对象的基本情况　　n = 117

		频数	百分比（%）
性别	男	81	69.2
	女	36	30.8
年龄	13—19 岁	8	6.8
	20—29 岁	19	16.2
	30—39 岁	21	18
	40—49 岁	27	23.1
	50—59 岁	21	18
	60—69 岁	15	12.8
	70—81 岁	6	5.1
文化程度	未接受教育	4	3.4
	小学	20	17.1
	初中	54	46.2
	高中	34	29
	大学	5	4.3

第二章

正村社区的历史变迁

一 正村社区的基本情况

正村是一个普通的中原村庄，隶属于河南省东部 Y 县陈镇。

Y 县地处中原腹地，是一个千年古县。有文字可考的地名可以追溯至周朝，刘邦灭秦统一天下以后，汉承秦制，实行郡县制置县，后来历经两千余年不变，该县县界为东经 114°02′— 114°09′，北纬 33°46′—34°14′，东西宽 20.87 公里，南北长 57.5 公里，总面积 871.6 平方公里，下辖七乡五镇，耕地面积 100.8 万亩，人口 61 万。县域内交通比较方便，从北宋开始，从都城开封南下的官道、漕河就纵贯县境，民间有“一条路，两条沟，一直通到信阳州”的说法，到了现在全县交通更为发达，国道横穿东西、省道纵贯南北、中间有高速公路穿过，形成了四通八达的道路交通网。

Y 县紧靠黄河，为黄河冲积平原，西北偏高，东南略低。黄河为该县提供了优越的自然环境，土壤肥沃，地下水资源丰富，适宜多种农作物耕种。尤其值得一提的是全县地处亚热带和北温带的过渡区，四季分明，光照充足，形成了得天独厚的地理气候优势，是我国“南花北移、北花南迁”的天然驯化基地，因此早在盛唐时代，该县就盛行花卉苗木栽培，一直延续至今，被誉为“花县”。不过黄河也给该县带来了严重灾害，据历史记载，从明朝永乐八年到 1946 年之间的 536 年中，黄河泛滥 58 次，平均 9.2 年一次，给人民的生命财产造成极大的威胁与损害。1938 年，国民党统治时期为了阻滞日军侵略步伐，蒋介石不管人民死活下令炸开花园口大堤，黄河泛滥造成严重的人为灾害。据县志记载，当时该县共有 152 个村庄、15.5 万亩耕地被淹，倒塌房屋 7.6 万件间，有 7938 人死亡，26242 人逃亡在外。[①]

Y 县是传统农业大县，农业比较发达，是全国商品粮生产基地和优质棉生产基地，盛产小麦、玉米、大豆、棉花和烟叶等。传统时期，农民主要以种植粮食和棉花为主，随着市场的变化发展，调整农业产业结构成为一种更加符合市场需求的发展战略，苗木花卉良好的经济效益引导着农民的行动积极性，农民开始发挥自身栽培花卉苗木的优良传统和丰富经验，种植花卉苗木，获得了更高的经济收益，同时也使花卉苗木成为 Y 县的最大特色，被誉为"中国花木之乡"。

正村所属的陈镇是 Y 县的西大门，位于县城西部，距离县城 10 公里，是 Y 县五镇之一。陈镇面积 50 平方公里，下辖 26 个行政村，33 个自然村，镇区面积 2.8 平方公里，一条国道纵贯镇区，一条高速公路从镇区西部穿过，北上南下，东进西出的道路交通十分便捷迅速，具有特别明显的区位优势，带动了全镇经济的快速发展，先后吸引了 20 余家大中型企业落户生产。陈镇历史悠久、具有深厚的文化底蕴，镇域范围内有多处历史古迹，因此被誉为"中原名镇"。该镇最为明显的资源优势有二：一是花好，二是水好。

陈镇有悠久的种植花卉苗木的历史，在明朝时期曾经被称为"美乡"，就是因为该镇以种植花卉苗木为主。目前，全镇花卉种植面积达到 3.5 万亩，拥有各类花园、花圃 262 个，专业村 24 个，花卉种植户 2300 多家，专业从事园林绿化的公司有 23 家之多，从事花卉生产者达到 15000 余人，花卉品种已达 2000 余种，受经济效益的吸引，很多农户从以前种植粮棉为主转变为以种植花卉苗木为主。大规模的花卉苗木种植形成了陈镇独具特色的生态环境，这里空气质量十分优良，环境非常优美，下辖的几乎所有行政村都被绿树红花所包围。

此外，陈镇拥有全县独一无二的水资源优势，镇域地下水资源十分丰富，而且水的质量非常纯美，被誉为"中原第一水"。据测试，陈镇地下水富含多种人体必需矿物质，这样的水甘甜爽口，富含人体所需的锶、

① Y 县地方志编纂委员会编：《Y 县志》，南开大学出版社 1989 年 12 月版，第 25 页。

偏硅酸等多种微量元素，长期饮用此水，有软化血管、降低血压、调节神经等功效，并可预防多种疾病。陈镇的茶文化就是伴随其优质的水资源而产生的，以之泡茶，汤水浓稠，香气浓郁。因为有优质的水，喝茶也自然成为当地老百姓日常必不可少的生活内容，当地很多长寿老人都以经常饮茶为养生之道。全镇设立的茶楼、茶馆非常多，早在晚清及民国年间，陈镇茶馆就发展到100多家，每天吸引茶客数千人，在方圆百里颇有盛名。悠久的茶文化孕育出以茶为礼的传统习俗，相传古时在当地还形成了三茶六礼的风俗即男女婚配时必以茶为礼，男方向女方馈赠茶叶称为茶礼，女方接受聘礼称受茶。举行结婚仪式时，男女双方为前来贺喜的宾客敬茶，并要向长辈献茶，称为香茗，以示孝敬之意，习俗一直延续至今，客来敬茶已成为当地人际交往中的一项礼俗。随着社会的发展和市场经济的影响，当地传统的茶馆已经逐渐发展成为一个成规模的文化产业，据当地人估计，全镇现有的茶馆至少在二百家以上，这些茶馆主要由当地村民经营，茶馆环境自然比不上都市里的茶楼精致气派，但是却充满了别致粗犷的乡野之风。当然随着茶馆数量的增多，喝茶的茶资也开始有所下降，据了解，改革开放以后，来往行人逐日增加，茶馆生意兴盛，茶资也高，最高的时候可以收取每人10元，后来下降为5元，现在有些茶馆甚至仅仅收取2元的茶钱，不过这些茶馆也开发出新的服务项目来赚钱，如提供麻将、纸牌、香烟等。

正村位于陈镇镇区西部，村庄占地900余亩，基础设施比附近村落较好，村庄道路是水泥硬化的路面，主干道被称为“十字街”，是村内南北路与东西路两条道路交汇形成，村民委员会（大队部）就坐落在十字街口，是村庄的中心。正村距离镇政府一公里左右，距离县城十五公里左右，村庄紧靠国道，交通非常方便，乘坐公共汽车20分钟可到县城。正村是一个自然村构成的行政村，全村共有2200余口人，647户，分属六个村民小组。村民大多数姓正，属于一个正姓家族，约有两千余人，其他姓氏主要有李姓、贾姓等。北方村落多数是杂姓聚居，而正村在这一点上略显特别，与南方单姓村庄更为相似，尽管正村是一族独大，但是村庄内部家族观念并不强烈，也不存在家族或者姓氏歧视。全村集体所有的耕地面积有2220亩，每人平均1亩2分，不过据村民介绍，该村已经有十几年不再重新分配土地，尤其新增人口和结婚增加的女性村民没有分得土地，因此土地在村民之间的分配差距比较大。原来主要种植小麦、玉米、棉花和烟叶，现在主要种植花卉苗木，2009年有1600亩耕地种植苗木，按照镇政府的统计数字，2010年全村人均纯收入达到7000元。

对华北地区村庄的大量考证表明“华北平原之村落多为明初移民所创建或重建”①。正村及其所在Y县很多村庄形成的历史支持这样的研究结论。据Y县县志记载，有资料记载的移民有五次，主要在北宋、明朝、清朝、国民党统治时期和新中国支援新疆开发移民，其中明朝曾经两次从山西洪洞有计划地组织过移民垦荒，一次在明洪武年间（1368—1398），有44姓、67户移民在63个自然村落户；一次在明永乐年间（1403—1424），有23姓、30户移民在25个自然村落户。因此，民间至今流传一首民谣传唱这样的移民故事：“问我始祖来何处，山西洪洞大槐树；问我老家在哪里，山西洪洞老鹳窝”。正村就是其中的一个移民村，据其族谱记载，“始祖正公讳富偕二子熟通医学于明洪武由洪洞迁来定居本村迄今已六百载。”正氏家族落户正村以后的六百年间，人口逐渐增加并开始向周围村庄搬迁，周围至少八个村庄有正姓族人生活，彼此之间已经很少联系，血缘关系已经非常淡薄。不过在正村有一个占地面积近50亩的宗族坟场，据本村老人估算，正家老坟茔里面有近5000个坟头，这意味着有5000名左右的宗族先祖埋葬于此，这个坟场已经成为一种亲缘纽带，将周边正姓族人联系在一起。每到祭祀的时候，很多周边正姓族人都会到这里烧纸祭拜。

作为一个普通的中原农村，正村既是一个国家意义上的行政村，又是一个社会意义上的自然村，因此，正村社区的历史变迁既体现了国家与社会的一般性关系，也包含着村庄自身的特殊性特点。它的变迁历史呈现出一般性与特殊性的双重色彩。

二 历史中的正村社区

从族谱中记载的时间算起，正村形成村落到现在已经过了六百余年，在这六百年间，国家与乡村社会都发生了许多历史性变迁，要想重新呈

① 从翰香：《近代冀鲁豫乡村》，中国社会科学出版社1995年版，第115页。

现正村社区生活的历史画面是一件几乎不可能的事情，所以现实可行的方法就只能是通过对收集的县志、族谱、地契、房契、传说以及流传至今的习俗的描述与分析，发挥我们对传统时期正村社区生活的想象力，从官方的历史资料和乡间的故事传说中描绘正村社区生活的逻辑性情景。以下从村庄治理、宗族与日常生活等方面勾画正村的传统生活画面。

（一）村庄治理

传统社会，封建政权主要依靠乡里制度对乡村社会进行控制与治理，但是“到唐代中期以后，乡里组织之领袖如里正的地位明显下降，乡里制度一开始由乡官制向职役制转变。到宋代，这一转变得以完成”[①]。按照这样的理论判断，宋代以后，政府控制和干预乡村社会生活的正式治理机制呈弱化趋势，那么，明清时期的里甲制和保甲制对乡村社会的控制力应当十分有限，乡村在一定程度上保持着“自治”状态。据Y县县志记载，明朝嘉靖年间，该县有4乡29保，清朝同治年间共设6乡1镇18保，“保”成为传统时期封建统治的基础单位。据正村一位耄耋老人回忆，清朝时期，正村编为一保，叫甘南保，保长都是他们本村的，不是选举的，具体的保长姓名因为年代久远不记得了，但都是由村里有名望的人担当。尽管保长在政府的等级序列里已经被制度性地规定为“职役”，但是在普通乡民眼里，他们依然是“国家干部”，总管乡村事务，执行治安、征税、徭役等职能，因此，成为保长的人依然拥有声望带来的德行权威和国家权力赋予的官方力量，维护乡村秩序，保证乡民的政治服从。

传统时期，每一个封建王朝的乡村治理基本上都是“萧规曹随”，纵有改变，也都是枝叶之变，因此维持了乡土社会近千年的稳定秩序。近代以后，中国的现代化进程伴随着血雨腥风的革命与斗争，乡土社会也因此跟随国家政权与政党的较量与变化发生着不同的变迁。

南京国民政府为树立自身在乡村的统治合法性，遵照“总理遗教”，国民党最初在乡村社会推行“地方自治”，不过这样的治理方式很快就被抛弃了。1931年，蒋介石检讨“围剿”失利原因时开始研究并拟定保甲

---

① 赵秀玲：《中国乡里制度》，社会科学文献出版社1998年版，第25页。

制度，先在江西试行而后推及全国，于是保甲制复兴，而其最大特点就是强烈的反共色彩。据 Y 县县志记载，1932 年即民国 21 年，全县实行保甲制，以户为单位，户设户长，十户为一甲，甲设甲长，十甲为一保，各保就原有乡镇界址编定，全县编为 6 个区 476 保 4886 甲。据村民回忆，当时正村全村 800 余人，以东西街为界限，共分为东西两保，一直到全县解放，共有 13 任保长。保甲制的制度意图在联保防共反共，然而直到解放战争时期正村村民才通过一些谣言与传说对共产党有一些模糊的认识，所谓防共反共也就无从谈起了。相比之下，国民党的苛捐杂税、逼粮催款倒是为村民所深知，村民盛传“国民党的税多，共产党的会多”，1936 年国民党在 Y 县开征有田赋、印花税、烟酒税、契税、营业税、公路捐、补助捐、保安费、自治费、保教费、统有附税、契纸附税、田赋附加等 27 种明税，还有各种临时招待费、保卫费、河工费、军粮马草费等临时摊派费用。单就县志中的记载就有河南保卫军刘培绪部索款 13 万银元，孙殿英部索款 3 万银元，土匪刘桂堂索款 7 万银元，阎锡山部队索款 50 万银元，这些名目繁多的税种与索款对于当时仅有 5 万余户，30 万人口的 Y 县而言是一个极其沉重的负担。正村的一位村民回忆说：

解放前，我们村里有一家正姓有弟兄两个，哥哥在外面参加共产党，弟弟在家里做教书先生，名声很好，后来当了国民党的伪乡长。不过这个弟弟干的不是啥好时候，正好在 1942 年的时候，那一年自然灾害，好久不下雨，地里不打粮食，人都没有吃的。但是上面还是照旧要让农民交粮食，农民种地交粮也算是天经地义的事情，尽管当时国民党政府要的并不多，但是农民还是交不上，拿不起。这个伪乡长为了完成上级政府交代的征粮任务，就弄了一个把戏。他把自己绑起来，糊了一个高帽子自己戴上，还找了一个牛车，他站到车上面到处游街，让全乡农民都知道，他作为一个乡长征粮不是他自己想这样做，是上级政府要求他这样做，他也是没有办法，言外之意就是让大家都同情他，说这粮食不能免，必须交上来。你想这乡长都这样难过了，这村里的人能好过到哪里呀？

当时俺爷爷在世，带着家里好几口子人过活，那时候就是靠天吃饭，哪有啥水利设施啊，政府也不管，光知道收钱收税。1942 年天旱，麦子都死了，人都没有吃的，饿的慌，死了好些人。地里收不上粮食，这粮食价格就涨起来了，地价比粮价便宜，一斗20斤小麦就能换一亩地，那时候家里能卖的东西都卖了买粮食，后来家里也没有啥能卖的了，地价又便宜，不能卖。俺爷爷就和奶奶合计了合计，把家门一锁，领着一家老小就逃荒去了陕西，一直走了一年多，后来才又回家了。[①]（F-8）

就是在1942年，Y县全县逃荒、饿死10万多人，外逃87959人，死绝的3225户。出卖田产庄园的3183户，卖妻的2915户，卖子女的9607户，12600人，人吃人的现象城乡皆有。当"派款"成为国民党进行乡村治理的主要目的时，这样的面目在农民那里必定是可憎恨的，农民对党派极其信仰甚至没有起码的认识，但是国民党的行为表现却使其失去在乡土社会的合法性，遭到农民的反对。或许可以这样说，农民对共产党的认可和赞同与其说是共产党把农民吸引过去的，不如说是国民党把农民推过去的。

咱也不是说国民党没有好的，也有进了村不扰民的部队，但是多数部队来了就要东西，不给东西就抢，说实话还不如日本鬼子，日本鬼子曾经从俺村官道上路过好几回，一次也没有进村，也没有要钱抢粮。那老百姓自然恨他们呀。再说这共产党，俺村那时候谁知道共产党啊，就是在拉锯战的时候才知道有这一说，那时候国民党和共产党的军队来村里，也都要粮，不过共产党的军队不抢，还帮着这村里的人干农活。原来政府宣传说共产党是土匪，打砸抢，村里人都不敢露头，后来看着不是那么回事，人家不偷不抢，还帮着干活，这村民才开始觉得还是共产党比较好。[②]（F-13）

Y县地处平原，无险可守，也不是重要的军事要地，因此在整个抗日战争中并没有受到任何影响，直到1944年日军才在国民党投降部队的

① 访谈记录，20130610。

② 访谈记录，20130613。

请求下进驻 Y 县，正村并没有遭到日军的蹂躏，村民对日军也没有过多的印象，对村庄造成伤害更多的是国民党与土匪这些“恶人”，因此可以说，多数情况下正村都是在国民党的统治范围，但是国民党的统治并没有带来安宁，而只是表现了“经济盘剥”的功能，因此保一方平安的治安功能只能是村庄自己承担。“寨”被认为是“苍黎之护符，治城之羽翼”，寨墙成为村民保卫村庄和自身安全的主要依凭，“闻有寨全多逢幸存，未闻无寨多获全济者”。清朝咸丰十一年正村就筑有村寨，后来毁坏，到战争年代，村寨又在村庄精英的带领下重新建起来。

> 在解放前，据现在还活着的老人讲，俺村的土地比较多，在整个县城范围内，俺村可以说是最富裕的村庄，大概有 3000 亩土地。村里有钱人也比较多，他们都害怕人家来抢他们的东西，那些老财主就在村里盖楼，盖的有四大片群楼，都是青砖土楼，结实坚固，其中一家姓李，三家姓正，这姓正的一家是当时的伪乡长，可以说除了俺村有这么多的青砖楼房以外，你到外面十里八里的村庄根本就看不见有楼房。
>
> 当时俺村建的有寨墙，把整个村庄给围起来，起到保护作用，俺村比较富裕，修的寨墙也是周边最好的寨墙。当时的寨墙高三丈，寨墙上修建有炮楼，寨墙宽一丈可以走大马车。当时有钱人家挑头组织村里的人打寨墙，既保护他们自己，也保护全村老少，对大家都有好处。而且组织的有枪炮队，专门在寨墙炮楼里面轮流巡逻放哨，防止外面的人进来抢东西。那时候天下不太平，社会比较乱，抢东西的比较多，而且都知道俺村有钱人家比较多，所以来这里抢东西的队伍也多，这些队伍被人都叫麦牛队，就是比喻这些人都是趴在麦苗上吃庄稼的害虫，其实就是各个地方的杂牌队伍、土匪还有溃败下来的国民党正规军。[①]（F－13）

（二）宗族规训

相比官方的制度化治理而言，宗族权威被认为是另一种内生于村庄

---

① 访谈记录，20130613。

且嵌入农民日常生活的伦理型权威，这种权威以满足国家治理为存在前提，产生了正反两方面的作用，既保证了乡村生活秩序，也造成村落的封闭与村民的狭隘落后。正村是一个宗族式的单姓村落，尽管历史久远很多宗族的痕迹已经不复存在，但是正村的历史记忆中依然保留着丰富的宗族信息。

族谱类似花名册，是记载本族人员的符号，但是这种符号是权力性很强的纽带，能够让族人知晓自己的“族根”。2010年新修正氏族谱序言表明了族谱的作用即“国有史而族有谱，史则统及大卜据事直书，而使人心严善恶之防；谱则收集全族罗列分明，使人心知本源之义”。正氏族谱最早是明朝天启年间编修，因战乱遗失，后来在清朝康熙、乾隆、嘉庆时三修族谱。在乾隆时期续修的族谱中安排了后世字辈即：“善士永崇德，宝化瑞凤书，明道广心发，敬允启景福”。其中“善”字辈为十二世，“士”字辈为十三世，以此延续。族谱用这些扬善扬名的字来表达宗族的血缘延续与家族精神及其后世期望，并且以此形成基于血缘和辈分的宗族联结与尊重。不过据村民讲，村中老人可能还沿用这样的字辈，但是新中国以后，这样的字辈排序已经不再是起名的依据了。

按照宗族制度，族长处于宗族的核心位置，是族权的人格化表现，族长集多种角色为一体，他是宗族组织的象征性领袖、宗族利益的代言人、族规法度的执行人，掌管着全族一切事务。例如：宗族内部的公共祭祀仪式，族规家法制定；村民之间的争斗纠纷、婚丧嫁娶；与官方的谈判交涉等活动，因此族长在乡村社会具有极大的社会影响力。正村也是如此，族长在村庄的日常生活中表现出很强的影响力。

> 早先宗族在村里还是很有影响的，那时候的实力相当强，当时的族长在村里也有很大的影响，尤其是负责家庭纠纷还有精神信仰之类的事，全村男女老幼都得听他的话，要是有人不听的话，会受到全村人的指责甚至谩骂。这各家各户门里的家庭纠纷，族长说话都算数，只要他到场，就可以把事情摆平解决，一般人来根本就不管用。俺村有一个流传很久的故事，我给你说说，你就知道这族长多厉害了。
>
> 清朝那个时候，好像是清朝前期，村里有一个族长，他当族长

的时候比较有威信，震慑力很强，人都得听他的。当时讲求三纲五常，男人干男人的活，女人干女人的活，不能弄乱了。那时候挑水都是男人干的事儿，要是看见有女人挑水，其他人都溜着墙根儿走，这族长要是看见了，必然训斥一顿。有一次，有一家的一个女人，家里没有水了，正好男人不在家，她就去村口老井挑水，水桶刚要吊上井口的时候，碰见族长经过，吓得她啥也不要了，扔了扁担就跑，水桶"扑通"掉井里了。你看这族长的劲儿大不大?[①]（F-13）

传说已经无法考证真伪，但是这个故事从侧面说明族长是宗族领袖，具有很大的乡土影响力，能够在很大程度上影响村庄的公共秩序，甚至是村民的日常生活。

此外，祠堂和坟茔是祖先崇拜的神圣空间，能够激发族群的集体想象。祠堂连接宗族的过去和未来，坟茔连接宗族的生存与死亡。正氏祠堂曾经屡建屡毁，最后一次重建是在1944年，祠堂修建好以后举行了宗族祭祀，并且立有石碑，记录了正氏宗族的来历与祖先的基本情况，但是后来在"文化大革命"时期被当作"四旧"给破坏了。村中近50亩的坟场埋葬着正氏宗族5000余坟茔，成为正姓族人的灵魂回归之所，坟场中间是其始祖之墓，立有石碑，其他坟茔以石碑为中心围绕在主坟茔四周，密密麻麻，间有神路，交错扩散。族谱、族长、祠堂、祖坟、石碑等是正村遗留的宗族标识与历史记忆，正是这些形式完成了对村民日常生活的精神教谕和行为规制，完成了乡村伦理秩序的建构与调节。

近代以来，在正村内部，尽管维持村庄秩序的还是保长和族长，但是两者的权威已经大不如从前，保长主要是征粮派款，这是"得罪"人的活，人人唯恐避之不及，所以正村的保长更换比较频繁，从1932年算起到1949年解放，17年的时间里总共有13任保长，一个保长的任职期限一年多一点。至于族长，其权威的削弱从一个事情中也能略知一二：

1944年的时候，村里姓正的富户联合其他族人，共同兑钱重新建立了正姓的祠堂，还刻了石碑，放在祠堂中。祠堂建好以后就要

① 访谈记录，20130615。

> 举行祭祀，祭奠祖先啊。祭祀必须找一个族长带领全族人进行，咋办？村里几个管事的人就聚在一起，商量着按照辈分年龄排，谁最大谁就是族长，最后一查，是一个叫正东山的人，他家很穷，只有老两口，没有孩子，在村里也没有啥威望，按族谱是十五世，辈分年龄最大，最后就成了族长，领着全村人在祠堂祭祖。那次祭祖之后，也就没有再干其他啥事了，原来这分家都得找族长，后来也不找族长了，都是找近亲叔伯和舅舅就把家分了。这族长基本上也就不起啥作用了，也没有人看得上。[①]（F－11）

这个事件表明，族长已经蜕变为宗族的象征性符号而不再具有治理权威，只是在祭祀这样的仪式化活动中才作为宗族的代表，至于村庄宗族的其他事情已经不再是族长能够掌控和决定的。如果说宗族规训在某种程度上实现了村民的集体化，那么宗族权威的失落则意味着村民个体性的成长。

（三）村庄生活

在正村社区中，对村民的日常生活与社区生活秩序影响最大的有两种力量，一种是民间信仰的力量，它创设了村民的精神世界。一种是市场交易的力量，它引导着村民的经济活动，两种力量共同构成了村民日常生活的主要内容。

乡土社会的村民行为并不是完全由政权的力量和宗族的力量来掌控，乡土化的民间信仰是另一种支配力量，它在心理与思想上创设了农民的精神世界。这种民间信仰与国家主导的官方文化有很大的区别，官方宗教一般是占统治地位的、制度化的、系统化的、被普遍推广的、受教育的精英群体掌控的一种正统性文化，而民间信仰是地方化的、体验性的、未接受教育的大众群体实践的一种边缘性文化。比较而言，民间信仰是一种俗文化，可以归类为多数人接受的“小传统”，而且正是这种民间信仰使农民在乡村的日常生活中可以形成自主性的行动力，实现对国家控制逻辑的“脱域”。这种民间信仰主要有两种，一种是人模样的神，如菩

① 访谈记录，20130616。

萨；一种是神模样的人，如关公。正村信仰空间中就布满了这样的两种崇拜对象。正村的村庄受到崇敬与祭拜的“神”非常多，基本上可以分为两类，一类是公共空间中的神，在村庄中间十字街旁边，有一座关帝庙，关羽的化身，掌管村落安全；村寨四门都有庙宇，东门口是娘娘庙，据说是村民祈福的地方，南门是奶奶庙，掌管生育，俗语叫做“送子奶奶”，西门口是文昌庙，掌管教育，北门是土地庙，负责村庄土地平安。一类是私人空间中的神，村庄家家户户都敬神，在村落每一个家庭的不同位置都安排了很多的神位，住宅有宅神，房顶是姜太公神即“太山石敢当”，门口是门神，厨房是灶神，井有井神，甚至床前还有床帮神，这些民间小庙与家庭神位表现出正村村民与自然之间的精神交流，寄托着村民的朴素愿望：平安、多子、多福。从社会角度而言，这些民间的信仰在公共与私人的两个方面构建了正村的灵性空间，在村民的心理建立了一道防护性屏障，让村民觉得村庄、家庭与个人是受到各种不同的灵性力量保护的，只要爱神敬神就能获得神的庇护，得到生活的幸福与平安，这样民间信仰就在无形中规范着村民的日常行为，构建了精神层面的乡村秩序，这在国家治理的层面看来，显然有利于国家秩序的稳定与持续。

从古至今，农民几乎都是兼业农，在从事农业劳动的同时，必须从事其他的手工业，因为在小农经济的生产状态下，单个家庭无法做到自给自足，必须与外界进行物资交易，换取自己所需物品，这样集市就成为农民日常生活中不可或缺的一部分。所谓集市是一个定期用于商品交易的固定场所，古代就有“庖羲氏没，神农氏作，日中为市，致天下之人，聚天下之货，交易而退，各得其所”的说法，这表明用于市场交易的集市从古至今一直存在。Y 县集市也有很长的历史而且形成了类型化的集市形式，Y 县集贸市场有集市、绠会、古庙会三种，在北宋时期已经形成，遍布全县村镇。集市有日日集、隔日集两种，一般为早上 5 点到 9 点，主要交易村民日常生活用品；绠会有星期会和农历会两种，一般为上午 7 点到下午 3 点，主要交易村民一般生活器物、杂货、农具、布匹、农产品等；古庙会是物质交流会，主要是围绕寺庙形成，规模比较大，货物比绠会多而且全，还有江湖游艺、文娱节目。陈镇有一个集市，据说已经存在两百年以上了，每逢农历单日初一、初三、初五、初七、初九有集会，附近三里八乡的人都会拿着自家的东西到市场上销售，当地人叫“赶集”，也叫“赶绠”。这个集市离正村只有一公里的距离，是传统时期商品交易的重要地点。

> 早先俺村的村民里面手艺人比较多，木匠、铁匠、篾匠，还有染布的，做糕点的，有很多人。民国的时候，有个师长知道这村里工匠多，就来村里拉走了一些人，到县城里弄了一个修械所，专门负责给他修枪。一般这农忙的时候就种地，农闲的时候就弄点东西赶集，拿到集市上去卖，挣钱养家。那土地多有钱的人家，吃喝不愁就不用再弄其他的营生了，可是这一个村里面有钱的就那几户，这穷人还是更多，这村里多数人都穷，靠种那一亩三分地是不行的，不得不找个其他的事做。[①]（F-11）

这样的市场交易更多具有自治自发的色彩，但是另外一种交易则必须经过官府的监管与认证。在农村最重要的是土地和房产，这两种资产的交易也是官府最重视的。一份光绪二十九年的“官契”记录了正村村民买卖房屋的历史事实，契约写着：

> “立卖契人贾合群因无钱使用今将自己庄基壹分七里九毛七正同中说合情愿卖与正崇仁名下永远为业凭中三面言明每亩时值价银五两正。本日钱地两交并无亲族争竞等情其价亦无折债准货物抬算等情两相情愿恐后无凭立约存正。”接下来记录了所买卖房产的边界与长短，并有中间人的签名与官府印章。官府之所以对土地房产交易管束严格，是因为这样的交易能够为官府带来捐输和正税等财政收入，因此在这份“官契”上言明“买卖田地房屋等产行即同说合人三面将界址丈量清楚，遂于号簿上登明买卖姓名，价银若干并契约号数……产行不得蒙混舞弊以多报少隐匿漏报倘若弊端一经查出定将该产行责革不贷……业户置买房屋务必成契之后三日内上县止税直隐匿报即将业户既众照例究罚绝不……”

---

① 访谈记录，20130616。

显然这样的交易需要官府认证而且要上缴税收，不过，这样的官契也表明传统社会的土地田产尽归私有，农民拥有土地和房屋的所有权和处决权，可以自由交易，这是保证农民生活自由与自主的基础。

从对正村社区历史的片段式描述可见，国家在村庄治理和村民生活中始终存在制度性影响，并非“是松弛和微弱的，是挂名的，是无为的”[①]。国家通过制度化的方式保持对乡村社区的汲取态势，而乡村社区则始终服从于国家的要求。为了达到对乡村社会的统治目的，国家始终在变换与寻找更为合理的乡村治理模式与相应的治理载体。在正村的社区变迁历史中，乡绅制度、礼俗信仰、土地制度与宗法制度一直以来都是国家进行乡村治理的主要载体，这些制度既为国家对乡村社会的统治提供了保证，也为乡村社会的地方化生存提供了基础，而一旦农村治理模式崩溃而新的治理载体又找不到的时候，农村秩序就可能失控，秩序基础的陷落直接导致国家上层建筑的坍塌。

在这样的治理方式下，每一个乡村社区都被塑造成安土重迁、封闭保守、守望相助、静止稳固的传统生活共同体。在这样的村落共同体中，只要满足了国家的秩序与资源需求，村民就是相对自由的、自治的，在日常生活、精神生活与经济生活中仍然存在较大的自由行为空间，在没有外力支持和帮助的情况下，依靠自有的乡土资源维持自身的地方化生存，他们这种乡土中的草根自由或许就是被遮蔽的“东方自由主义”[②] 的社会因子。

三　新中国成立后的正村社区变迁

（一）土地改革运动

传统社会中，中国农民“只有家族主义和宗族主义，而没有国族主

① 费孝通：《乡土中国 生育制度》，北京大学出版社 1998 年版，第 63 页。

② 徐勇：《东方自由主义传统的发掘——兼评西方话语体系中的“东方专制主义”》，《学术月刊》2012 年第 4 期。

义”[①]。农民作为一种政治力量参与国家政治，更多是在农民起义这样的极端情况下，多数情况下，王朝政治与农民无关，农民只是课税和征兵的对象。在传统农村秩序趋于崩溃的时候，中国共产党将农民成功地拉入政治系统，并使之成为新中国的力量源泉与政治基础。不过农民成为中国共产党的力量源泉与政治基础并不是因为共产党的崇高的政治信仰与政治理想获得了农民的认同与支持，而是共产党维护与实现了农民的根本利益。对于中国共产党而言，分田地给农民不仅是激励农民参加革命的政治承诺，更为深层的意义在于寻找以共产主义为核心价值观的新的农村治理模式。

土地是从事农业生产的基本生产资料，是农民赖以生存的命脉，历史上的所有农民起义几乎都是和土地有关的，可以说土地已经成为农民生命中不可或缺的组成部分。农民的最大利益诉求就是拥有土地，利益支配着农民的政治行为。谁能够带给农民土地，农民就带给谁支持力量，这已经是中国社会历史发展的主要旋律，因此“解放”在多数时候只是国民党与共产党军事力量较量的结果，而“土地改革”才是共产党赢得农民的根本性策略，是改朝换代的革命性标志。

土地改革之前，Y县对全县土地占有类型与基本情况按照地主、富农、中农、贫农、雇农五种类型进行了全面的调查和数据统计（如表2—1所示）：

表2—1　　Y县农民成分类型调查统计表

成分	总户数	占全县户数比例	土地占有比例	人口占全县人口比例
地主	1826	2.94%	17%	7%
富农	2438	3.93%	8.9%	6%
中农	39104	63%	50%	45%
贫农	16800	27.1%	22%	32%
雇农	1688	3%	无	11%

资料来源：Y县土地房产管理局编纂：《许市土地志Y县卷》，中州古籍出版社1999年版，第141页。

① 《孙中山选集》，人民出版社1981年版，第617页。

Y 县的土地改革并不是新中国成立以后开始的，而是从抗日战争胜利以后的 1945 年开始，前后经历了跌宕起伏、交错实施的五个阶段，直到 1950 年 12 月份给全县 62034 户（包括地富 4264 户）颁发《土地房屋所有证》才真正完成，彻底结束了封建土地所有制，实现了农民所有的土地所有制。

第一阶段：1945 年 7 月到 1945 年 9 月开展赎地斗争。在军队的支持下，抗日民主政府开展赎地斗争，在一个月内，60 多个村庄的农民从地主手中赎买土地 2 万多亩，这是该县历史上的第一次。

第二阶段：1947 年 12 月到 1948 年 4 月开展土改试点工作。土改工作队在四个试点村庄进行土地改革，后遭到国民党军队围剿，工作队成员被捕牺牲，试点工作失败。

第三阶段：1948 年 1 月到 1948 年 2 月进行急性土改。豫皖苏边区政府在军队支持下，一个月时间内，在 190 个村庄进行土改，14440 户贫农分得土地 22036 亩以及粮食和农具，后因国民党军队进攻停止。以上土改实践说明政权不稳，土改不成，政权是土改的前提条件。

第四阶段：1949 年 2 月到 1950 年 12 月进行土地改革。Y 县组成土改工作队，组织并领导农民协会进行土地改革，475 个村的农民共分得土地 159795 亩，以及房屋 20792 间，牲畜 7019 头，农具 81441 件，粮食 42419 公斤。

第五阶段：1950 年 6 月到 1950 年 12 月镇反和土地改革复查运动。Y 县通过各种方式进行镇反运动，惩办反革命分子，同时对土地改革不彻底的 139 个村进行土改复查运动。共复查出隐瞒土地 10982 亩，房屋 9692 间，粮食 2752096 公斤，牲畜 770 头，农具 11602 件。

正村村民知道共产党是从解放军驻村开始的，而对共产党的政治认同是从土地改革开始的。1949 年土改工作队开始进入正村，正村的土地改革正式开始，从此正村及其村民的一切活动开始成为国家政治的微观内容。

那几年国民党和共产党你来我往的打仗，村民都叫拉锯战，拉了几回合以后，共产党站住脚跟了，以后派到各个村庄都有工作队，当时派到俺们村的是一个姓孔的共产党员，大家都叫他：老孔。他来到村里最开始做的就是首先到贫农家去了解情况，访贫问苦，然后动员这些穷人家起来反对地主那些有钱的人家。当时我家是贫农，他到过我家好几回，每次俺家都管他吃饭。这个老孔来了以后，就发动那些贫农和苦大仇深的、敢于和地主恶霸站出来斗争的那些人，组织成立了一个叫农民协会的机构。农民协会掌管村里的一切权力，随后就进行了土地改革，把地主富农的土地都收过来，然后在全村进行了分配。原来村里的人也都不知道啥叫共产党，国民党宣传的共产党都是坏蛋。经过这一分地，妥了，老百姓都觉得还是这共产党好。这一发动起来以后，进行各种政治运动的时候，都是首先把这些地富反坏右分子弄到台子上，然后叫这苦大仇深的人进行批斗，每一回搞运动，这些人就会被斗一回，都成了固定的表演节目了一样。① （F-9）

土改工作队进村改变了传统乡村的价值标准和评判标准，现在是“穷人当家作主”的时候了，贫穷与革命是天然联系在一起的，既然要进行土地革命，贫穷自然就成了新的政治标准。孔姓土改代表进入正村以后的第一件事就是成立了以贫雇农为主要组成人员的农民协会，“建立农民协会是一种政治行动，而最经常、最有效地采取这种行动的又是政党，因为它需要通过农民组织的机制来取得农民的支持，并使农民与党牢牢地捆在一起”②。正村的农民协会由八个人组成，村民把他们叫做“八大委员”：

表2—2　　正村农民协会委员基本情况

姓名	职位	性别	年龄	成分	文化程度
正新启	主席	男	32	雇农	无文化
正金坡	委员	男	30	贫农	无文化
正树昌	委员	男	35	贫农	无文化
正金成	委员	男	31	贫农	无文化
正水成	委员	男	26	雇农	无文化

① 访谈记录，20130620。

② ［美］塞缪尔·P. 亨廷顿：《变化社会中的政治秩序》，王冠华、刘为等译，上海人民出版社2008年版，第327页。

续表

姓名	职位	性别	年龄	成分	文化程度
正坤昌	委员	男	28	贫农	无文化
正文学	委员	男	33	贫农	无文化
正黑妮	委员	男	30	雇农	无文化

八大委员的共同特征是经济贫困，主要是贫雇农，没有文化，正处于年富力强、极具革命性的年龄阶段。如果按照传统的标准，这样的八个人就是永远处于乡村社会最底层的“草民”，但是在革命的意识形态遴选和工作队这样的国家权威支持下，贫穷成为革命的象征甚至同义词，这些“草民”掌握了村庄的全部权力，成为了新的村庄权力精英。这八个人对充满历史偶然性的事情却显示了革命的必然性，“高贵者最低贱，低贱者最高贵”的革命辩证法重新塑造了村庄秩序，国家权威正式进入乡村社会并且依靠农民协会的力量完成了国家的政治意图。

> 这个农民协会成立主要干的事儿就是划成分、打土豪、分田地，弄了几年以后，1953 年，成立了党支部，这个协会就不存在了，换成了党管理一切。当时农民协会里面有八大委员，都是村里的贫农，这几个人也就兴盛了那几年，打土豪，分田地，扒神庙，破除封建迷信，都是他们干的，不过这些事净是得罪人的事儿。一旦 1954 年这党支部成立以后，这些人都不是共产党，不是党支部里面的人，没有掌权，也就靠边站了，所以村里人都说，这些人是最亏了。[①]（F－9）

土地改革是对乡村社区长期形成的固化的传统社会结构的解构与重构，“用阶级划分取代血缘辈分等级划分，用阶级组织取代宗族组织，用马列主义的意识形态取代传统的村落宗族观念。”[②] 农民是不了解马列主

---

① 访谈记录，20130620。

② 张乐天、曹锦清、陈中亚：《当代浙北乡村的社会文化变迁》，上海远东出版社 2001 年版，第 45 页。

义的，也不关心这种思想的本真含义，但是阶级成分的划分翻转了村庄的身份与地位，这却是关乎每一个农民的切身利益和现实命运的大事，这对于不同成分的人意味着不同的命运，对于多数贫雇农自然有利，他们“翻身”成为乡村社区的主人。

> 土地改革比较合理，村里人人都有份，当时是把地主的土地全部收回来重新分配，富农的土地是留一部分，其余的抽走参与重新分配，中农的土地没有动。每个人能够分到2亩左右的土地，经过分地，这贫农、雇农、和富农、地主的土地基本上就一样了，其中中农的土地是最多的。按照当时的政策，富农三年改变成分，地主五年改变成分，就都成了自食其力的农民了。[①] （F－9）

对于被划为地主富农的人则是一种历史的不幸，而且这种阶级划分表现出明显的代际继承的特征，只要被确定为地主，那么世代就是地主，传统时期象征财富、荣耀与地位的身份现在却是带来悲哀、羞辱与折磨的源泉，事实上，被划为地主成分的人可能要面临很多的窘境：

> 我爹在解放前是一个教书先生，因为有文化，后来做了俺乡的乡长，解放后被镇压了，家里土地比较多，那时候有近100亩地，自己不种，都是租给别人种，主要是收租子，一年能收7500多斤的粮食，这些土地都是我爷爷勤俭持家慢慢买回来的，解放后土地改革，我家就被定了地主成分，一是地多，一是收租叫剥削。土地被没收了，只剩下很少的几亩地。那时候斗地主，我爹被镇压以后，我就被当作地主，每次都把我拉到台子上斗，站在高台上，戴上高帽子，绑起来游街，游完街以后再喊口号，开批斗会，批斗完以后就回家了。村里很多人家以前都受过我家的接济或者帮助，都知道这是政府要求的，所以平时也不会对我有啥歧视。但是在外面就不行了，我家有个叔叔是共产党，在福建工作，就叫我过去，我是在福建参加了工作的，但是入党和提干的时候，他们一看我是地主成分，结

① 访谈记录，20130620。

果就是不同意，后来就把我清洗回家了，这清洗和开除是不一样的，领导说，开除就没有办法再工作了，清洗的话还可以参加工作，不过一直到后来平反才有机会，可是我已经老了。[①]（F－13）

无论如何，土地改革是农村制度的革命性变迁，从国民党时期脱离国家、依靠自身力量维持生存和生产的农村和农民开始进入国家的政治生活。农村不再是一个脱域的地方，而是国家治理的一个部分，农民不再是一个分散的个体，而是国家体系中的一个原子，被有计划地糅进一种制度化组织，“单位化”开始成为村庄和农民的时代特色。“单位集国家命令性权力和资源交换性权力于一身，从而形成对单位成员及个人的支配性关系，而国家则通过单位这种‘中介’实现对社会成员的组织、管理和调控”[②]。正村从土地改革开始成为中国共产党治理下的乡村，1953年正村成立了中国共产党的村级党组织，支部书记开始成为正村的最高领导，正村开始接受中国共产党的政治雕刻，阶级、革命、运动、斗争、语录等充满意识形态的政治话语开始渗透和改造村民的日常生活与精神世界，正村村民的生活开始描绘着政治化的色彩。这样，正村开始从传统状态中实现脱离并真正成为国家治理体系的末梢，而国家通过政治性的制度变迁实现了村民的组织化，以此为基础重新建构了对村落的模式化治理结构。

（二）合作化与人民公社运动

土地改革满足了农民的要求，实现了农民土地所有制。不过对于共产党而言，“土地只能是国家的财产，把土地交给联合起来的农业劳动者，就等于使整个社会只听从一个生产者阶级摆布”[③]。让个体农民获得土地是特定时期基于革命和现实需要而设定的权宜目标，而且土地改革并没有改变小农化的生产逻辑。在马克思主义看来，“我们的小农，同过

① 访谈记录，20130625。

② 李路路、李汉林：《中国的单位组织：资源、权力与交换》，浙江人民出版社2000年版，第48页。

③ 《马克思恩格斯文集》第3卷，人民出版社2009年版，第232—233页。

了时的生产方式的任何残余一样，在不可挽回地走向灭亡”[①]。因此，共产党的社会理想要求引导原子化的个体农民通过合作化、集体化的方式走向社会主义道路，这样才更符合马克思主义的理论原则。

土地改革以后，合作化和集体化运动开始在全国农村大张旗鼓地开展起来，Y县的合作化运动是在国家政策的统一要求下展开的，前后经历互助组、初级社、高级社到人民公社四个阶段，实现了农民与农业的社会主义改造：

表2—3　　　　Y县合作化运动时间阶段表

时间	阶段	主要内容
1951.12—1952.12	互助组	以“自愿组织，民主协商，互助互利，等价交换，入组自愿，退组自由”为原则，形成农业生产互助组9943个，80%以上的农户加入互助组，入互助组土地90多万亩
1953.3—1955.12	初级农业生产合作社	建立初级农业生产合作社1619个，入社5.9万户，占总农户的85%，入社耕地890450亩，占总耕地的82.5%
1956.2—1956.4	高级农业生产合作社	共建立80个高级农业生产合作社，入社农户6.92万户，占总农户的99.37%，入高级社耕地1076213亩，占耕地面积的99.7%
1958.8—1959.4	人民公社	全县80个高级合作社合并为10个人民公社，276个生产大队，1028个生产小队。后来1961年、1963年、1966年又屡有调整，直到1983年人民公社改建为乡政府

资料来源：Y县土地房产管理局编纂：《许市土地志Y县卷》，中州古籍出版社1999年版，第144—146页。

那时候讲，共产主义是天堂，人民公社是桥梁，这也是一种中国梦，是一种伟大理想，毛主席这种设想真的是很伟大。1957年和1958年的时候就开始学习苏联搞集体农庄，成立了初级社、高级社，

① 《马克思恩格斯文集》第3卷，人民出版社2009年版，第513页。

那就是毛主席讲了一句话说：还是人民公社好。结果就一大二公了，啥东西都成了集体的了，都成了公家的了，啥土地呀、农具啊、大牲口啊都归村集体所有了。[①]（F－9）

正村就是在这样的合作化运动中被划分到陈镇公社，接受陈镇公社的全面领导，正村全村是一个生产大队，分为六个生产队，每一个生产队都设立了管理机构，即所谓的“八大员”：记工员、伙食监督员、卫生员、棉花技术员、民兵政工员、学习毛著辅导员、经济保管员和文化教员。这样从50年代一直到80年代人民公社改为乡政府为止，正村都维持着和全国其他地方基本一样的组织管理体制即人民公社政社合一领导下的大队——生产队机制。在这样的组织机制下，农民被吸纳进入一个统一的农业生产组织体系，统一上工、统一下工、统一记工、统一核算、统一分配。在现代管理理论看来，这样的管理体系就是泰勒主义在乡村社会的实践，这种体现科学管理的社会工程按照国家治理的尺寸重新设计了乡村的生产和生活，使每一个乡村都成为一个可操控的生产单位，同时给每一位村民穿上了一件制度化紧身衣，使农民从小私有者转变成为社会化、组织化的农业生产者，这样就解决了国家控制原子化村庄和村民的治理技术问题。

伴随这种合作化生产管理机制的还有生活的改造和思想的改造，两者的共同的目的是对农民进行集体主义的社会训练，使之在思想和行动上跟随国家的政治意识前进。第一，生活改造。大食堂至今还留存在正村村民的脑海里，这是对村民生活最大的改造。

当时这老百姓其实大多数还是不愿意把自家的东西上交给集体的，当时政策宣传就讲，这男人原来天天考虑的是自家里的柴米油盐，现在只管去下地干活，不用再想这些事儿了。特别是妇女原来天天在家操持家务，现在也从灶锅台里面解放出来了，不再在那烟熏火燎的环境中干活了，也能出来下地干活了，这男女平等了。干完活就擎去大食堂里面吃饭去了，就不用在自己家里做饭了，灶台

① 访谈记录，20130620。

也不用冒烟了，有的人家比较听话，就把自家的米呀、面呀、馍呀就都交到集体了。[①]（F-17）

第二，思想改造。思想改造的主要策略之一就是学习毛主席语录。“那时候这群众是真正给发动起来了。学习毛主席语录是每一个生产队的日常生活。吃饭是毛主席语录、干活是毛主席语录、睡觉是毛主席语录、开会是毛主席语录，到处都是毛主席语录。毛主席语录把每个人的思想给贯穿得很紧也很深，你就没有其他的任何个人想法，没有任何的私心杂念，都是毫不利己专门利人，那谁家的东西放在外面几天都不会丢，晚上睡觉也不用关门”[②]。（F-14）

吃苦耐劳与勤俭节约向来是中国农民的优良品质，不过不可否认的是，农民本身还具有一种落后性与自私性的内在品性，作为一个小私有者，长期的小农经济造就了农民内心深处的“自我”与“自私”、“封闭”与“落后”，农民只追求“自己的一亩三分地”，却并不关心国家与民族的发展变化，至于公共性、集体性等价值则更不理会，这些显然有利于传统政权的统治，但是对于社会主义的本质要求而言则差距甚远，因此，对农民局限性的教育与改造是新中国成立以后就不断进行的政治工作。

国家从生产、生活、思想三个方面重新建构了农民的日常活动，这些工作在很大程度上改正了农民本身的诸多缺点，使其更加适应国家的需要。只是国家改造农村和农民而精心设计的这些社会化管理机制并没有使农民成为完全驯化的理性农业生产者，村民通过自己的行动、语言等以一种非正式的行为方式表达了自己对这种管理机制的理解和反应。集体生产成为国家与村民两者之间的理性较量，国家能够使用的是组织理性，而农民能够运用的则是行动理性，当组织理性遇见行动理性时，农民更偏向自己的一方。在正村集体生产时，“干集体的活，像秀才拜主。干自留地的活，像武松打虎”就成了两种理性较量的生动表述，在某种程度上，正是这种非正式的理性行动修正了组织理性的缺陷，维持

① 访谈记录，20130615。

② 访谈记录，20130624。

了村民的基本生活。

> 那时候，每个村民都分得有一分自留地，二分猪饲料地，还有一分鸡饲料地。另外允许自己开荒地，谁开的荒地就是谁的，俺家当时开的荒地就有半亩多。每天该上工的时候就背着工具上地干活，不过很多也是出工不出力。只要下了工，计了工回家以后，你看吧，在自己家地里能干到天黑也不回去，也不累，那劲头比上工干活的劲头大多了。后来就组织学习毛主席语录、老三篇，改造人的思想，这也有用，不过还管不了。[①]（F-9）

集体大食堂在正村村民的生活中留下了更深的印记，据正村的老人们回忆说，"开始弄大食堂就有人说：真她娘的，叫合一块儿吃饭，兄弟几个吃一个奶还弄不到一块儿，别说这么多人合一块吃饭啦。但是国家叫这样弄，谁也挡不住，不愿意也得愿意。大食堂刚开始还行，还能够维持，宣传得也好。食堂里面也想办法照顾人的不同要求，设立的有小火。比方说会杀一头羊，做点儿羊肉汤，羊肉烩馍啥的，一毛钱一碗，谁想吃谁拿钱买，但是毕竟不如在自己家里的小火上，想吃啥做啥，俗话说得好，人多没好饭，猪多没好食，这食堂不可能面面俱到，照顾到每一个人。就是这样的情况也没有维持多久，粮食就不够吃了，后来就散伙了。"[②]（F-8）

在正村及周边村庄流传着的一首民谣描绘了大食堂的真实状况和农民的向往：

清早的馍馍，一人一个，
晌午的面条捞不着，
晚上稀饭照月亮，
大人喝了不济事，
小孩喝了光尿床，
看床尿的成啥样？

---

① 访谈记录，20130620。

② 访谈记录，20130610。

爹也说，娘也讲，
孩啊孩，快点儿长，
长大当个司务长，
人家吃半斤，
咱吃斤四两，
既能落了名，
又能沾个光。

饥饿让最伟大的思想也黯然无光，食物短缺使“生计”成为包括村庄干部在内的每一个村民必须解决的问题，而普遍的做法依然是“靠山吃山，靠水吃水”。既然现在依靠集体生活，食物自然也要从集体那里获得。

当时有个说法叫大队干部偷，小队干部搂，社员缝个大裤兜。大队干部到晚上没有人的时候跑回大队仓库里面偷东西弄回家，社员瞅见机会就把馍片啊、红薯块啊放到裤兜里面带回家，大家都是趁这机会把大队的东西往自己家里弄点，各想各的招儿，各想各的法儿。要不，吃不饱，活不了啊！[①]（F-11）

相比较生活方面这种小偷小摸的不当行为，在公共方面的“冷漠”则更加表现出这种管理机制的缺失。“以前东西是自己的当然珍贵，啥都不舍得扔，收拾的很好。现在都归公了，啥东西放在外面，多少天也没有人看，没有人管。那粮食、庄稼、集体的财物放在露天街上，大家都是睁眼不看，一点不稀罕，这都是大家的，人民公社的东西，又不是自己家的，坏了也不心疼，谁也不管，结果很多东西在外面都给毁坏了。”[②]（F-11）

此外，伴随农业合作化与集体化运动加在村民身上的诸多强制性措施也没有阻挡村民为了“填饱肚子”而铤而走险的步伐，“那时候为了干好大集体，不准在家里养大牲畜，为了弄好大食堂，不让在自己家里做

① 访谈记录，20130616。
② 访谈记录，20130616。

饭，谁家灶台冒烟，村里干部就去谁家收东西，还要受队里批斗。而且不准长途贩运，牟取暴利，把这叫投机倒把，逮住了，不仅没收东西还得挨批。不过那个时候，也管不住，这种事经常有，村干部也是睁只眼闭只眼。我当年也是生产队的干部，村里人外出啥的都得经过我开证明，要不不准出乡。那时村里种棉花，但是收购价只有 2 毛多钱，离俺这里不到百十里地价格是 8 毛，这钱差的多，村里一个人，姓正，就包了一包背着想去卖，结果给抓住了，他就说是去串亲戚，没有开证明，后来公社找到我，问我情况，我一看都是一个村的，还是一个本家哥哥，就打个马虎眼，说这事我知道，因为事情多给忘了，回头给补了一张证明"[①]。(F－9)

和其他村落一样，在正村，大队、生产队是国家权威社区化的表征，它超越了家族与家庭构成了正村新的村庄共同体的载体，其不仅重塑了村民的身份特征与隶属关系，而且沉淀为正村的村庄记忆。时至今日，正村的村民在自我说明时依然用一队、三队、五队、二组、四组等这样的词汇表明自己的集体归属。总之，这是一场充满政治化色彩的经济改革运动，这场运动改变了农民与农村社区的存在方式。从微观层面而言，农民群众所含有的数量最多、没有秩序的存在特征被消灭了，农民被构造成国家生产机器上的一个零件，被装配在整条国家农业生产线的最底端，农民的传统生活方式被裁剪得更加符合集体化的生产需要。从宏观层面而言，这是一场伟大的社会试验，合作化与人民公社"把农民组织起来了"，完成了国家重构小农的任务，"使征税单位、土地所有制和政权结构完全统一起来，合作化从政治和经济上均实现了'政权建设'的目标"[②]。国家实现了对乡村社区秩序的全面掌控，乡村社会成为国家体系的一部分，传统的宗族共同体转变为集体共同体，这样在国家权力的统一支配下，形成了一种"总体性社会"[③] 的乡村样态。无论毛泽东还是邓小平都提出农民的根本出路在于走集体化道路，从这个意义上而言，

① 访谈记录，20130620。

② 杜赞奇：《文化、权力与国家——1900—1942 年的华北农村》，江苏人民出版社 1995 年版，第 240—241 页。

③ 孙立平等：《改革以来中国社会结构的变迁》，《中国社会科学》1994 年第 2 期。

合作化与人民公社为国家进行乡村治理创设了一种有效载体，其能够从制度意义上实现对农民的组织化与集体化，摆脱农民原有的小农观念与自私主义，为农村发展与秩序稳定带来稳固的政治基础，尽管这种治理模式最后遭到了抛弃，但是从发展的眼光看，这种乡村治理显然带有更多积极的内涵。

（三）乡政村治格局下的正村社区

人民公社制度这种有利于国家的治理方式最后遭遇了失败，有学者从产权的角度认为失败的原因是“由于产权残缺必然导致存在劳动监督成本过高和劳动激励过低的问题”[①]。然而更为本质的原因是由于国家经济建设战略方针与路线的改变，工业化与城市化成为中心战略，而农业与农村则在不平衡的制度体系下走向衰弱。此时在农业制度变迁的驱动下，全国性的家庭联产承包责任制在激烈的争论中开始推行，家庭联产承包在农民看来就是“分田地”，这无疑是农村土地改革的第二次革命。家庭联产承包责任制改变了农村的经营方式，使“过去的集中经营变为各家各户分散经营；过去的集中分配变为以自主经营收入为主；过去的集体统筹变为分户负担”[②]。尽管家庭联产承包责任制没有改变土地所有制，因此被认为“仍属于合作化经济的一种延续，其特点只不过是把家庭作为合作经济的桥梁”[③]。但是这毕竟是基层社会的创造性政治[④]，是农民为了改变自己命运和创造自己的幸福生活而进行的一种创造性的政治活动，这种体制性的突破重新构造了基层社会治理体制，重塑了农民与国家的关系，使农民具有了更多的自主权与独立行动的自由。

Y县从1980年冬天开始执行中央政策，实行包产到户的“大包干”生产责任制，全县2625个生产队，实行不同形式承包责任制的有2050个生产队，占生产队总数的78%，耕地52474公顷，占总耕地面积的78%。

① 林毅夫：《制度、技术与中国农业发展》，上海三联书店1992年版，第45—69页。

② 关海廷、吴群芳：《邓小平与中国改革的合力起点选择》，《中共党史研究》1998年第5期。

③ 周其仁：《农村变革与中国发展（1978—1989）》，牛津大学出版社1994年版，第81页。

④ 徐勇：《农民改变中国：基层社会与创造性政治——对农民政治行为经典模式的超越》，《学术月刊》2009年第5期。

到1981年冬，全县2625个生产队，耕地67274.35公顷，全部实行家庭联产承包责任制。耕地平均分配到户，社员自己耕种，其收入除上交国家和集体提留外，全部归自己所有。接着是1983年3月人民公社体制改成乡镇建制，生产大队也转变为村民委员会，这不仅是“换了换名称，换了换牌子”，而是一种新的“乡政村治”格局的形成。

正村也执行了国家政策，把土地平均分配给每家每户，生产大队变成了村民委员会。“分地的时候，群众都愿意分，干部都不想分，主要是当官都当习惯了，不想放权，但是他们也挡不住国家政策。一听说要分地，当时就乱了，农具、马达、套子车给抢了，储备粮和种子粮都给干部暗地里倒腾没了。那时候生产队长的话也不管用了，没人听，敲上工锣也不灵了。每个生产队的分法都不一样，当时我负责第一队分田地的事，开会说这事儿的时候，村里书记和副书记都到场了，俺队按照劳力分，一个劳力分1.4亩地，自留地按照人口分，一人一分地，俺家有六口人，总共分了9亩地，俺在村里分的算是多的，生产队的牲口作了个价，抓纸蛋分了，就这样就算是分田到户了”[①]。(F-9)

分田到户获益最大的是农民，角色转换最大的是干部，“土地分到户，用不着村干部；分了责任田，等于干部交了权”。但是改革并不意味着国家在乡村社区的退场，村民委员会依然是国家与集体的象征，只是村庄的阶级、斗争、成分等政治话语开始被致富、经济、金钱等经济话语所替代。分地以后，在管理体制上，正村的生产队干部从具有官方性质的管理者变成具有差役性质的村委干部，开始实行法律意义上的村民自治制度，但是村委干部并没有因为“自治”的性质而变为乡村的独立行动者，相反他们依然是政府深入乡村社区的神经末梢，依然是国家任务的执行者。

建在村中心十字街的正氏祠堂原来是大队部，现在则成为正村的村委会所在地，这一时期村干部接受陈镇政府的指导，催缴税款、讨要粮食、计划生育是他们的主要工作，被戏称为“要钱要粮要命”，这样就造成了村民的沉重负担。本质上，村民的沉重负担是国家为了获取工业发展资本对乡村社区过度的制度化汲取造成的，而村干部有意识的“搭便

---

① 访谈记录，20130620。

车”行为则加剧了这种负担。正村的村干部承担的任务和所有的村干部一样，就是确保全村的农户按照标准足额上缴公粮和村提留、乡统筹，所不同的是，在正村，多缴粮是村民的义务，少缴粮则成为村干部的特权。

分地以后，还要交皇粮，每家每户都要交，老百姓种地就得交粮，这也是天经地义的，但是那时候交得粮食忒多了。年景好的时候，一亩地能打千把斤粮食，可是村里头基本上都是让每亩地交360斤粮食，最低的年份是320斤，最多的年份还有390斤，三分之一的粮食都交了，村里人就不愿意交。主要是那些老弱病残基本上都不用交，也交不上，村里有很多光棍[1]的人，主要是干部，都变着法不交，村里该交的粮食总数是不变的，最后就把粮食数都摊到村里爷们儿身上，本来交的就多，这再摊点儿就更多了，这村里人的意见就更大了。

这村干部不交是最没有道理，也最让村民恨了。有个叫正得水的是俺村的副书记，家里有八口人，但是每年都是只交六口人的粮食，少交两口人的粮食，按照350斤算，每一年就少交700斤粮食。以前谁也不知道，我从老会计手里接住村里的账以后，一看账单，才发现他家少交两口人的粮食。从80年分了土地，我91年接任会计，这期间11年，他家都是只交六口人的粮。账上记着他家是交了六口人的粮，但是实际到底交不交，那谁也不知道，就是这少交的两口人的粮，这么多年来也没有人去查过，人家是村里的副书记，谁会查呀？谁敢查呀？这我发现这个情况以后，要不查的话，这两口人的粮食就得摁到村里爷们身上。

当时我就去找他说这个事情，我到他家以后就说：叔，今年的交粮任务下来了，你看今年这咋办呀？

他没有吭声，其实他心里知道，没有说话。

正好村支书在他家，就说了话：大侄子，你这人咋这么不明事理啊，你才干上会计，这往后时间还远着哩，你看着算呗。

① 地方俗语，意指在村里地位比较高，比较有影响力的人。

我拿着账本说：你看这是八口人的地，以前11年都是算六口人，这今年该咋算？

这村支书又说话了：你咋怎不明了啊，你看着弄呗，还问啥？

我心里就想，让我看着弄，我就看着弄，我立马就把这脱下的两口人的粮给记上了。[①]（F-14）

计划生育是一项基本国策，在基层则是一项“要命”的工作，不过对于乡镇政府则是最赚钱的项目，因此，乡镇政府对计划生育政策的执行是最坚决、最彻底也是最恐怖的。在陈镇1987年的一份政府文件上，详细记录了孕检、上环、结扎、计划外怀孕、超生等方面不符合计划生育政策的各项罚款项目及数额。计划生育和土地、宅基地、亲属都紧密联系在一起，只要违反计划生育政策，没收土地、取消宅基地、株连亲属就是违反者的既定未来。一位乡镇干部说：

计划生育这项工作，国家政策拿的硬，基层政府就敢干，腰板就硬，也不怕老百姓闹。那时候只要知道谁家违反计划生育，我立马带着人就过去了，抓人、罚款、牵牛、搬粮食、抬柜子，这都是经常干的事，老百姓叫我们是葫芦队，我也知道，不过咱不怕，这是国家政策，又不是个人恩怨，咱执行政策怕啥。[②]（F-2）

然而相比乡镇政府的理直气壮，处于夹层的村干部的位置更为微妙，既要执行国家政策，又不想得罪村里人，因此，更为小心谨慎。“那时候计划生育也很紧，扒房、牵牛、抓老人、罚款都是经常的事。村干部是中间人，你想这村里谁超生，生几个，要是村干部不往乡里汇报，政府咋知道啊？还是这村干部在中间吃劲了，那乡政府一听说有超生，马上就派人来村里了，村干部也不愿意得罪人，光是悄悄告诉乡政府这超生的人家在哪里住，就躲起来了。乡政府就上家里去抓人，要是当事人不在家，就把老人抓到乡里，当时乡里有一个专门的拘留室，抓进去也不

① 访谈记录，20130910。

② 访谈记录，20130606。

打人，就是上课学习，让超生的人把罚款交上来就行，那时候罚款也就是3000元、5000元，但是那时候这钱顶事，一般人家超生也交不起”[①]。(F-14)

可见，在乡村社会，政策依然是规定国家与农民之间关系的主要因素，而执行政策的村干部则扮演了“代理人”和“当家人”的双重角色[②]。伴随着国家市场化改革的进程，尽管乡村政策依然是国家与乡村社会之间的制度性纽带，但是政策的引导性与间接性的特征越来越明显。乡村社会的两项基本政策即家庭联产承包责任制与村民自治制度从经济和政治两个层面重塑了国家与农民的关系。分田到户以后，正村的村民获得了土地经营的自主权，村干部将生产的决策权和管理权让渡给了各家各户，国家的意志在农民的生产领域逐步淡化。

> 分给我的地就是我家的，我想种啥就种啥，不用再像以前那样，完全听队里的安排。想啥时候上地里干活，就啥时候去地里干活，不用再听号令了，这比以前是自由了很多，也自在了很多，都是给自己干，这劲头也就上来了。[③] (F-14)

实行村民自治制度赋予了村民更多的政治民主权力，尽管在很多正村村民眼中，村民自治只是形式，没有真正发挥作用，但是村民自治至少在制度意义上拓宽了村民的权力自主空间。换而言之，农民的个体行动挣脱了国家意志的完全掌控，成为自我意识支配的行动主体。

市场化改革刺激了追逐物质财富的个体本能的复兴，市场开始成为乡村社区的指针，财富开始成为村民的评价标准。正村的生产结构也开始在市场的指引下发展，首先是土地的种植结构发生变化。生产队的时候，村庄集体土地主要种植农作物，小麦、玉米和红薯；分田到户以后村庄土地基本以种植粮食、棉花和烟叶为主；现在全村2000多亩土地上种植的基本上都是苗木花卉。决定正村土地种植结构变化的主要因素从

---

① 访谈记录，20130910。

② 徐勇：《村干部的双重角色：代理人与当家人》，《二十一世纪（香港）》1997年第8期。

③ 访谈记录，20130910。

政府指令变为家庭生活需求，现在则主要是利润。按照市场的一般价格计算，种植中草药的收入最高，其次是花卉苗木、经济作物、最后是粮食，正村村民选择种植花卉苗木就是市场利润和当地花卉苗木的种植优势联合的结果。

> 现在全村都种花卉苗木，开始种啥的都有，种粮食的最多，但是这粮食卖的不挣钱，后来种花卉苗木挣钱。再说这旁边人家都种树了，挡着阳光，这庄稼也就不长了，后来逐渐就都种成了花卉和树木，挣不挣钱主要也是看市场，以前不行，最近这几年来看，价格低的时候，一亩地一年能挣5000多块钱，价格高的时候能有1万多，平均下来一年这一亩地能挣8000块钱，不过也得有人来收才能兑现，要不就得一直长到地里。[①]（F-11）

但是正村六个生产队分地的时候，平均每个劳动力也只能分到1亩2分土地，因此每个家庭的种植规模都比较小，种植结构的变化也催生了土地的市场化流转，和周边村庄一样，正村也存在两种流转方式。一种是政府引导的流转，主要是流转给公司，由公司进行规模化经营。一般情况下，一个公司的流转规模在200亩左右，租金从一年800元/亩提高到现在的1200元/亩，这种流转提高了土地生产经营的社会化程度，所有权归国家，使用权是村民，承包权是公司。日常管理则是雇工，雇工分两种，一是长期雇工，工人比较少；二是临时雇工，用工比较多，活干完就结账。另一种是自发的流转，由村民私下协商流转。流转租金和公司流转一样，只是规模相对较小，一般规模在15亩左右，主要由家庭成员负责经营管理。土地种植结构和经营结构的变化折射出正村生产结构的变化，在市场经济的影响下，生产社会化的程度也越来越高。

在现有的制度条件与市场环境下，农业经济的比较效益相对低下，当耕耘土地不能带给村民更多财富的时候，外出打工就成为挣钱的新途径，农民也开始从兼业的农民变成了兼农的农民工，这是农民自觉的"非农化"。从90年代中期开始，正村开始陆续有人去外地打工，挣回的

① 访谈记录，20130610。

钱变成了村庄最好的房子和漂亮的媳妇儿，吸引着更多的人出去打工。

> 我家里人少，分的地不多，土里刨食也得不住几个钱，我从1994年就出去干活了，算是村里出去打工最早的了。那时候十七八岁，年轻，胆子也大，跑的地方也远，蒙古、新疆都去过，后来有了一些钱以后，年纪也大了，成了家以后就很少出去了，慢慢做生意，现在生意还不错，在村里经济收入不是最好也算上层了。现在这村里年轻一点儿的，二十几岁基本上都在外面打工，一来能挣钱生活，二来都想出去看看外面的世界，再说这周边确实也没有啥像样的工厂，那些苗木园子里需要的人手也很少，所以就出去打工，要是呆在家里，还被人看不起。[①]（F-31）

外出打工作为村民的理性选择为家庭带来了较高的经济收入，同时也开阔了村民的视野，不过同时也造成了正村的留守与空心状态的存在，在村治保主任看来，也增添了另外的忧虑："村里年轻人都走了，留在村里的都是老弱病残，包括一些党员、村干部也都出去了，不收农业税以后，干部的事儿比以前少多了，在村里又没有多少钱，结果村里人越来越少，有的时候村里人老了以后，连打墓抬重的人手都凑不齐。"[②]（F-7）

正村劳动力的外出与产业资本的进入几乎是同时的事情，而且两者的指向都是土地，因为土地无法带来更多的财富，村民开始出村寻找更多的挣钱门路与机会。因为土地蕴藏的巨大商机，产业资本开始进入村庄租赁土地进行产业经营，而政府的招商引资政策正好为资本的进入铺平了道路。2000年，产业资本开始进入正村，在正村及其相邻的村庄征用土地1000余亩，其中正村被占用耕地600亩，每亩土地的赔偿费是12000元。回忆起当时的情景，村干部感触很多。

> 当时这家企业找了风水先生和勘探队，选中了村西头这块地，

① 访谈记录，20130703。

② 访谈记录，20130907。

说是这个地方的温泉最好，大概有600亩耕地，准备修建度假村，村民都不愿意，主要是赔偿太低，还有就是思想上不接受，最后还是政府强摁着头皮给弄成了，这老百姓没有办法就隔三岔五地去工地闹，政府和企业都没有办法，最后就让我们村干部去调解，其他干部有的不想去，有的出去打工了，整整三年，只要出了事，都得我去摆平。[①]（F－7）

城乡二元结构的现实存在使打工并不是长久之计，在正村，除了打工挣钱外，另外的经济收入来源主要是做生意。正村的生意铺面是典型的“道路经济”，国道从西到东横贯正村，依据地理优势，从2000年以后，趋利的本能引导正村的很多村民陆续以宅基地的方式在道路两旁修建了很多的门面房，所有房子都是上下两层，下层做生意，上层居住生活。以下表格是不完全的商店统计，共计有各类商店38家。

表2—4　　正村国道两旁商店分布统计表

行业	户数	行业	户数
超市	3家	小商店	6家
汽车修理店	1家	摩托车修理店	1家
电动车修理店	2家	门帘门窗店	1家
茶社	8家	饭店	5家
预制板厂	1家	床上用品店	1家
五金电料店	1家	水暖太阳能店	2家
理发店	2家	早餐店	2家
农副产品加工厂	1家	焊门	1家

资料来源：根据村民的回忆进行的不完全统计整理。

尽管因为建设新型农村社区，所有的房子都被拆掉了，但是从被访者的回忆中依然能够想象正村生意的兴隆：“从东到西，国道经过俺村有两里地，两边都盖了房子，都是以宅基地的名义盖的，有的自己盖好自

① 访谈记录，20130907。

己做生意，有的就租给别人。这国道来往车辆很多，生意很好做。就拿我的超市来说，我的超市是这一片比较大的一个，上下两层11间房，楼下一层是超市，400平方米，生意好时，一天能见上千块钱，就是生意不好也得有几百块钱，就这路边做生意这一项，村里大致就能解决三百人的工作，现在都给拆掉了，挺可惜啊！”[①]（F-16）

总之，在市场力量的刺激下，多元生产已经成为正村村庄生产结构的主要特点，村庄经济表现出混合经济的主要特征。每一个村民家庭从事的都不再是单纯性的农业生产，家庭收入呈现明显的多元化特点，这就意味着每一个家庭都挣脱了村庄的时空限制而与外界形成了更多的社会联系，村庄与家庭的封闭状态被打破并被牵引到市场交换的社会化过程中。伴随村庄混合经济与社会化程度的增强，村民生活的现代化水平也得到提升，很多现代化的工业器物开始逐渐成为村民家中的日常用品，村里的楼房也越来越多，基础设施也逐渐完善。不过村庄的生活秩序并没有完全被改变，传统的生活状态依然是村民日常生活的主要表征，村民的生活处于一种混合的状态，这既是经济力量的外在影响的结果也是原有传统生活的适应性变化。正村村落的社会化变化表明保守与顽固并不是小农经济与小农生活的固有特征，它会伴随外界的变化而发生适应性变化。在这个意义上可以说正村依然是一个传统农村社区，不过却是一个发生了明显变化、具有某些现代特征的农村社区，因此可以预见的是，即使没有新型农村社区的建设，正村依然会不停地向现代化靠近。

如果将正村社区的历史变迁看作是国家与乡村社会关系的一个缩影，那么从正村的社区变迁中可以看到，国家始终发挥着重要作用，政策是规制村庄存在样态的关键性变量，政策变迁涂抹并转换着乡村社区的色调。传统社会，乡里制度吸纳宗族力量对乡村社区进行一体化治理，在保证国家政策的执行和乡土秩序的稳定的同时，使乡村社区处于一个有限自治化的存在，只要满足了国家的要求，村民就是自由的；国民党统治时期，内忧外患、战乱频繁的社会状况导致国家的治理能力下降，这一时期的乡村社会与其说是脱离国家统治，不如说是国家无力规制，所以此时的乡村秩序更多依靠自身力量维护，处于一种相对地方化的存在；

① 访谈记录，20130625。

新中国成立以后中国共产党重建了乡村社会的政治秩序，通过一系列的制度性建构，阶级意识、阶级斗争、阶级话语等进入乡村场域，并通过合作化、集体化、公社化等运动进入并规制农民的日常生活，农民从思想到行动、从身份到吃饭都充满了单位化的色彩，乡村社区呈现政治化的生存状态。单位化与单位人的形成，使正村成为充满政治底色的单位化组织，村民的衣食住行高度依赖人民公社与生产大队，离开人民公社这个单位则寸步难行。这样的生存状态最终被农民的创造性行动所改变，国家也不得不顺应民意，做出政治性的制度让步，但是这种退出并不是完全的，国家意志依然能够在村庄得到体现，村庄依然是国家的治理单位，只是这种治理的方式开始变得更加间接。可见国家始终在创设更具适应性的乡村社会治理的新模式，也始终在寻找新的更好的治理载体。

在正村社区的历史变迁中，村民并不是没有任何的行动空间与自由，村民会尽可能地利用政策的一切空隙扩大自身的生存空间，增强自身的权力，甚至于很多时候，政策本身就是村民获取行动与权利的理由，因而即使在国家完全掌控村庄的集体化时期，村民依然能够保证作为村落的主人实现“主体在场”。不过，不可否认的是，这种行动通常是在隐忍的沉默的状态下维持存在的，不和政策作对是村民行动的基本前提，这明显是一种生存伦理指导下的选择。国家的制度变迁为农民腾出了自主性的行动空间，农民重新回到自我意志支配的状态。在市场化改革的刺激下，农民开始走出村庄与家庭，参与到市场经济的交易过程中，村庄的流动性、开放性开始增强，呈现社会化存在的状态。

这表明，在正村的村庄秩序中存在两种力量：一种是国家力量形成的政策性社会秩序，其性质在“合”；另一种是村民力量形成的社会性生活秩序，其特征在“散”。历史已经表明，这种犹如暗流般的村庄秩序具有更为强大的生命力，而外在的力量则会因为社会变迁而不停地发生变化。两者之间一直在激烈地斗争着，前者在总体上趋于变化，而后者则趋于复原，它们之间的斗争构成了一幅复杂生动的历史画卷，同时也预示着农村社会的发展变化。

对于国家而言，乡村社区是一个治理单位，秩序、资源与服从是制定政策的根本取向；对于农民而言，村庄社区是一个生活单位，饮食、交流与生产构成村庄的日常情境；作为治理单位，国家的政策指向是如何将村庄社区纳入国家的整体性治理体系中，因此，乡村社区的存在状态是国家有意识的制度建构，或者说这是一种“国家政权建设”的重要组成部分；作为生活单位，村民的活动指向是如何维持村庄的发展并从中获取生活的基本资料，因此乡村社区又是村民自主性的生活建构。国家力量与村民力量共同型塑着村庄的样态与秩序，而且很多时候，前者是社区变化的主要原因，后者是社区复原能力的主要来源。尽管在特定时期，两种力量对乡村社区的影响程度是不同的，不过在更长远的时空场域中，村民才是创造乡村社区的真正主体。

在人民公社取消、村民自治又存在制度困境、农村社会一盘散沙、国家对乡村进行治理的载体无法达到效果、新的公共服务职能又无法实现的情况下，寻找或创建新的治理载体就成为一个急需解决的问题，新型农村社区就成为一个替代性选择。这样，对于正村村民而言，在经历了人民公社与村民自治形成的村落共同体之后，历史的下一步就是进入新兴农村社区，而新型农村社区创设的新的社区生活将构建出新的现代生活共同体，这预示着农村社会的转变与基层治理的转型。

第三章

社区建设：政府行动与村民诉求

正村发展变化的历史说明，两种力量共同决定着乡村社区的发展变化，不过，这两种力量在新型农村社区建设过程中的角色、地位与功能却明显地不同。作为外部力量，各级政府发挥了主导性作用，是关键角色，作为内部力量，正村村民则是被动地卷入一次利益攸关的乡村社区建设过程中，不过村民一如既往地采用特有的弱者策略以有限的方式表达着自己的利益诉求。与其说正村新型农村社区建设是乡村社区的发展变迁的历史性要求，不如说是政府公共行动的政治性后果。

一 被选择的正村社区：试点、项目与政策

中国的改革被称为是“摸着石头过河”，试点是这种渐进主义改革模式最明显的特征。河南省的新型农村社区建设也是从试点开始进行的。一般而言，试点的目的是寻找能够获取实践经验的“石头”，以期能够对改革政策的持续性提供可以参考的经验和依据，很多情况下，“试点”作为首发对象，都能获取政府在具体政策、物质资金等方面的极大支持，以保证试点的推进，这对于基层政府具有很大的刺激作用，是基层政府热衷于申报试点项目的直接诱因之一。

正村作为新型农村社区建设的“试点”，是产业资本与政策执行双重标准下“被选择”的结果。正村的新型农村社区建设属于村企共建模式，所谓“村企共建”就是以互惠互利为原则，企业出资建设社区，村庄的集体土地用于企业的发展，这样将企业的发展与新型农村社区住宅建设联系起来，其实质是市场化的建设方式，这种方式的可行性程度比较高。

在Y县一位干部看来：

> 市场化的方式比较可行，企业有钱，资金多，相应的赔偿也高，如果单单依靠政府投资是不可能的，政府根本没有那么多的钱搞农村社区建设，整个河南省的社区资金才有10个亿，分摊下来根本没有多少。县里能够提供的也就是社区建成腾出的土地复耕以后，每亩给15万元的土地综合整治资金，每个社区提供公共服务基础设施资金200万元左右，其他也就没有了。[①]（F-1）

因此，对于财政状况并不富裕的陈镇而言，采用村企共建的方式建设新型农村社区是最好的选择。一位副镇长说：

> 当时这个社区建设是村企共建，也算是一个招商引资的项目，上面让搞社区，政府没有钱，不这样做根本不行。最后，由镇政府出面让正村村委和一家房地产公司签约，由房地产公司给村里建社区，建好以后，村民搬进去，节约下来的土地由这家公司进行开发。这样村民得到赔偿和社区的房子，公司得到土地，政府也完成了项目任务。[②]（F-2）

这样的设计显然是一个“多赢”的结果。这种模式的基本前提是被选择作为新型农村社区建设试点的村庄必须符合企业的选择标准。企业本质上是产业资本，追求利润最大化是其本质属性，这就决定了企业选择的标准是村庄资源未来能够带来丰厚的利润，因此正村的“机会”是因为村庄本身的潜在优势和利润前景吸引了企业。在解释新型农村社区建设的时候，很多村民都表达了这样的看法：人家企业为啥来这里，不就是看着俺村的水好，环境好，要是在这里盖成别墅，弄个温泉啥的能够挣大钱才来的吗？要不谁会来这里呀，你当人家企业是冤大头啊？你政府让来人家就来吗？因此，在村民的眼中，正村的新型农村社区建设

① 访谈记录，20130614。
② 访谈记录，20130607。

是“被资本选择”的结果。

对于政府而言，着眼于区域城镇化的均衡发展与城乡一体化发展的需要，新型农村社区建设既是社会主义新农村和农村社区建设的延伸与深化，又是解决三农问题和城乡二元结构的切入点，因此新型农村社区既是一种现实需要，也是一种历史趋势。能够作为“试点”的村庄自然是一件很幸运的事情，是对村民很有利的事情，然而任何幸运都不是没有理由的。陈镇这位副镇长这样分析：

> 当时是借助县里“三村改造”的机会，把正村当作示范村进行改造，后来根据上级政策变为新型农村社区建设，陈镇是县里的中心镇试点，镇里把正村作为陈镇的新型农村社区建设试点。你选择试点不能随便选，需要有优势才能成为试点。把正村作为一个社区建设试点有几个原因，一是这个村庄有明显的区位优势，紧靠国道，离镇区也比较近，只有一公里左右；二是陈镇水资源好，这个村子处于优质水资源的中心，这是资源优势；三是原来招商引资，在这个村子里建的有一个温泉度假村，有这样的基础，村子周边的三产比较多；还有就是这个村子是单姓村，村民都姓正，有啥事都给个面子，这事情就好商量，群众基础比较好，这个村庄的村委领导班子比较团结得力，镇里比较认可。要是没有这些条件，就是选了试点也搞不好，弄不下去。[①]（F－2）

总结乡镇政府官员的话语内容可以发现，正村之所以被选择作为试点至少具备了区位优势、资源优势、产业优势、组织优势、社会基础优势五大优势，这些优势能够为基层政府执行上级政策创造比较好的工作环境，至少能够减少政策执行的阻力，正村新型农村社区建设正是在这些优势条件下“被权力选择”的结果。

资本与权力好像一对孪生兄弟，总是能够找到契合的联结点，新型农村社区建设就是两者契合的一个联结点。产业资本对正村的选择是利润的驱使，公共权威对正村的选择是政策的要求，资本与权力在不同的

① 访谈记录，20130607。

目标引导下做出了共同的选择。尽管政府进行新型农村社区建设具有战略层面的理性设计，也是一种符合逻辑的“多赢”设想，但是正村被选为新型农村社区建设的“试点”并不是正村村民的主动选择而是存在一种“被动式”结构，对权力的本能排斥让村民心里总是有一种资本与权力为刀俎、自己为鱼肉的幽暗感知。

在乡镇政府财力紧张的情况下，被选为“试点”的正村新型农村社区建设必须成为一个项目才能够获取上级财政资源的支持。所谓项目是指“为创造独特的产品、服务或成果而进行的临时性工作”①。这样的项目具有事本主义特征，具有确定的目标、特定的组织和限定的资源。现阶段我国国家治理的显著体制特征之一就是“项目治国”②，这种以项目的方式进行国家治理的系统体制被称为“项目制”，项目制作为一种国家治理体制，其实有着双重的项目目标：一是靠事本主义原则完成一个具体的专项目标，二是出于意识形态的考虑需要在各地立规范、树典型，以实现能够贯彻国家意志的政策目标。③ 2009 年以来，正村被选择作为社会主义新农村示范村，涉及陈镇镇区改造建设项目、Y 县“三村改造”重点项目、市级新型农村社区建设重点项目等。不过正村社区建设项目最终会被分解为一个详细的项目申请体系，以此适应政府行政管理“条块分割”的体制性特征。

表 3—1　　　　新农村社区建设涉及项目申报说明④

项目名称	申报单位	受理部门	申报条件
新型农村社区项目	乡政府	新农村建设办公室	符合要求
土地综合整治项目	县级政府	国土部门	有整治潜力能“腾出”用地指标
城乡建设用地增减挂钩项目	县级政府	国土部门	
农村公路建设项目	县、乡政府	交通部门	符合规划

① ［美］项目管理协会：《项目管理知识体系指南》，王勇、张斌译，电子工业出版社 2009 年版，第 4 页。

② 周飞舟：《财政资金的专项化及其问题兼论“项目治国”》，《社会》2012 年第 1 期。

③ 渠敬东：《项目制：一种新的国家治理体制》，《中国社会科学》2012 年第 5 期。

④ 王永宇：《新型农村社区建设的思考》，http：//www. zmdgtj. gov. cn/News_ View. asp? NewsID = 1959。

续表

项目名称	申报单位	受理部门	申报条件
水利建设项目	县、乡政府	水利部门	符合规划
农业扶贫开发项目	县、乡政府	农业部门	符合规划
中低产田改造项目	县、乡政府	农业部门	符合规划
电力项目	县、乡政府	电力部门	符合规划
社会保障项目	县、乡政府	民政部门	符合政策
教育项目	县、乡政府	教育部门	符合政策
畜牧项目	县、乡政府	畜牧部门	符合政策
卫生项目	县、乡政府	卫生部门	符合政策
信息项目	县、乡政府	网通公司	符合规划

项目治理的基本思维是利用形式理性和程序技术减少不确定性因素的影响，保证项目目标的实现，而这些理性思维需要转化为政策才能实现对基层政府的执行过程的指导和监控。政策是国家机关、政党及其他政治团体在特定时期为实现或服务于一定社会政治、经济、文化目标所采取的政治行为或规定的行为准则，它是一系列谋略、法令、措施、办法、方法、条例等的总称。[①] 作为一种治理手段和工具，政策决定着社会价值和公共资源的权威性配置的方向与方式，因而是政府公共行动的出发点。对于基层的乡镇政府，政策既是项目资源进行配置的制度性依据，又是基层官员执行项目的行动指南，通常情况下，上级政府制定的政策会以“文件”的形式传递和扩散。所谓“文件”俗称“红头文件”，它最初是中国共产党用来发布决定的主要形式，后来这种做法逐渐在政府和其他科层系统内盛行，目前很多人民团体和事业单位也通过发布“红头文件”的形式推进政策执行。可见，整个政治系统的运作离不开文件，它已经演化成一个非常成熟的政治制度。[②] 河南省城镇化过程中，有关新型农村社区建设的相关政策也是在多层级的系列文件中逐级扩散并精细化的。

① 陈振明：《政策科学》，中国人民大学出版社 2002 年版，第 59 页。

② 谢岳：《当代中国政治沟通》，上海人民出版社 2006 年版，第 116 页。

表 3—2　　新型农村社区政策文本

政策级别	政策文本
国家级	《国务院关于支持河南省加快建设中原经济区的指导意见》
省级	《中原经济区发展规划纲要》；《河南省新型农村社区规划建设导则》；《河南省住房和城乡建设厅河南省财政厅关于编制新型农村社区规划的通知》等
地市级	《许市加快推进中心镇区和新型农村社区建设工作方案》；《许市新型农村社区基础设施建设指导意见》；《许市新型农村社区公共服务设施建设指导意见》；《许市人民政府关于加强新型农村社区规划建设工作的意见》等
县级	《关于Y县"三村"改造和新型农村社区建设重点项目目标管理责任制的实施意见》；《Y县中心镇和新型农村社区规划建设工作方案》；《Y县国有土地上房屋征收与补偿暂行办法》等
乡镇级	《陈镇正村新型农村社区建设实施方案》；《陈镇正村拆迁安置实施细则》；《陈镇正村新型农村社区管理方案》等

据统计，河南省全省出台的有关新型农村社区建设的政策文件有427个之多，省级的指导文件14个，市级出台政策文件162个，县级出台政策文件251个，涉及了新型农村社区建设的方方面面，从建设纲要到指导意见，从工作方案到实施细则，政策在上层政府表现出更多的政治性色彩，而在基层政府则更多表现技术性色彩。政策在某种程度上构成和引领着基层政府的行动策略。

政策很重要，上级如果没有政策，镇里也不能胡来，必须有了政策才好办事，办事才有依据，就不怕老百姓来闹事。当然上级制定的很多政策其实不符合地方上的情况，这里面的关键就是要领会政策精神，吃透上级精神，原则性的问题必须坚持，但是其他方面的问题就可以适当变通变通，这样工作起来才能成事，要是完全按照政策来，那肯定是不行。乡镇政府是最基层的政府，主要就是执行政策，负责操作层面的具体事务，就是干活的。说实话，对乡镇政府来说，建设新型农村社区和其他的工作一样都是上级派下来的政治任务，必须完成，而且都是规定动作多，自选动作少，乡镇政府要想完成工作任务，不想点儿招那可是不行的，有的时候就像在

一条绳子上跳舞，一不小心就掉下来了。[①]（F－2）

在政策执行方面，乡镇政府经常因为对上级政策的变通执行、歪曲执行和选择性执行而遭到批评和指责，这种政策中心主义视角下的判断自然有其充分的理由，但是却忽视了乡镇层面多样性和复杂性的丰富社会事实。“尽管政府颁布了某些法制规则，这意味着在某段时期必须遵守的程序，但政府在许多问题上的决定都带有实验的性质。这些决定以原则声明的形式发出，说明应当效仿的典型和须达到的目标，但并未详细规定准确的程序、形式和关系。诸如此类的决定的含义只有在下级单位完成了初步工作并开始对所要求的任务做出具体的回应时才会明朗”[②]。从乡镇层面讲，乡镇政府的“上有政策、下有对策”至少包含着两个层面的含义，即：一方面，以政策为前提，上级政策是乡镇政府具体操作的前提条件和行动基础；另一方面，统一的政策不符合地方性实践的天然属性，需要乡镇政府发挥自身的能动性，对策是政策前提下的对策，是为了完成政策目标的对策。在这样的层面理解，“上有政策、下有对策”不是乡镇政府对上级意图的有意歪曲，而是对上级政策的创造性执行，就这个意义而言，这就意味着乡镇政府对项目和政策的执行与落实包含着两套不同层面的行动策略，用陈镇镇长的话讲就是执行项目政策的“规定动作”和“自选动作”。

二　政府的主导性行动

政策既赋予基层政府具体的工作任务与要求，也给予基层官员相应的行动依据与资源，在这样的制度性支持下，基层政府的政策执行表现为对新型农村社区建设的完全主导，从政府角度而言，这种主导性就是执行项目政策的“规定动作”与“自选动作”，主要表现在政府行动的机制与方法、过程与策略等方面。

---

① 访谈记录，20130607。

② ［美］詹姆斯·R. 汤森、布兰特利·沃马克：《中国政治》，顾速、董方译，江苏人民出版社2003年版，第216页。

（一）行动机制与方法

（1）工作组。

项目与政策体现的是上级政府的战略意图，是对社会和国家发展的前瞻性谋划，可以肯定的是这些战略意图都体现着“为人民服务”的国家意志与公共精神，是服务型政府的“善治与善政”。但是理性战略的实施必然依赖于有效的结构化执行机构，“运转的首要条件也是要有一个能处理一切所管辖问题的起支配作用的意志”[①]。此时，工作组成为执行项目与政策的“意志表达”。工作组又叫工作团、工作队，就管理意义而言，工作组是一种矩阵式的跨功能小组，它的成员基本上都是从政府行政组织中抽调的管理人员，这些人员进入工作组以后受到原有部门和现有工作组的双重领导。[②] 工作组是针对某一具体的工作任务而专门设立的机构，任务完成，项目结束，成员也随即解散回归各自的工作部门。设立工作组几乎已经成为基层政府应对和完成上级各项任务的主要工作机制。

> 县里派下来的各种工作，很多都是综合性的，需要很多部门和人员的相互配合才能完成。现在各级政府的内部部门比较多，各管一摊儿，所以只要有事，必须先成立一个临时的组织，然后把相关的部门都归进去，这样就比较好协调，有些事情就比较好办。这在全国的乡镇都是一个样，其实县里、市里甚至省里很多时候也是这样子。只有这样才能集中力量把任务干好，要不然，工作起来就没有头绪，不方便也不顺手。[③]（F－2）

正村被选择作为新型农村社区建设的“试点”以后，陈镇就设立了正村新型农村社区建设指挥部，这个指挥部与陈镇镇区改造建设指挥部

① 《马克思恩格斯选集》第3卷，人民出版社2012年版，第276页。

② 李有学：《反科层治理：机制、效用及其演变》，《河南大学学报》（社会科学版）2014年第1期。

③ 访谈记录，20130607。

的工作基本一致，因此在机构与人员上是重合的，主要负责正村的新型农村社区建设工作。因为这个项目是县里的重点项目，自然是县里和陈镇的重点工程和中心工作，这从指挥部工作组的人员构成就能够看出来，陈镇镇区改造建设指挥部的构成成员主要有县乡村三级领导干部，涉及的部门非常广泛，国土局、建设局、电业局、公安局、水利局、交通局等几乎所有与新型农村社区建设可能有关联的部门都会被纳入其中，构成成员都是各个县局的副手。陈镇的主要领导包括书记、镇长、副镇长、副书记。指挥部下设综合办公室，由陈镇镇长兼任，具体负责陈镇镇区改造建设的组织、协调等工作，同时下设 6 个工作组，即场地清障组、部门协调组、安置方案组、内勤综合组、治安维稳组、施工设计组，全镇现有公职人员的近二分之一都被抽调出来归属到各个工作小组。成立的正村新型农村社区工作组在事实上也能够给陈镇的社区建设项目带来多重的便利。

> 这个指挥部的领导是县里一位主要领导兼任，这既能够体现县里对这个项目的重视，毕竟是县里的重点工程，而且有这样的领导挂帅，以后社区建设有啥需要协调沟通的时候就方便多了，到县里各个口办事，只要听说是新型农村社区建设，都会积极配合，有些手续也方便办理。所以说，这些事只要领导重视，啥事都能办成办好，这就是成立指挥部工作组最大的好处。[①]（F－2）

表 3—3　　正村新型农村社区建设指挥部工作组设置及职责

组别	职责
综合办公室	负责组织、协调、沟通工作
场地清障组	①负责新村建设用地地面附属物清理 ②负责建筑场地“三通一平” ③负责新村围墙拉建
部门协调组	①负责新村建设用地规划的报批 ②负责与市、县部门的工作衔接

① 访谈记录，20130607。

续表

组别	职责
安置方案组	①负责新村户型设计 ②置换分配方案的制定
内勤综合组	①负责指挥部办公室值班、通信等日常事务 ②负责上情下达及信息报送工作
治安维稳组	①负责新村建设期间施工现场秩序 ②负责打击各类违法行为，营造良好治安环境
工程建设组	①负责新村规划设计方案的落实 ②负责新村房屋及公共设施建设 ③负责施工监理等技术工作

对有不同意见的村民进行多次的劝导与说服工作是工作组的一项常规工作，但是对于正村村民而言，只要工作组到家里来做工作，基于本能的排斥，村民心里冒出的总是这样的想法："既然你是政府的人，我怎么能够相信你呢?"因此为了更好地对话，善于利用本土的地方性资源是陈镇政府必备的工作技巧。详尽的地方知识、地方的社会支持与圆滑的执行手段是乡镇政府能够完成任务的基础性条件，这些社会资源主要掌握在村委干部手中，因此吸收村委干部进入工作组是理所应当的事情。每一个工作组里都配备了正村的村干部或者在村里能够说上话的人。

> 我们村委干部总共有七个人，有一人除外其余六个人都被抽到工作组里面，共六个组。镇里的小组分工其实也不是那么准，随时会改变，都是为了干工作。我们村委干部是一个中间角色，主要就是协助政府，基本上都是和政府保持一致。[①]（F-7）

一旦村里人成为工作组的成员，"做工作"就成了一种地方上的治理艺术，这样，很多时候政府工作就巧妙地跳离了政府的规则与要求，在政策赋予的权限范围之外建立了更有灵活性与可行性的权力技术路径，

① 访谈记录，20130624。

在村民委员会事实上是乡镇政府“一条腿”的时候更是如此。

有很多的事情，你像有村里爷们不愿意搬迁、不愿意签赔偿协议这档子事，乡里出面也不太好办，就让我们出面，我们出面说比较管用，因为村委负责很多事情，一般村民想办的事情都得通过村委办，比如说发救济款、办养老金的手续、出个证明、办个低保、写入党材料，这很多事情都得经过村委，所以这大家伙也就给村干部一个面子，平时走在路上碰到，也会递根烟、说上几句好话，所以这村干部出面就能把闹事的、不愿意的、有意见的都给解决了。

给你说个事，现在搞社区建设，得用地，村里爷们自然也不愿意，咋办？那就做工作呗。村里很多人不同意，暗地里有二十几个人搞串联，成立了一个小组织，整天晚上开小会，看样子是要想办法和政府、村里对着弄，乡里知道这个“二十人小组”以后，采用的方法很简单就是逐个击破。他们经常开会的地方就在我一个近门兄弟那里，乡里就把突破他的任务交给了我。他家比较穷，两个孩子都没有娶媳妇。我就跑到他家对他说：你咋恁信球啊，还组织一帮人跟政府对着干，你还能弄过政府啊？这盖社区对恁家最好了，你看你家这房子都成啥样了，孩子也没有结婚，这些问题经过社区建设都能给处理了，你还暗地里瞎折腾弄啥？再说这盖社区对你家也是好事，又不要钱，还能给你分两套房子，两侄儿不就能娶媳妇了，你就快别瞎掺和了。刚开始他碍于面子也是嘴上答应，背地里还弄这事，后来我就天天去他家给他说，讲政策、讲道理、讲关系，反正啥话也说，五六回吧，他就退出了，不在他家开会了以后，这事儿算给摆平了。后来这社区分房，他家得着大好处了，房子分了三套，一个孩子一套，紧接着就结婚了，现在他再见到我，他都不说啥话了，主动给我递烟，我见他面就会说他两句：以前你那么能咋呼，起哄反对建设社区，这现在咋样？弄得劲了吧。他都是嘿嘿一笑了事，其实我知道他得着好处了，就不吭声了。这农民就是这样，你只要给他点便宜占，他就高兴，就听你的话。[1]（F－7）

---

① 访谈记录，20130626。

韦伯式的科层制组织倾向于在规则理性与专业分工基础上建立高度结构化、非人格化的组织体系，但是这种“理性主义”却在行政实践中遭遇官僚主义、形式主义、行动僵化等组织失败，政府组织的条块分割、扯皮推诿、部门林立常常导致科层体系常规性治理的失败，因此“中央权威体现在各层次政府对其一统决策的贯彻实施过程之上；但在这一条自上而下的政策主线附近，允许各地、各领域的基层政府在不同方向上的偏移，以适应当地情况，增强其解决实际问题的能力。在这个意义上，‘有效治理’需要基层政府官员在一统的国家政策实施过程中采取因地制宜的灵活性”[①]。工作队在很大程度上打破了政府部门之间的行政壁垒与层级障碍，突破了科层治理的刚性制约与规则压抑，以其临时性、针对性与非常规性的特点满足了新型农村社区建设项目与政策的要求，因此，工作队在本质上是一种反科层治理的方式，是对科层制弊病的“体制修正”。尽管这种工作治理机制对于科层制的“理性主义”而言难以接受，不过却是对“猫论”政治理念的良好呈示，更好地体现出科层制的“中国式治理”的治理底色。

（2）4+2 工作法。

据陈镇镇长介绍，工作组的主要工作机制是充分利用“4+2 工作法”开展基层工作。所谓“4+2 工作法”是“四议两公开”的形象说法，是河南省邓州市在“三级联创”活动过程中，加强农村基层民主管理的一种地方性创新实践。“四议”即党支部会提议、“两委会”商议、党员大会审议、村民代表会议或村民会议决议；“两公开”即决议结果公开、实施结果公开。“4+2 工作法”被认为是基层建设的制度创新，是村级民主自治机制的有效实践形式，是加强农村基层组织建设、发展农村基层民主的重要工作机制，因而受到国家和河南省的高度重视，2009 年 5 月 4 日，中共河南省委、河南省人民政府为此专门做出《关于在全省村级组织推广邓州市农村党支部、村委会“4+2 工作法”的决定》。这样在上级政策的要求下，“4+2 工作法”正式成为基层乡镇政府在进行农村工作

① 周雪光：《权威体制与有效治理：当代中国国家治理的制度逻辑》，《开放时代》2011 年第 10 期。

中的一项重要的工作机制和工作途径。

“4+2工作法”至少是一种形式民主，它规定了村民参与村庄集体决策的程序与机制，而且在正村的新型农村社区建设过程中确实得到了事实性的贯彻与执行，正村相继召开了四个层次的会议。正村村委会一位干部讲：

> 弄社区这个事，不是哪一个人说了算，乡里要求村里开会，讨论过很多和社区建设有关的事情，你像拆迁赔偿、社区规划这些事都说过，而且通过村里的大喇叭也广播过。不过现在村里很多人出去打工，村里的党员也有很多不在村里，所以有些会开得也不像上级要求的那样好。还有村民代表会不会把开会的内容给村民讲也不好说，这开会的效果可能就不像上面说的那样好了，但是这会按要求是开过的。[①]（F-6）

村委会干部的话在一位村民代表那里同样得到了肯定：

> 我去参加了村里建小区的会，当时说选村民代表，俺队生产队长和我关系不错，当时也没有选，就直接说让我去当村民代表去开会，当时村里去开村民代表会的人算下来有几十个，快小一百人了，这会是开过的，参加过就是参加过，有关这社区建设的事，村里很多人不知道，但是我是非常了解。这不能瞎说。[②]（F-25）

以村民代表大会为例，正村共有六个生产小队，每一个生产队是一个村民小组，每一个村民小组都选出10名村民代表参加村里和乡里组织的各种会议，不过可以肯定的是，这些村民代表基本上都不是选出来的，而是按照标准由村民小组组长决定的，决定的标准就是“关系”，只要与村民小组长的关系好，比较“铁”，就能够成为村民代表。当然这个小组长也不是选出来的而是由村委会决定的，选择的标准还是“关系”，这样

① 访谈记录，20130620。

② 访谈记录，20130618。

的“代表身份”可以换回一些物质方面的利益，比如每次开会的代表都可以获得10元钱或者一盒烟、一顿饭，这既是“关系”的变现，又是村委的拉拢收买，用代表的话说就是：“吃了喝了拿了吸了，你还咋好意思提意见呢?”尽管有这样的道德代价，不拿“好处”的代表似乎并没有多少。从深层次而言，这也正是村民自私性的表现，每一个被选择的代表更多时候考虑的是自己的利益，能够“沾点光”，至于村民的公共利益则会在自我利益的满足中被无形消解，而通过代表实现民主价值的制度诉求也湮没在村民的私欲中，显然干部们正是利用了村民的自私性完成了一次充满乡土艺术的工作。

> 我是一组的村民代表，主要是和俺组的小组长平时关系不赖，他给我说，你去参加村民代表大会吧，有好处。我就成了代表参加会议去了，去了也没有提啥意见，人家都不提我提哪管啥球用。再说了凡是到会的代表每个人都发了一盒烟，我也拿了，人家都拿了，我为啥不拿？是不是，不过拿了人家的好处，就更不好提意见了。[①]（F－25）

这样，在乡土性的“关系”基础上就形成了村委会—村民小组—村民代表这样的结构化权力代表体系，这样的代表体系从上往下看是官僚性的，从下往上看则是乡土性的。换而言之，“关系”成为乡土性与官僚性的勾连机制，让涂满现代化色彩的村民自治外衣和呈现传统性质的乡土背心巧妙地穿在了村庄治理主体的身上，从这个意义上而言，“4＋2工作法”在新型农村社区建设中实现了其程序民主的基本目标。

不过更值得注意的是“4＋2工作法”的实际效果，“4＋2工作法”的深层次价值主要在于实现村民知情权、决策权、参与权和监督权，这意味着正村的村民在新型农村社区建设过程中至少应该知道社区建设的规划、赔偿、征地等方面的详细内容，但是对120位村民的问卷调查结果并不如意。

① 访谈记录，20130618。

表 3—4　　村民对规划、赔偿及分配方案了解情况　　n = 117

		非常了解	比较了解	了解	不太了解	不了解
您是否了解当时社区规划方案的详细内容？	频数	0	5	9	38	65
	百分比	0	4.3	7.7	32.5	55.5
您是否了解当时拆迁赔偿方案的详细内容？	频数	0	2	20	38	57
	百分比	0	1.7	17.1	32.5	48.7
您是否了解当时房屋分配方案的详细内容？	频数	1	9	21	31	55
	百分比	0.8	7.7	18.0	26.5	47

表 3—4 的调查数据表明，大多数的正村村民对新型农村社区建设主要方面的详细内容并不是非常了解。对社区的规划方案、拆迁赔偿、房屋分配等方面内容非常了解的人几乎没有，大多数都处于不太了解和不了解的状态，三方面占比分别是 88%、81.2% 和 73.5%，而比较了解和了解三项内容的村民分别有 12%、18.8% 和 25.7%。即使排除问卷调查的误差，这样的结果表明，"4 + 2 工作法"的工作效果并不如意，上级政府对这个工作法的期望被悬置于"应然"的设想状态中。既然实际效果并不理想，那么执行"4 + 2 工作法"有没有其他意图呢？上述村民代表说：

说实话，这会我是去开了，但是想想看，去开会还不如不去开会，为啥？政府让你去参加会议，不就是让人提意见的吗？我到那里一看，根本不是那回事，村民代表大会说的是征求村民意见，但是实际上主要是乡里书记讲话，传达上级政策和精神，上面的政策都已经制定好了，根本不用听俺们的意见。说这新型农村社区是农村发展的趋势，上级领导很重视咱村，给了很多的好处，这个事对咱村多好多好，对村里爷们咋好咋好，然后要求代表回去给村里老少爷们多讲讲好处，宣传宣传，不过传不传达也没有关系。听完以后，最后才让村里人提意见，有几个人提了些意见，但是根本没有用，领导就不搭理你，乡里的目的就不是叫你提意见，是让你听话，

那这会还有啥用？你说是不是？[①] （F－25）

农民代表本来以为他们的身份可以给他们带来话语的表达权，然而事实是他们只是证明政府决策英明的形式。农民代表被有意识地挑选出来作为政策的社会性建构的组成部分，严格来说，这些代表不是主体而是工具，不是内容而是形式，他们被政府官员尊重是以他们尊重政府决策为前提的，否则他们就会被有意识地过滤掉，因为允许任何影响政策执行的因素存在都是不明智的。乡镇政府的行动依据是来自“上面”的政策文本，召开村民代表大会是获取顺从的策略，不是为了了解村民看法，只是为了给社区建设赋予形式化和程序化的合法外衣，“村民代表”是村民代表大会的一个重要角色，不过这个角色的主要功能只是以尊重民众意见的名义来完成“政策”所需要的程序表达，当然农民代表的表达文本也会被有意识地剪辑后再进行前台呈现。这样，农民的完整文本中的一部分必然会为了符合政府决策者的预期而被抑制，进而在向上级汇报的各种文件和报告的文本中充满的就都是符合项目和政策表演所需要的词汇：“95%以上的村民都同意建设新型农村社区；村民都希望早日过上城里人的生活，急切希望建设新型农村社区；都认为建设新型农村社区对村民是政府的民心工程、惠民工程；政府的政策被传达到了每一个村民心里。”这样，完成政策所需要的合法程序，为政府行动裁剪合身的外衣成为“4＋2工作法”的主要功能，而且这种工作机制在村民代表大会里得到至少是形式层面的成功运行。

（3）政策宣传。

工作组是正村社区建设的组织保证，工作法规定了正村社区建设的民主程序，在组织与程序的基础上，让正村村民在心理上认同进而支持新型农村社区建设则是政策实施的首要和基础条件，政策宣传是陈镇政府开始着手开展的一项基础性工作。

宣传可以被看作是实现政策的一个强有力的工具，所谓宣传“指通过重要的符号，或者更具体但是不那么准确地说，就是通过故事、谣言、报道、图片以及社会传播的其他形式，来控制意见。宣传关注的是通过

---

① 访谈记录，20130618。

直接操纵社会暗示，而不是通过改变环境中或有机体中的其他条件，来控制公众舆论和态度”①。宣传是政策执行的发动机，好的宣传是塑造公众舆论，引领政策执行的前提，是先于社会实际的政治事件。如果把“新型农村社区建设”看作是河南省的一个地方性政治事件，那么首要的工作就是宣传这个政策及其理念，并且获得社会的广泛认同。有目的的宣传能够帮助农民克服对新型农村社区建设的心理排斥，同时农民思维的狭隘性与认识落后性也影响着他们对前瞻性战略的价值判断，因此必须通过有效地政策宣传改变农民的落后认识与保守思维。当村民相信新型农村社区建设是国家政策，是中央和上级政府制定的，是必须坚持的道路，而不是对宣传内容有所怀疑，宣传就已经获得了基本的成功。

新型农村社区是河南省区域发展的战略性政策，从这样的城乡一体化发展的建设思路被提出来以后，政府通过各种各样的途径开始了社会思想与舆论的话语建构，一时间，文化、教育、传媒、网络等所有“意识形态”宣传载体上都是关于新型农村社区建设的正面报道，各级领导频繁讲话、各种会议频繁召开、专家学者进行各种专业化解读、报纸连篇累牍的报道、电视经常播放典型新型农村社区的美好画面。短时间内，“三化”协调发展、新型城镇化、“两不三新”、城乡一体化发展、新型农村社区等词汇成为各种公共场合的舆论焦点，一个美好的、正确的、理性的、战略的象征性环境在河南省建构起来，创新、美丽、繁荣、富裕、文明成为描述新型农村社区的形容词，新型农村社区成为农业、农村、农民朝向现代化目标的必由之路。此时宣传让政策已经超越了任何群体的衡量尺度而成为社会普遍认同的制度，被认为是新型农村社区主体的农民群体自然也从各种各样的宣传中获得了新型农村社区“天堂般”的美好，对新型农村社区的政策认同自然就成为一种无须独立思考而普遍接受的结论。

在正村的社会调查中，很多村民都表达了对新型农村社区的认同，“盖社区是国家政策，还能有啥不同意的呢”“国家政府的想法肯定是好的，那还能怀疑”“电视上都说新型农村社区很好，电视还能说假话呀”

---

① ［美］哈罗德·D. 拉斯韦尔：《世界大战中的宣传技巧》，张洁、田青译，中国人民大学出版社 2003 年版，第 22 页。

"你就是不同意，这国家就这样弄法，你也得同意啊，不同意又咋样"，就像各种政策实施之前的宣传一样，政策宣传塑造了农民对新型农村社区的信念和想象力，尽管依然有忧虑和怀疑的情绪，但是这些经常从村民口中说出的语言，清晰地证明政策宣传的成功。农民对新型农村社区政策的基本认同为该政策提供了广泛的社会基础，当然这种社会认同必须由政策实践给予更加真实的整饬与证明，否则可能会造成怀疑的反弹。

相对于上级政府的宣传，陈镇并没有多少可以控制的宣传资源与宣传工具，但是在宏观的政策环境塑造中，基层政府的行动是其中重要的一环，因为乡镇政府直接面对农民群体，是上级政策进入农民心理世界的最近距离，因此，作为正村新型农村社区建设的号角，陈镇政府的宣传工作也开始积极运用一些简明有效的方式和途径吹响了。

标语口号用简单明了的语言表达政策理念，达到"造势"的社会动员效果，因而是国家执行公共政策惯用的宣传工具。新型农村社区建设的一个主要工作就是唤醒村民对美好未来的梦想，一个乡村的中国梦，标语宣传是最直接最明显的方式，标语其实就是政治广告，最大的特点是形象化，是能够激发群众想象力的绝佳途径，标语证明形式有时候比内容更加重要。在政策宣传中，标语必须标明公共政策对农民的幸福承诺才能引起农民的心理反应，这个宣传工具对于资源紧张的陈镇政府而言是一个花费不多但收效很大的途径。自从陈镇被选定为县域中心镇重点改造项目、正村成为重点新型农村社区建设试点以后，各种各样的宣传标语在全镇范围内的村庄开始出现。扯条幅和标语上墙是两种基本的途径，条幅主要放在镇区和正村，有利于领导检查以获得视觉上的满足和通过检查，更多的标语则爬上了几乎每个村庄的墙壁。从语言内容层面分析这些标语，基本上可以分为信息传播、行为引导和政策劝诫三种标语类型。

表3—5　　陈镇新型农村社区宣传标语

信息传播导向	生产发展　生活宽裕　乡风文明　村容整洁　管理民主；坚持科学发展观　推进新型城镇化；加快推进镇区改造　再造新优势　共享新生活；提升城镇形象　拓展发展空间　改善人居环境

续表

行为引导导向	建设新型农村社区是大势所趋　人心所向；建设新型农村社区　打造现代田园城镇；把期盼化作动力　把蓝图化为现实；依法拆迁　以情拆迁　和谐拆迁；早拆迁早主动　早改造早受益；拥抱城镇　拥抱未来
行为劝诫导向	镇区改造是一项惠民利民工程　支持光荣　阻挠可耻；争做镇区改造建设的先锋模范　不当阻碍历史发展的千古罪人；一切影响破坏镇区改造的违法行为都是与群众为敌　与发展为敌；坚持公平公正　严格依法办事

标语口号在陈镇形成的是一种社会氛围，茶社是检验宣传效果最好的场域。在陈镇调查期间，在多个茶社的闲聊中，几乎所有喝茶的茶客（主要是陈镇的农民）都知道关于新型城镇化、新型农村社区的事情，而且成为他们闲聊的谈资。不过，其中的评价却呈现出两个极端，赞同的观点觉得“政府决定的事，错不了，啥事都给咱想好了，再说，又不是一个人的事，跟着走就行了，迟早的事”；反对的意见说“政府好缺人，你不知道啊？这是又弄政绩勒，又拿咱老农民开刀了，走着瞧吧，宣传得越漂亮，结果越孬孙”[①] 尽管对这个事情的褒贬不一，但是至少表明政策在陈镇农民心理已经获得关注和重视。

相比标语口号，真正对正村村民造成直观性影响的则是另一种宣传方式：参观考察。参观考察是一种体验性学习的过程，通过开阔视野、解放思想，在村民心里塑造一个对新型农村社区的直观性图像，借以获得村民对新型农村社区建设的认同和支持。在陈镇的政府汇报材料里记录，陈镇政府先后组织全镇12个村庄的村民到山东、郑州、舞钢等地参观学习，学习先进经验，让他们切实感受社区建设给群众生活带来的便利。针对正村村民的外出参观前后有两次，400余名干部群众先后到郑州龙湖、山东济宁等地，对新农村建设情况参观考察，开阔了干部群众的视野，调动了群众主动参与新农村建设的积极性。在政府的视野中，经过参观考察，正村有将近90%以上的村民都同意建设新型农村社区，达到了预期的宣传教育的目的。不过，乡镇政府通过参观考察的方式获得的宣传效果却在村民代表的话语中被部分地解构，正村第一村民小组的

① 孬孙：地方方言，坏、不好、糟糕的意思。

一位村民代表讲：

> 外出观摩其实就是旅游，我们那会儿去漯河临颍参观，是开发商出资，乡政府组织的，主要是村干部、小组长和村民代表，总共有100多人，两辆大巴车。说是去看人家的社区，其实就是去观光旅游去了，主要去了双汇公司和临颍当地一个有名的旅游景点，中午是在一个豪华的大酒店摆了好几桌，每个人都有好酒好烟，结果回来谁都没有提意见，都说好。你想啊，吃了人家嘴短，拿了人家手短，人家给你好吃好喝好玩，你还好意思再提意见吗？都是一些小恩小惠就把俺们给收买了。我也同样得了这些好处了，其他人都不说，我也不能说呀，要不，下回肯定就没有我的事了。[①]（F－25）

不可否认外出参观考察具有积极的意义，至少让参与的村民获得了视觉上的新认识，对其心理产生了一定的积极影响。分析这位村民代表的话语，不难看出，参观考察作为政策宣传的工具，不仅达到了对村民的宣传作用，更为重要的是其产生了明显的收买效用。显然现在的农民还是没有脱离晏阳初关于农民"愚、弱、贫、私"的劣根性描述，些许的小恩小惠就可以使之屈从与同意。尽管其中隐藏了政府与开发商的操纵，但是如果农民没有弱点，政府又怎能如此谋划呢？

标语口号和参观考察作为陈镇的主要宣传工具，有限性的宣传效果应该是在政府官员的意料之中。不过作为一种形式化和程序化的工作，这种成本最小的途径却是最可行的路径选择，而且尽管农民的同意肯定也是乡镇政府极力追求的宣传目标，但是这些宣传方式的运用似乎并不全是为了征求农民的同意，因为相比农民的政策认同，对上级政府有所交代则是更本真的要求。因此，与上级政府政策宣传的"群众"取向相比，陈镇的政策宣传则具有"群众"和"上级"的双重取向，而且在很大程度上，"上级"取向更为明显。在正村的村民眼中，"搞新农村社区，村里爷们不同意也没有办法，自己根本就不当家，都是政府摁着头皮弄的，你有啥法？"如果建设新型农村社区是上级政府的规划要求，那么作

① 访谈记录，20130618。

为一项附属性工作，政策宣传自然就有既是对村民的“政策告知”，也有“做给领导看”的隐约含义。

（二）行动过程与策略

前期的标语、参观、开会、讨论等在正村村民看来都是务虚的事情，是乡里在“扎扎实实搞形式，轰轰烈烈走过场”。即使有意见，也不会因为“没有影儿”的事而产生与干部的矛盾，况且公开的挑战毕竟是“得罪”干部的危险行动，这对于一向尊崇“平安是福”的保守的正村村民而言，是极力避免的事情，因此，对于新型农村社区建设，即使有自我的看法也只是私底下的闲聊，并没有成为公开的议题。换而言之，乡村两级干部们主导创设的象征性政策环境得到了至少是表面的遵从，这意味着正村作为新型农村社区建设“试点”的社会规范已经被有意识地成功塑造，接下来陈镇政府以务实的态度开始了正村新型农村社区的实际行动。这似乎是让村民惊奇与措手不及的事情，村民也开始意识到，这一回政府不再像以前搞社会主义新农村时候，只是扫扫地、刷刷墙、清清垃圾、种种花草这样的“小动作”了，而是来真格的了。

（1）规划与建设。

当项目政策的前期准备都铺陈妥当以后，正村的新型农村社区建设就进入了实质性的阶段。单从过程论的角度看，正村的新型农村社区的建设过程至少包括征地、规划、建设、搬迁等基本过程，其中规划与建设似乎与正村的村民没有多大的关系，政府文件中清晰地表示，社区规划的整体设计经过了正村村民的集体讨论，几经修改最后形成，然而在村民的记忆中，对于新型农村社区的规划，知道的并不多，包括正村的村干部也说不清楚详细的过程。一位在外面做干部最后返乡创业的村民通过小道消息知道了正村新型农村社区规划变化的粗略过程：

> 这个社区建设，开始的时候，第一方案是两层小楼，一家一个小院，院子没有原来村里院子大，也就是几米宽的院子。这样一进去的时候，有个空闲的地方能够放个杂物，生活比较方便，原来的方案就是这样的；但是这样的方案到县市政府以后，一论证认为原来老村占地一千亩，现在这样的方案占地也不少，这样算下来尽管

也能腾出一些土地，但是置换出的土地不多，嫌少。那怎么办呢？然后第二方案是打算盖成莲花状的楼房，这样的楼房说是盖成四到五层，楼与楼之间是连接在一起的，可以省地，但是最后出现个问题就是，这样的方案虽然是省土地了，但是这楼有阴面有阳面，谁住阴面谁住阳面？咋弄？这样第二方案也不成。然后就是第三方案，就是现在社区里面建的七层小高层楼房，带电梯。[①]（F－21）

结合Y县新型城镇化建设情况的政府资料中有关陈镇镇区改造和新型农村社区建设规划详细说明，以及陈镇正村2009年新村规划建设方案，可以看出，正村的新型农村社区规划是由2009年的新村规划方案演变而来的。2009年正村的村庄规划是在280亩的新村建设用地上，把563户村民安置其中，建筑模式以商品楼、商业楼、联体两层楼房为主，其中规划商品楼10幢，面积90—140平方米不等，建筑位置沿运河两侧；商业楼建设位于新村主干道两侧，即新村中部；其余部分为联体两层楼房。新村规划被概括为“一心、两轴、四组团”的布局结构：“一心”——村落的发展核心，位于村落中部，方便村民的生活，北侧为公共设施中心，主要以娱乐活动广场为主，包括村委会、敬老院和老年活动中心，南侧设计小学、幼儿园和健身活动广场；“两轴”——村内设计东西、南北向两条景观大道，南北向大道沿新村用地现有河流的走向设计，南北东西景观道两侧设计底层商业住宅，充分利用周边旅游资源带来的人气，打造特色商业，为村民谋福利；“四组团”——利用两条主要景观大道将村落设计成四个组团，同时在西侧两个较大组团内设计组团绿化，缩短了集中绿化的服务半径。

后来伴随河南省的新型城镇化战略与新型农村社区建设的提出，正村的新村规划就顺势变成了正村新型农村社区。不过在县市领导的直接关心下，正村社区开始由“一村一社区”变成“多村一社区”，周围的五个村庄都被规划设计到正村新型农村社区范围，这样，先期建设的正村社区就是整个社区的一个组成部分，新型农村社区规划设计也就随之改变为以宜居宜游、集聚生活、集中生产、特色发展的规划理念规划的新

① 访谈记录，20130625。

型农村社区。社区建设规划占地400.5亩,原村庄占地1388.1亩,节约土地987.6亩,节地率为71%;规划住宅均为七层带电梯一层两户住宅,户型面积为150平方米;公共基础设施按照道路硬化、环境美化、生活洁化、垃圾三化(减量化、资源化、无害化)、路灯亮化的“五化”标准建设;公共服务设施按照“十有”标准建设,包括社区服务中心、社区文化服务中心、社区卫生服务中心、学校、体育健身场、网络通信设施、商业设施、五保老人公寓、公交站点、合寿堂等。

政府主导的正村新型农村社区规划方案表现出两个最显著的特征,即:一是新型农村社区规划的主要目的在于节约土地。当招商引资成为地方政府的主要工作任务时,“土地”就成为资本落地生根的基础保证,此时“新型农村社区”是一种发展的手段而不是发展的目标。新型农村社区建设以节约土地为目的既能够发掘农村闲置土地的商业潜力,又能够为招商引来的资本提供发展的土壤,显然这是一举多赢的理想设计。然而,这样的社区规划实质上扮演了隐匿的角色,发挥的是隐匿性勒索的社会功能,因为,社区规划以正村村民放弃老村集体土地为代价,服务于权力与资本的需求。二是用城市小区建设的方法建设新型农村社区。代表现代主义的“中心广场、组团设计、轴线设计、生态”等城市设计元素成为新型农村社区规划的主要内容,显然,这是一项创造现代化乡村秩序的社会工程,它用理性主义和现代主义的语言告诉人们一个美好的乡村社区的优雅图像。一种以标准化、统一化、抽象化为特征的规划艺术是否能够对接乡村社区复杂化与多样化的生活事实似乎是被有意忽视的问题。这样的情景下,一些有生命的乡村组织被切除是必然的,一些关键性的社会过程被取消也是可能的,因此这样的社区规划包含着与表征落后的乡村传统的彻底决裂。不过在政府看来,通过社区建设促进经济发展才是更加重要的事情,其他的因素都可以忽略,从抽象意义上说,在权力导向的世界里,“控制者是谁”是中心议题,而“实现了什么目标”则黯然失色。

(2)土地征用。

与规划几乎同步进行的就是征收村民的土地作为新型农村社区建设用地。当村民意识到政府要“动真格”的时候,矛盾与冲突就开始逐次出现了,而对抗的关键点在于土地的经济赔偿。建设社区的征地对象主要是正村第三、四村民小组的承包地，共计300余亩，对征用土地的赔偿主要分为两部分，一部分是青苗补偿，一部分是土地有偿使用补偿。正村村民承包的耕地基本上已经不种植粮食而是种植树苗，因此陈镇政府决定让工作组把每亩征收土地里的苗木逐一清查记录，然后，按照高出市场价格的20%的价格计算树苗的赔偿款，最后把所有的苗木赔偿款计算入总的赔偿金额，70%由政府给予现金赔偿，苗木按照30%折算还归个人所有，这种高价赔偿策略的主要意图在于减少村民的反对，增加村民的激励指数。这样的计算方法显然是有利于村民的，不过在随后的苗木清查中却出现了意外的情况，因为“农民的经济理性一旦爆发，其结果又往往令人始料不及”①。

一位村民回忆说：“刚开始政府出的政策还算不错的，政府刚开始的想法也是不让征地农户吃亏，可能也是提劲的意思。要那样算，这村民算是占了大便宜了。不过现在的农民都给惯坏了，比方说，你给他一个蒸馍，他想一个花卷馍，你给他花卷馍，他还想着吃肉哩，就这个样子。那查树的时候，派的工作组里面都是俺村的爷们，查树的人都熟悉，所以这量树和查树的时候把尺寸都弄大了，树的大小本来就沾着便宜，小树算大树，孬树算好树。6.5个点（厘米）的树给你算7个点，钱上也就高了很多。一看有钱，结果你可不知道，人都可劲地往地里栽树，那栽的可都是钱啊。本来种树也讲门道，不能种得过密，现在可好，一听说算钱，密密麻麻种的到处都是，这块地里正查着，旁边那块地里正在栽着，甚至前面查着树，后面忙着种，栽不上还不让查。”

问：“都是这样吗?”

答：“可不是咋的，都忙着种树了。后来政府一看这样可不中，就改了法了，干脆一次性买断。不管有没有种树，树的品种好坏和大小多少，统一每亩地给15000块钱，树还是自己的，不过要在规定时间内全部弄走，把地清理干净。这样的话，先前查过数目的人家就挣钱了，后面的就吃亏了，种树多的就吃亏，种树少的就沾光。结果就是得着便宜的高兴，吃了亏的骂政府黑心。你说这怨谁？说句良心话，这真是老百姓不

---

① 李培林：《村落的终结——羊城村的故事》，商务印书馆2010年版，第62页。

对，政府这样做也是给老百姓逼出来的。”[①]（F－27）

乡镇政府的策略改变是被农民给“逼”出来的，对于这个事情应该进行两方面的分析：一方面，在这样一个极具戏剧性的剧幕背后体现出村民私性的“狡猾”，为了实现自己经济利益的最大化，完全利用和歪曲了陈镇政府的“善意”。另一方面，乡镇政府高价赔偿策略以“村民的诚实”为预设前提，但是村民在这种交易规则中看到的是利益和机会，他们是从经济人的理性计算为出发点行动的。经济的考量激发了村民的反常规种植行为，而这种行为直接导致政府从高价赔偿到一次性买断的策略改变，本来两利的初衷却导致两害的结果，政府因为改变政策而受到谴责，农民因为投机取巧而受到惩罚，农民的“自私”破坏了政府的“好意”，不过从另外的角度看，这种投机取巧的趋利行为未尝不是补偿心理作用下，经过精心算计的“弱者的反抗”。[②]

相比而言，土地有偿使用补偿更加触动了村民的神经。“刚开始也进行了全村的动员，大队支书在村委大喇叭上进行了广播，说是一亩地赔偿十几万，不过最后每亩地只得到3.94万，其他的就没有了，估计是村里和乡里干部给弄走了，到底咋回事，咱也不清楚。不过你也知道，要是这里头没有油水，那村干部和政府能有那么大的劲儿干这个事儿吗?”[③]（F－27）

赔偿金额的巨大反差激发了村民本来就反对征地的潜能，被征土地的村民开始联合起来，经过短暂的秘密商谈，一次公开的有组织的反抗活动开始出现，就在社区开始开工建设的当天，这些村民都聚集到工地上，阻止继续施工，还打起了条幅：“宁死不卖可耕地”，紧张的气氛遍布社区建设工地，但是很快得到消息的镇政府就通知了村委，村干部带领着村里的几个年轻人就围了上去，把条幅扯掉，并围着挂条幅的几个村里人开始动手打起来。

一位后来被当作“反面典型”的村民回忆了当时的情况：“其实当时

---

① 访谈记录，20130617。

② ［美］詹姆斯·C. 斯科特：《弱者的武器》，正广怀、张敏、何江穗译，译林出版社2011年版。

③ 访谈记录，20130617。

人家打架和我没有一毛钱关系，当时正好我走到那里，看到村干部动手打人，心里就气不过，上前就说了一句话："你们这是弄啥，有啥事不能好好说，干嘛动手打人？"

他们就有人过来说我："你是弄啥哩，来这里多管闲事。"过来就揪我的衣服。

我就说："你们干啥，我过来劝架，你们咋还打我不成？"

他们就说："你还劝架，叫你劝！"说话就有几个人连拉带拽把我掀翻在地上，还踢了我几脚，我就挺在地上不能动弹了，最后把我拉到医院里面了。

后来村里人还说我："这坑里没有你，河里也没有你，你抻着头弄啥哩，多管闲事弄勒自己不得劲还挨了打，图啥哩。"这一下弄得我算是十里八里出名了。那几十户人家也没有人敢吭气了。[①]（F-14）

挨打过后，这位敢于伸张正义的"反面典型"又得到了乡镇政府的"依法治理"：5年前曾经在国道旁边自己门面房前修建的四米左右的便道被乡政府认为违法，要求限期拆除并罚款5000元；多年以前的超生事实被乡政府翻出来，以违法计划生育政策罚款6万元，限期两周交清否则拘留；他的孙子也因为某种不适合上学的原因被停学在家。经过这样的一番整治以后，村民都变成了"沉默的羔羊"，征地工作再也没有受到任何干扰。被征收土地的村民自然也"依法"获得了土地征收的有偿使用费，并签订了如下协议：

正村新型社区建设用地补偿金分配协议

甲方：　　　村第　　　村民组

乙方：农户

根据《土地法》有关规定，结合当地土地征用标准，经甲乙双方共同商议，形成以下意见：

一、土地补偿金发放方式：依据分地面积，按照"占谁补谁、占多少亩补多少亩"的原则，将补偿金全额发放到占地农户，作为土地占用补偿。

---

① 访谈记录，20130628。

二、土地补偿金发放标准：甲方在项目区内征用乙方土地　亩，每亩发放土地补偿金3.94万元，共需支付乙方补偿金　元，此款以存折形式发放。

三、此协议一式三份，甲乙双方及鉴证方各持一份。

甲方（签字）：　　乙方（签字）：　　鉴证方（签字）：

在土地价格未来必然有很大升值空间的预设条件下，最后以每亩土地三万九千四百元的价格卖出四十年承包经营权自然是村民无法接受的，有村民核算认为给的钱也就是一天一包方便面的价格，但是在公共权威的笼罩下，农民只有“蜷缩”起来才能避免伤害。在经过一番散乱的抗争以后，沉默的同意变成了正村新型社区建设用地补偿金分配协议。尽管在赔偿协议上标明是村民小组将村民的土地以现金的形式回购了，但是正村村民明确知道这是乡政府和村委干部联合起来“共谋”的结果，这个赔偿金额也是由政府最后决定的。联系征地过程中的种种迹象，村民对乡镇政府的角色有了新的认识与定位，即“行唬”：

这土地就像农民手中的一头牛，但是这缰绳在政府手里头，卖不卖都是政府说了算。政府说要开发要发展，你老百姓不愿意卖也得卖，而且这价格还得政府定。政府背着农民给开发商讨价还价，然后再给农民说，这政府就像是“行唬”，在中间说合，打个比方，开发商说给10万，结果政府给农民说给3万，老百姓要是不愿意，那就再涨涨，给4万，这中间的钱就归政府了，这种事情多了去了。[①]（F－22）

在这个偏狭的认识中，村民完全从自身利益的角度出发衡量得失，自然会将政府的善意与美好愿望完全曲解。而这样的抱怨话语背后表现出的则是政府理念与村民观念之间的巨大鸿沟，显然政府需要付出更多的努力在两者之间建立更为和谐的互动关系，以达成更多的有效的共识，才能消除这种隐藏的对立情绪。

---

① 访谈记录，20130615。

（3）拆迁与赔偿。

相对于新型农村社区的规划与建设，正村的村民更加关注的是拆迁赔偿与住房分配。征地牵涉的是部分村民的利益，而搬迁则关乎全村村民的切身利益，村民十分敏感与警惕，陈镇政府也十分认真与仔细。陈镇对正村拆迁的基本定位是“和谐拆迁”，这是一个充满辩证法的组合词语。通常情况下，拆迁是城镇化过程中的“天下第一难”的工作，正如只要有压迫就会有反抗一样，只要有拆迁就有冲突与矛盾。不过定义为“和谐”表明了陈镇政府在拆迁工作上的决心，同时隐含着可能的技巧与艺术。事实上，陈镇政府对正村拆迁早有前瞻性“行动”，早在 2007 年，陈镇政府已经委派正村村干部在暗地里对全村的现有房屋进行了详细登记，2009 年又组织政府、村庄、房地产公司三家人员参与建立的工作组对正村进行了联合丈量并粗略估算了整村拆迁的总成本。

表 3—6　　　　正村现有建筑拆迁补偿费用概算表　（单位：万元、平方米）

类别＼内容	1980 年以来			1990 年以来			2000 年以来		
	间数	面积	金额	间数	面积	金额	间数	面积	金额
砖木	1264	29072	1128	995	32835	1412	89	4272	201
砖混	150	3450	141	259	8547	419	1294	62112	3726
合计	1414	32522	1269	1254	42636	1831	1383	66384	3927
	4051 间，141542 平方米，7024 万元								

拆迁工作是城镇化进程中各级政府的重点工作和中心任务，政府在拆迁实践中已经形成了某种“路径依赖”：成立工作组、制订拆迁补偿安置方案、选定评估机构、召开群众大会等策略已经成为我国拆迁工作的固有套路，阳光、公平、和谐、参与、透明等已经成为政府汇报文本中必备的语词饰品。自然，这些拆迁策略在陈镇也是一样都不少：拆迁工作组由 30 名镇、村干部组成，深入农户家中签订安置及补偿协议；社区拆迁补偿安置实施方案由镇政府与村“两委”共同制订，上报县新型农村社区建设领导小组审核；召开各种被拆迁群众参与的会议 13 次；广泛宣传有关拆迁安置的法律法规、政策、补偿安置标准、工作程序等。总之，正村的拆迁工作是“依法拆迁、以情拆迁、和谐拆迁、诚信拆迁”。

这种特定环境下的创造性话语总是给人一种吊诡的幽暗意蕴。

尽管陈镇政府的工作做得非常认真、仔细，几乎考虑到拆迁过程中的任何环节，而且按照程序和规定尽可能地考虑和照顾村民的利益，然而，就是连陈镇的政府官员也知道，对于拆迁，正村村民在内心是抗拒的。

> 不同意的人还是比较多，主要的意见是认为评估赔偿比较低，不愿意接受。由于村庄内部存在问题，对村干部有意见也造成不同意拆迁。村民心理上也有反对情绪，不管赔偿多少，他们在心理上都无法接受老宅被毁掉，这也可以理解。当然也有的村民就是存心故意，有贪心，想多得些好处，所以就要想各种各样的方式方法，尽量满足村民的要求。比方说找工作、找门面房、找过渡安置房，或者就是暗地里再多赔些钱。但是不管什么情况，我们的总的想法就是不放弃、不抛弃。[①]（F－2）

表3—7　对于上级政府拆掉老村，建设社区的政策，您的意见是　n＝117

	频数	百分比（%）
非常同意	4	3.4
比较同意	21	17.9
无所谓	29	24.8
不太同意	38	32.5
坚决反对	25	21.4

对村民的问卷调查也证明村民内心对社区建设和拆迁的不支持。在表3—7的回答中，选择不太同意和坚决反对的村民比例为53.9%，而选择非常同意和比较同意的村民比例为21.3%，这表明至少有一半的村民对于这样的政策并不是十分支持。尽管其中的原因可能具有多样性和复杂性，但是这至少说明政府努力建设社区的核心思想其实并没有获得正村村民的真正认同，这也就意味着陈镇的政府官员需要付出更多的努力

① 访谈记录，20130607。

去“做工作”才能完成上级交代的拆迁任务。对于坚持“不放弃、不抛弃”的陈镇基层官员而言，“只要思想不滑坡，办法总比困难多”思想的实践表现就是策略性行动。

策略一：差序动员。

既然多数村民对新型农村社区存在疑虑和抵触，最好的方式就是榜样引导，因此发掘和动员一些村民按照政府要求先行示范就成为必要和重要的工作，而这些村民自然应该是乡镇政府能够动员的人。费孝通先生曾经用“差序格局”[①] 的经典命题来解释乡土社会的结构关系，借用“差序格局”概念观察基层乡镇政府的结构格局可以发现，以政治权力关系为中心也形成了一种类似的结构体系。陈镇政府就是利用这样的结构格局寻找到可以动员的村民对象。

> 拆迁的时候，很多村民都在旁观，谁也不愿意打个头，都怕吃亏，乡里就开始动员，首先动员的是村干部，村里的党员，然后就是村民小组组长和村民代表，这些人都和乡里联系比较紧密，思想素质也比较高，乡里让他们带头，他们一般不会反对，当然乡里也会在私下里给他们一些好处作为补偿，在赔偿方面给些倾斜。然后就是村里的公职人员，像教师、干部等这样的人，他们都有单位，都是政府发工资，单位领导给他们说拆迁，他们自然也都会同意，再就是让这些人给他们的亲属做工作，这样下来就能搞定很多，一些村民随大流也就跟着签约了。[②]（F－2）

从这位镇长的谈话中，我们可以发现“乡镇政府—村干部、党员—村民组长、村民代表—教师、干部—亲属”这样的差序动员的工作机制，这些村民依据与乡镇政府关系的远近在陈镇政府外围形成了一种差序存在的圈层结构。这种结构是一种政治性的社会资本，可以为圈层中的人带来好处，自然也可以被政府加以利用和动员，完成体制性的工作，这样就形成了乡镇政府与乡土精英之间的“互赖互惠”的特殊结构关系。

---

① 费孝通：《乡土中国》，人民出版社 2008 年版，第 25 页。

② 访谈记录，20130607。

这种关系既有利于基层政府的社会动员，也会给乡土精英带来特殊的照顾与回报。

策略二：先拆先选。

通常情况下，农民作为一个共同体存在，彼此之间是熟悉而互助的，如果因此认为农民是有组织和团结的群体则要冒很大的风险。在群体意义上而言，无论是“生存理性”还是“经济理性”下的农民似乎更像是勒庞笔下的“乌合之众”①，没有组织性和纪律性，无法形成集体性的社会力量，任何的外力影响都有可能瞬间解散农民的集体存在，这也正是农民落后性的表现。“先拆先选”的策略是促进正村拆迁迅速、顺利完成的关键性因素，据村民回忆，刚开始的时候，说是让“抓阄”选房，听天由命，但是村里没有人动，后来乡政府重新进行议程设置，使用了“先拆先选”的方法，这种方法是指按照自愿的原则，谁家先同意把自己的住房拆掉（仅仅需要揭掉一片房瓦并照相作为象征即可）并报拆迁指挥部签约获取拆迁补偿，就可以优先在新型社区选择住房。这个略带激励性质的策略最大的特点是将拆迁和房屋分配联系起来，将被动承受的义务转变为一种优先选择的权利，这种权利意味着村民可以在既定的范围内优先选择自己理想的楼层、朝向等。私性力量的驱使促进村民的快速分化，集体抗拒拆迁的默契很快演变成积极配合拆迁的行动。

问：咱们村的拆迁是不是很困难？

答：要说难，也不难，也就三天时间，全都乱套了似的，呼啦一下都给拆了，都搬过来了。还让人家邻村笑话说，俺村人一辈子没有住过好房子，都像抢房似得。真丢人啊！

问：为啥会这样啊，不是说村民都不愿意搬吗？

答：80%的村民是不愿意搬，但是这农民不团结，谁都只顾自己家的好处。

问：那咱乡政府是咋做的？这么厉害？

答：政府这招真是绝了，叫先拆先选，谁先拆掉老村的房子，谁先选社区的新房。都害怕落后了，拣的房子不好，不用撵，自己

① ［法］古斯塔夫·勒庞：《乌合之众》，戴光年译，新世界出版社2010年版，第15页。

乖乖过来了。

问：你觉得先拆先选这样的方法好吗？

答：我觉得这样的办法不正常，但是实际上很管用。这和国家的拆迁政策正好反过来了，国家是先安置再拆迁，俺这里是先拆迁再安置。如果真要是按照国家的政策，恐怕走不下去，弄不成。[①]（F－16）

“先拆先选”的策略肯定不是陈镇政府的创造，不过在正村拆迁中的使用却达到了戏剧性效果，可以说是陈镇领导艺术的灵活性呈示。从农民层面来讲，这个策略充满了诱致性的意涵，是对农民“私”观念的成功运用，这似乎表明，只要诱因得当，乡土社会就不会有很强的抵抗能力，而农民也会以合作者的身份进行合意性行动。

策略三：亲属的说服。

血缘是中国社会的一个结构性因素，由血缘而形成的亲属关系是中国人无法割舍的社会关系，在熟人社会里，血缘和亲属成为一种基本的社会信任机制。一个人可以不信任政府，但是却不会怀疑在政府部门工作的亲属，因此利用在政府部门工作的亲属做拆迁对象的“思想工作”是基层政府在工作实践中找到的极具有效性的说服策略，这种策略充分挖掘了地方知识的乡土性质，不过这就需要乡镇政府千方百计地发现乡土社会中潜藏的各种亲属关系，尽管这种活动在表面上和政府的常规工作似乎是没有关系的。正村的一位村民讲述了自己因为亲属关系被“摆平”的拆迁故事。

答：我是坚决反对拆迁的。为什么？我不是反对国家政策，我觉得政府制订的赔偿方案太低了。我就给你说一个事儿，这国道旁边的门面房按照政府的规定是底下一层每平方米赔偿1200块钱，顶上第二层赔偿每平方米580块钱。但是小区里面的门面房卖给我们是每平方米1290块钱，你说有这样做买卖的吗？所以我不同意。但是咱也不是不讲理。村里面来找过我，压根儿没有说啥，乡里面找的

① 访谈记录，20130616。

回数说不清，后来是县里领导来找我谈。我也不给人家吵闹，谁来了我就是三样东西：一杯茶水，一个十八大报告的文件，房屋拆迁法和赔偿法。咱得讲理呀！结果县里领导来过五六次也没有谈成，我给他们讲国家政策，结果一位县里领导说，要是都讲政策，咱县还发展不发展了？我听着这话就觉得咋恁别扭啊？我还有一个秘密武器，我的房间里面安装了摄像头，任何领导过来的讲话我都有录音，我得防止他们说话不算话，现在给政府打交道，你没有证据不行。开始他们不知道，后来知道后就不再来我这里，而是让我到县里头，但是我还是会随身带着录音的东西。

问：最后咋样了？

答：领导来说不成，就开始找县教育局的人来给我谈，因为我岳父是教师，归教育局管，他们就让我岳父来说，那哪儿成，后来教育局领导来，我也不愿意。最后是我表叔来了，我是没有办法了，碍不过情面才同意的。我表叔是县里拆迁指挥部的领导，有一回来社区检查工作，我母亲看见了就上去给他说话，结果就给乡里的人看见了，一打听知道我表叔和我家的亲戚关系，就让表叔来我家给我说拆迁的事。我表叔过来就给我说，要顺应形势，不要跟国家政策对着干，再说国家也不会亏待我，该给我的赔偿一定会给我。我一看这三番五次的最后实在不行，没有办法，这心里一横也就同意了。[①]（F-19）

策略四：威权的效用。

多数原则历来被认为是民主政治的主要特点，Y县一位干部也说："啥事都不能绝对公平，政策没有完美的，一个政策能达到80%满意就是比较好的政策了。"经过陈镇政府的不懈努力，大多数村民同意并拆掉了老村的房子，搬进了新型农村社区的新房子，而剩余的少数村民依然坚定地不愿意拆迁。这不到20%的少数人可以归属于学术界所谓的"钉子户"。当各方力量经过多方面多层次的努力与角逐依然无法得到意见与行动的同意与统一，最后公共权威的效用才开始呈现于微观实践的

① 访谈记录，20130902。

前台。

在一些村民家里还存放着镇政府下发的强制拆迁通知书，可以想象，陈镇政府在实施依法强制执行之前必定做过周密的安排与部署，这是“法治”的实施。而且也肯定对这些农户做过最后的争取工作，这是“德治”的实践。当结合“法治”与“德治”的善治策略均无法奏效，“拔钉子”自然就成为最后符合法律程序的无奈选择。公共权威的本质在于可以排除任何抵制性因子进而完成公权的主要目标与效用。陈镇政府的依法强制执行和全国其他地方的拆迁工作一样如期而至。根据村民的片断回忆，以下是对强制拆迁的粗略描述。

3月19日早上，陈镇政府和正村村委会组织、雇用大批的警察进村对没有达成协议的正村村民房屋实行强拆。警察大约130多人，身穿迷彩服，看起来非常年轻，不像警察，有村民推断说应该是花钱雇来的，乡里从他那里拿走了十三条香烟，一人一盒，听说还有一天一百块钱。旁边大约70多人的特警是真正的警察，不过都是维持秩序，没有直接动手。救护车停在路边，准备把受伤的人送到医院。

先是雇用的几个人拿锯锯倒了一位村民家的几棵树，当时这位村民在场，拦着不让锯，站在那儿大声骂着，并驱赶着那些个锯树的人，那些锯树的人一看村民在那儿骂，他们就跑了。那些身穿迷彩服的人不知道是听了谁的命令，便开始动手打人了。有村民在屋里不出来，想以此来阻拦他们强拆，他们便派出十多个人，把人从屋里给强行抬出，然后按到地上，直到房屋被完全拆倒后才让他们起来，要是敢反抗，便会遭到几十个人一起踢打，打伤后就通知救护车强行拉走。等打伤多人后，村民都不敢再近前，他们就把村里的所剩的建筑给强拆了，用大铲车和挖掘机把树连根挖出，或拦腰挖断。有村民总结强拆就是“打、砸、抢、推、抄、抓、辗、压、毁”。这些被打伤的村民被紧急送往县医院进行救治，然后由乡里出面，私底下商谈，给伤者一些经济补偿，大约也就是三四千元的水平，如果伤重者赔偿会高一点，最后算是把事情平息。

一位村民说：“当时我不愿意拆，政府派人来俺家也给我说过，可是我的问题没有解决，该给我的赔偿和房子没有给我，我就不同意签字，后来政府就给我一份强制执行通知书，我也不管。后来强拆那天，我看到一辆挖掘机要拆俺家的房子，我立马冲上去，拦住车不让往前走，结果呼啦一下来了十几个人围着我，拳打脚踢，把我打翻在地，不知道谁在后面给了我一拳头，当时我就晕了，挺到路上，后来他们派救护车把我送到县医院救治。我是挨打最严重的，前后花了上万，乡里面给我说这事的时候，就同意给我报销住院费和医药费。房子都给扒过了，再说也没有啥意思了，我就接受了，那也是没有办法，你还能咋弄?"[①]（F－12）

在乡镇政府的主导性行动中，正村的村庄最终在短时间内被完全拆掉，实现了预期的拆迁目标，拆迁工作顺利完成，创造了陈镇乃至Y县的"拆迁奇迹"。在废墟与乱石杂草之间只留下了一座村庙与两棵古树，村民相信，这是开发商"怕遭到报应"而留下的，这些表征传统的超验符号成为村民存留内心的正村村庄的唯一历史象征物，以后他们的生活要在一个叫做"新型农村社区"的现代象征环境中重新开始。作为对村民的补偿，每一个家庭都会签订两份协议，获得两份补偿，一份是签订《房屋拆迁补偿协议》获取老宅的经济补偿，一份是《房屋拆迁安置协议》获取新型农村社区的免费安置房。以下是两份协议的具体内容：

房屋拆迁补偿协议

甲方：河南某房地产开发有限公司

乙方：正村3组某村民

鉴证方：陈镇三村改造指挥部

一、房屋评估及临时安置费

1. 根据县评估所评估结果及双方签订的搬迁协议，乙方房屋及附属物评估款合计为________万元，大写________。

2. 临时安置费根据置换方案的条款，乙方住房面积为________㎡，每平方米每月3元，共计________元，大写________。

① 访谈记录，20130618。

二、拆迁验收标准

1. 房屋拆迁：拆迁建筑材料必须一次性全部清理出老村。

2. 苗木清移：院内及周边附属荒片的林木花卉由乙方自行伐除或移栽老村以外。

3. 附属物：乙方地面所用附属物必须全部清理彻底。

三、付款方法

1. 房屋拆迁安置补偿方式：甲方在乙方房屋拆迁时，甲方将乙方房屋及附属物评估款、临时安置费共计________元以存折形式交给乙方，乙方拆迁后，由甲方验收符合标准的，甲方告知乙方存折密码。

2. 临时安置费付款方式：乙方在2011年9月1日以前拆迁的，甲方将临时安置费按半年（2011年9月1日—2012年3月1日）交给乙方，如甲方新建安置房未能交付乙方入住，甲方将按月兑付乙方临时安置费直至乙方入住。

3. 本协议签订并付款后，该宅基地及周边附属荒片的使用权即被收回。

四、本协议甲乙双方签字或盖章后生效。

五、本协议一式三份，甲乙双方各执一份，共同遵守，同时由甲方报三村指挥部一份备案。

六、本协议不应为双方法定代表人变更而影响其法律效力。

房屋拆迁安置协议

甲方：Y县“三村”拆迁建设指挥部

河南某房地产开发有限公司

乙方：正村第________村民组：________

为加快城镇化进程，改善人民群众生活环境，根据《Y县建设征收土地地上附着物和青苗补偿标准》《Y县陈镇镇区改造安置方案》和《正村拆迁安置细则》异议有关法律、法规、政策，甲乙双方经平等协商，达成如下协议：

一、甲方根据《Y县陈镇镇区改造安置方案》的确定方法，乙方被确定为正村新型农村社区的安置户，免费安置150平方米多层电梯楼房一套，20 平方米储藏室一间。

二、乙方原有房屋及其附属物根据县政府补偿标准，经评估所评估后，共计（大写）________（￥　）元，全额补偿给乙方。

三、安置办法：

1. 甲方提供给乙方安置房屋，但应符合国家质量标准。

2. 乙方在接到安置房钥匙之日起，20 日内将原房屋内物品清理完毕，并交付拆迁或自行拆迁后，房屋及附属物补偿以存折形式全额支付给乙方。逾期不拆者，依法强制拆迁。

3. 乙方必须无条件遵守村组公开、公平、公正的择房方法。

4. 乙方在签订协议后，如愿提前拆迁的，自原房屋交付拆迁或自行拆除后，除全额领取补偿费外，并每月可得到原房屋建筑面积 3 元/平方米的补助安置费，计________元，直到接受安置房钥匙为止，以月为单位进行结算兑付。补偿费和安置费以存折形式兑付费乙方。

四、本协议双方应共同遵守，不得违约。如违约应承担违约责任。

五、甲乙双方如在履行本协议的过程中发生争执，应协商解决。协商无效时，向 Y 县人民法院申请裁定。

六、本协议经甲乙双方盖章或签字后生效。

七、本协议一式三份，甲乙双方各执一份，甲方报县房屋拆迁管理部门一份备案，以资双方共同遵守。

八、未尽事宜按《Y 县陈镇镇区改造安置方案》规定执行。

在驻村调查期间，有一位村民出示了他的老宅赔偿的清单，他说村里各家各户基本上都没有这样的赔偿清单。政府和开发商担心会出现一些不可预知的麻烦，所以只是在签约的时候让村民看看，对照一下评估的项目和数据，然后就收回去，村民得到的只是一个计算好总金额的存折，多数村民对于这种不合理的做法似乎也并不在意，更何况都已经搬迁了，说什么也已经没有用了，要这些材料也就没有了任何实际价值。这位村民的赔偿清单也是在领回补偿后依靠回忆记录下来的，政府对其在原来村庄的所有家庭资产都进行了比较详细的丈量与计算，最后，这位农民的家庭资产总计核算为 7 万多元。据他讲，他家的赔偿金额在全村应该算是中上水平，大多数村民家庭的赔偿金额在 5 万元左右。此外，他说在国道路边的门面房拆迁的时候，按照一楼每平方米 1200 元、二楼每平方米 580 元进行赔偿，同时可以优先选择社区的门面房，不过社区门面房上下两层都是按照每平方米 1290 元计算，两者相抵，多退少补计算最后的赔偿金额。

表 3—8　　某农户村庄老宅赔偿清单

项目	补偿标准	面积（平方米）	合计（元）
堂屋	360 元/平方米	10×5.5	19800
东屋	500 元/平方米	5×13.3	33250
院墙	120 元/平方米	2×22	5280
西屋厨房	200 元/平方米	3.3×5	3300
牛房	300 元/平方米	3.3×5	4950
机井	1000 元/眼	1 眼	1000
猪圈	100 元/平方米	4×5	2000
杂物棚	500 元/平方米	1 个	500
院内水泥路	40 元/平方米	3×18	2160

对照两份协议与村民的赔偿清单，可以发现，老村的赔偿只有地上附着物补偿费和房屋补偿费，宅基地是没有任何补偿的，因此，房屋拆迁安置协议中的“免费安置”实质上不是免费的，而是用老村的宅基地置换的，这种方式在政府可能是策略，但是在村民看来却包含着某种欺骗的成分。

俺们村的老百姓有一些事情很糊涂，不明白到底怎么回事，还迷不过来呢。这房子名义上是不要钱的，是白给的，表面上看着这样的条件已经是非常优惠了。但是我们村的近千亩土地奉送给了开发商，所以这实际上就是，房子是免费给老百姓了，土地也是免费给开发商了。先不说村里吃亏了，这是不是国家政策呀？肯定不符合国家政策。国家政策是让腾出来土地进行复耕呢，你现在腾出来的土地不进行复耕而是去搞商业开发，你还说啥节约不节约啊？你不要说节约耕地了，你还占用了很多的耕地。这占的土地可都是可耕地，是好地呀，这样弄是比较可惜的。[①]（F－16）

如果将正村新型农村社区建设看作是一个交易过程的话，政府主导交易的特点异常明显。在正村新型农村社区的规划、征地、建设与补偿、分配等过程中，陈镇政府都扮演了主导性角色，同时推行了主导性公共行动，不过这种角色与行动都是压力型体制所赋予乡镇政府的。所谓压力型体制，指的是一级政治组织（县、乡）为了实现经济赶超、完成上级下达的各项指标数量化任务分解的管理方式和物质化的评价体系。[②] 当正村新型农村社区作为Y县的重点项目交给陈镇的时候，它就开始成为陈镇政府必须接受和完成的任务，这个重要的任务在一定时期内就成为陈镇政府的“中心工作”，陈镇的一切资源包括财力、物力、人力等各个方面都被有意识地动员和组织起来参加正村的新型农村社区建设，此时的陈镇政府已经被新型农村社区建设的目标构建成为一个任务导向的执行组织。

为了完成上级政府的任务，陈镇必须将正村的新型农村社区建设与其所存在的社会行动情境相结合，并且对其所处情境进行重新的阐释。此时，陈镇政府面临的是上级政府、自身组织以及以正村村民为主要构成的地方社会环境，这就意味着官僚性与乡土性构成了陈镇的行动空间。按照韦伯的“理性主义”原则，政府的科层制为政府行动提供了合理的标准、程序与规范，政府只需要按照理性原则进行合目的性行动就可以了。然而，作为一种抽象模型，它掩盖了更为丰富和复杂的社会事实，而社会事实的差异性与多样化导致乡镇政府的行动和理性主义原则总是有很大的差距。陈镇政府按照上级政府和政策的要求建立了相应的组织，设定了相应的原则、要求、规定等并且以此作为行动中心，但是这种组织在实际工作中只是具备了某种形式化的功能，并没有获得预设的效果。

---

① 访谈记录，20130617。

② 荣敬本、崔之元等：《从压力型体制向民主合作体制的转变——县乡两级政治体制改革》，中央编译出版社1998年版，第28页。

事实上，与其说这些组织机构、工作方式等的设置是为了完成工作目标，不如说是为了消除科层制自身为政府行动所设置的体制性障碍，也因此这些组织机构表现出某种反科层制的色彩。陈镇政府作为行动主导者，当其面临常规的、例行的程序和路径无法实现自身的自主性欲求时，另一种非常规的、非例行的策略主义行动方式就成为陈镇政府筹划的新的行动路径，甚至很多时候是陈镇政府实现目标的主要手段。就像陈镇的一位领导所说：

> 现在讲服务型政府，老百姓都被服务弄舒服了，都变得贪得无厌了，都不听干部的话了，以前是一个干部对付几个群众，现在几个干部对付一个群众，很多事情又必须得办成，所以就必须提高干部素质，这提高素质的表现之一就是想招儿对付群众，把群众问题给摆平解决了。再说这规定动作多，自选动作少，你不想方设法是不行的。[①]（F－2）

尽管镇干部的话语有所偏激，但是却道出了基层政府的行动事实，策略主义表面而言是基层政府行为的不得已而为之，甚至很多时候是在法律准绳的边缘“踩钢丝”，不过其却在事实上体现了某种中庸之道：凡事必合理方才可行。因此，策略的运用以“合理主义”为评判标准与执行准则，这就意味着法律、制度和文件规范可能会被有折扣地执行，为求政策有效落实，必须采取若干对策，合理调整才是有效执行上级任务的保证。

陈镇政府的主导行动至少包括两个构成内容，一个是按照行政要求而进行的公共行动即规定动作，另一个是实现任务要求而进行的公共行动即自选动作。乡镇政府既不是单纯遵循理性主义原则进行规范行动，也不是单纯遵循策略主义原则进行非常规行动，而是对理性主义和策略主义的综合运用，综合运用的标准则在于行动的恰适性即基于任务目标导向，考虑具体的行动情境，选择相应适当的行动策略。恰适性行动的最大特点是有效性程度很高，其在本质上是实用主义

① 访谈记录，20130607。

的。如果正式规范的方式有利于实现目标就用正式的规范的方式，如果非规范的、非正式的方式有利于目标的实现就用非规范的、非正式的方式，甚至某些道德的或者制度的底线与边界也可以擦边穿越。在陈镇的政府行动中，设立工作组、采用“4+2工作法”、具体策略的运用等都是在具体的情境下陈镇政府的恰适性行动，这些行动推动了正村新型农村社区建设的进程。

三　村民的诉求与行动策略

（一）土地：社区建设的核心要素

土地是一种自然存在的物质，它成为决定不同行为主体之间关系的关键性因素的本质在于土地的制度化配置即土地制度，土地制度通过对土地的政治化安排决定着不同主体对土地的各项权利。在马克思看来，“土地只能是国家的财产。把土地交给联合起来的农业劳动者，就等于使整个社会只听从一个生产者阶级摆布”，“生产资料的全国性的集中将成为由自由平等的生产者的各联合体所构成的社会的全国性的基础，这些生产者将按照共同的合理的计划进行社会劳动”①。从新中国成立开始，我国的土地制度经历了四次制度性变革，它始终在调整着国家与农民在土地权利方面的关系，试图找到两者之间关系的最佳安排，既能够保证土地国有化，又能够保证农民对土地的持续耕耘。直到公有私营的家庭联产承包责任制的确定，抽象的国家成为土地的最终所有者，具体的农民成为土地的直接经营者，此后的多次制度变迁都是在家庭联产承包责任制的制度条件下进行的适应性调整，例如延长承包期限、增人不增地、减人不减地、土地确权等。尽管土地制度变革的过程比较曲折艰难，但是却在事实上保证了国家的政治稳定与社会发展，为国家的现代化发展提供了最大程度的基础性资源和资本。而现在土地则成为新型农村社区建设中的核心要素，成为政府、资本与村民之间的直接的博弈对象，每一个主体都试图在博弈的过程中能够分到更多的份额，当然具有分配权力的主体在分配中自然具有明显的优势。

---

① 《马克思恩格斯选集》第3卷，人民出版社1995年版，第129、130页。

表 3—9 **四次土地制度变迁**

次序	时间	主要内容	主要特点
土地改革	1949—1953	没收地主富农土地，分配给无地少地的贫农，建立农民私有制	私有私营
合作化运动	1951—1957	从农业生产互助组到初级农业生产合作社再到高级农业生产合作社	私有公营
人民公社	1958—1978	实施人民公社制度，变农民土地所有制为集体所有制	公有公营
家庭联产承包责任制	1978—	包产到户、包干到户	公有私营

（1）土地的多重价值。

中国农民依赖土地创造了伟大的农耕文明，在非常拥挤的生存空间里以自己的智慧创造了可持续发展的农业。土地作为社会发展的基础性条件，至少包含和提供了经济和保障的二重价值。在经济层面，土地被称为财富之母，谁拥有土地谁就拥有财富是传统社会的简明真理，即使是现代社会，这样的认识依然有效，土地是农业生产最重要的资源性要素，只要有劳动投入，就能够在土地上获取劳动收益。毫无疑问，农民也追求经济利益，追求土地财富，至少在改革开放以前，在没有更多方法增加收入的时候，正村的村民把主要的精力都投入到农业生产中，经营土地的收入是村民家庭的主要收入。

别管是生产队还是分开单干，村里人主要就是种地挣钱，种烟叶、棉花还有粮食。以前靠劳力每年分点钱，一个劳力一年下来分一百来块就不赖了，分的钱就是家里的全部收入，后来靠种地，除了上交的以外，有多少算多少都是自家里的。那时候也没有打工一说，再说也不让出去干活，这家里挣钱主要就是靠种地了。除了这，就是养个猪、养个鸡弄个鸡蛋啥的，到集市上卖掉挣钱。①（F－11）

① 访谈记录，20130617。

作为财富之母，土地在21世纪没有给农民提供更多的财富，即使农业税被免除并且提供各种农业补贴之后，种地也不再是农民家庭收入的主要方式了。不过，作为维持日常生活消费的生产者，即使土地没有带来更多的经济收入，而且受到市场影响对土地的关心程度也不可避免地降低了，农民也不愿意轻易放弃对土地的经营。相比做生意与打工的市场化风险，土地是农民的最后保障，能够为农民提供基本的生活资料，保证日常生活的稳定与持续。

> 现在挣钱都主要是做生意，要不就是打工，但是你不知道啥时候做生意就赔了，出去打工，谁能保证一直有活干，有钱挣？相比来说，从地里面挣的钱是很少，粮食价低，这都有数，这几年这附近村都改种树苗了，比种粮食来钱多些，但是不管地里种啥，只要种上，它就能给家里带来收入，就是赔了，没活干了，还有这土地支撑着呢，咱心里就有底，就不害怕。① (F-11)

无疑，当国家还没有承担对农民的生活保障这样的社会责任时，土地就成为农民对抗生存风险的最后稻草，一个基础性的安全网保证了农民因为各种因素在面临市场风险时的生活安全和生命延续，所以说土地具有社会保障的价值，是农民的命根子。

农业文明还赋予土地一种崇高的文化价值，在传统的精神世界里，农民与土地之间存在一种情感甚或神秘的联系。但是现代市场规则和工业逻辑传递的却是一种理性与经济的观念，它们告诉农民，土地仅仅是一种资本、一种生产资料而已。受过市场熏陶的农民对土地的关心已经不可避免地降低了，正村的村民也不例外，很多年轻人都出去打工，打理承包地的都是守家的中老年人，很多村民家里的土地通过各种方式以每亩每年1200元的租金流转给了本村或者其他的人种植苗木花卉。尽管正村村民家庭经济收入中来自土地的收入比例越来越低，不过土地的经济价值与保障价值依然存在，放弃土地对他们而言还是难以接受的。在

---

① 访谈记录，20130617。

访谈过程中，几乎所有的接受访谈的村民都强调："土地是村民的命根子，宁死不卖庄户地，说啥也不能卖掉，命根子要是都没有了，那以后还有啥好活啊。"对于这种想法可以理解为文化意义上的保守主义。在经济意义上，这样的想法更多体现出社会化小农的风险意识和生存理性，因为安全是农民生活的基础，正如稳定是国家发展的前提一样。但是当工业化、城镇化、市场化将土地由自然物变为现代化进程中的一种商品进入市场交易程序之后，对土地的利益化争夺开始成为各方行为主体之间最大的政治事件。

（2）被交易的土地及其权利。

从落后的国家转变为先进的国家必须有持续性的发展，发展意味着要有不停地增长，这种"不增长就死亡"[①] 的价值观引导着国家的改革开放。在渐进式改革的进程中，市场开始成为主宰国家经济与社会发展的主要力量，这只"看不见的手"开始捕捉任何能够带来经济增长的要素。土地的商业价值就在工业化、城镇化的进程中被逐渐挖掘出来。改革前的工业化资金是利用工农产品剪刀差对农民劳动成果进行制度性剥削，农民至少可以通过经营土地获取劳动的剩余。改革后的工业化与城镇化等方面的发展利用国家土地制度对农民承包经营的土地进行再一次的制度性索取，只是这次要的不是农产品而是生产农产品的土地，所以温铁军先生曾经说："以前农民对工业化、城市化的最大贡献是工农产品剪刀差，现在的最大贡献则是土地。"[②] 社会主义新农村是国家实施的促进农村发展的战略，不过在地方政府看来，建设社会主义新农村则是获取农村土地的一条合乎政策的路径，为落实招商引资项目的土地需求创造了条件。在政绩考核的压力下，招商引资和发展地方经济一直是地方政府的核心工作，但是在国家耕地保护红线的硬性要求下，必须寻找新的土地才能保证项目落地，此时社会主义新农村就成为获取项目土地的最好手段。通过建设新农村的名目进行村落合并、迁村腾地，再由政府征用变更为建设用地，用于招商项目建设，这样，农民获得了新农村和经济

---

① ［美］：丹尼尔·A. 科尔曼：《生态政治：建设一个绿色社会》，梅俊杰译，上海译文出版社 2002 年版，第 74 页。

② 温铁军：《中国新农村建设报告》，福建人民出版社 2010 年版，第 15 页。

补偿，资本方获得了土地，政府获得了项目落实和财政收入。新型农村社区建设是社会主义新农村战略在河南区域经济发展过程中的地方创新，其本质遵循的依然是发展地方经济的土地逻辑即在“两不牺牲”政策约束条件下，通过新型农村社区建设获取空余土地，破解土地制约的发展瓶颈，实现“三化”协调发展。如果将这种发展逻辑化约为一场交易，很明显，土地是其中的交易核心，它牵引着农村的发展、工业的进步、城镇化的提升还有政府官员的政绩。

在常识看来，增加土地发展价值的最好办法不是在土地上种植农作物而是种植工厂，这是无须证明的正确选择。不过，问题的关键在于这场交易如何实现，谁主导交易议程及规则，交易价值如何分配，此时土地已经从生产要素变成了资本要素。全国性的土地财政和征地上访共同表明了农民在交易分配中的弱势事实。一位正村村民提供了自己的乡野解读：

> 这就好比土地是一只鸡，国家规定说归国家所有，不过归老百姓养。原来鸡下的蛋由国家来分，不管多少，老百姓总能留点儿，现在倒好，鸡蛋不要了，不值钱，要把这生蛋的鸡给抱走，而养鸡的人因为以前负责给看管和养护就给点儿辛苦钱，所以你看，这老百姓就像是给耍着玩了，这村里老少爷们在这块土地上都过了几百年了，这地一直是俺们的，临了到现在，把老村给收走了，村里的地也征走了，就赔了那一点钱，就没有俺村啥事了，你去哪里说理呀。[①]（F－10）

如果说缴税的时候，农民考虑的是“被拿走多少，还剩下多少”，那么现在思考的则是“被拿走的土地，赔了多少”，前者注重土地产出的分配，后者关注土地买卖的分享，这其中表明了农民对自身经济权益的高度关注。

正村的新型农村社区建设并不像村民所说的那样“不关正村的事儿了”，尽管获取土地是政府的本质目标，但是正村村民并没有像“圈地运

① 访谈记录，20130612。

动”中的英国农民那样被残酷对待，相反，作为新型农村社区的“建设试点”，政府开出了非常优厚的交易条件：老村拆迁按照一定标准赔偿，新社区房子按照规定免费安置。面对乡镇政府开出的条件与政策做出的美好承诺，正村的村民应该没有反对的可能，按照历史经验，只要被政府认定为“试点”，就会得到政府很多的公共资源，这对村庄绝对是个利好的历史机遇，村里的人自然知道其中的利益。一种对美好未来的期望是最难以拒绝的诱因，更何况，反对者都被政府定格为“正村的历史罪人”，少数几个“露头的椽子”也被各种方式解决了。公开的政府文本表明，正村村民对于征地、赔偿、规划、分配等政府主导设计安排的新型农村社区的各个方面都获得多数人的同意，拆迁时间非常短，搬迁速度非常快，村民获得了非常满意的赔偿和安置，正村新型农村社区成为河南省新型农村社区建设的一个成功“典型”，一切似乎都表现得十分完美，而完美之下的事实需要更用心地挖掘才能显现。事实上，隐藏的社会文本并不乐观，村民的声音和利益在政府主导中被忽视和遮蔽了。

表 3—10　“建设社区对农民有很多的好处，农民是最大的受益者”对于这种看法您的意见是

n = 117

	频数	百分比（%）
非常同意	2	1.7
比较同意	20	17.1
无所谓	21	17.9
不太同意	49	41.9
坚决反对	25	21.4

在表 3—10 的回答中，选择不太同意和坚决反对的村民比例占到 63.3%，选择非常同意和比较同意的村民比例占到 18.8%，没有明确立场的村民比例是 17.9%，这意味着大多数村民并没有觉得新型农村社区建设中，自己是最大的受益者，这和主流思想与政府文本所坚持的观点相左。在社区访谈中，很多村民都表示了一种利益受损的相对剥削感。

政府用俺村的地给俺村的人盖好房子，搬进去以后，老村房子都给扒了，这一来一回，村里老少爷们拿着三块好处，一是占的耕地一亩赔了 39400 元，先不说很多人都不想卖，就是这价儿也太低了。二是老宅赔了钱，平均下来估摸一家能有 5 万块钱那样，不过赔偿的钱搬进社区，装修啊，买家具啊，基本上也就花的不差啥了。三是又给分了个新房，环境好了，这花销也上去了。算下来就是挪了个窝，没得着啥实惠，但是这社区总共占了 300 多亩耕地，老村腾出来的 900 多亩，要是省下来这 600 亩地还归俺村用来复耕，这也算不赖，但是政府和人家开发商肯定不愿意，最后 900 亩地给了开发商了，这来来回回等于是俺村用 1200 多亩地换了个好环境，要是算个总的，这里面的账谁都能算清，不仅没有节约土地，还浪费了很多，太亏了。但是政府既然说了就这样干，你不同意也不中，农民你是当不了家的。[①]（F－16）

在村民对土地价值评判的预期标准下，这次交易是“太亏了”，村民感觉似乎被政府给温柔地“摆了一刀”，而村民也不能有什么不同意的说辞，当然，这样的想法在政府看来无疑是“得了便宜还卖乖”，是贪心不足的心理表现。不过，公共权力的价值就在于，只要政府决定的政策一定能够得到执行而且能够成功，无论如何在政府的主导下，这笔交易最后顺利达成了。

（二）村民的行动策略

尽管国家制定了《中华人民共和国土地管理法》和《中华人民共和国物权法》等多部法律试图保障农民的权益，但是农民在土地征收过程中应有的合理补偿经常得不到实现与保证，更重要的是无法获得土地增值的级差收益，这样的制度安排反而让地方政府成为最大的赢家，资本方成为其中的利益分享者。尽管在新型农村社区建设中，正村的村民获得了安置房，但是村民对政府的行为依然心存怨恨，土地的丢失、权益的流逝与制度性索取的存在让多数村民心中产生一种强烈的“相对剥削感”。政府的理性设计在农民那里变成了欺骗，城乡一体化的新型农村社

---

① 访谈记录，20130618。

区理想成为农民的一种无可奈何的选择，其中的关键原因之一就是村民基于朴素的“公平”观念感觉自己的利益受到严重的损失，心里产生了强烈的“剥夺感”。这种不公平感与心理失衡感促使正村的村民总要找到某种方法挽回自己的利益损失，希望自己的损失能够得到弥补或者降低，因此基于跟国家进行周旋的历史经验，正村的村民开始采用了不同的补偿性的行动策略。

策略一：被动接受。

美国学者詹姆斯·C. 斯科特认为“贯穿于大部分历史过程的大多数从属阶级极少能从事公开的、有组织的政治行动，那对他们来说过于奢侈”[①]。建设新型农村社区导致正村村民的不公平感，但是这种不公平感也只能在隐藏的社会文本中，用暗自咒骂的方式得到发泄，基于生存的理由，“被动接受”是正村多数村民的选择，因为他们知道“胳膊别不过大腿”，在强势的政府与“安全第一”的生存伦理[②]的外部约束下，多数村民都选择了被动接受政府的安排。从动员到规划再到建设乃至赔偿与搬迁，尽管有村民代表参加了政府安排的各种会议，但是村民代表工具性大于主体性的参与事实无法改变政府的行动进程。

> 这征地、赔钱、盖小区都是政府说了算，村委干部都和政府一事，政府咋说就咋弄，政府说都是按照国家政策来的，都是为老百姓着想，谁信啊，但是这平头老百姓能咋着啊，吃亏也没有办法，管你愿不愿意，不愿意就找你的事儿，政府想拿谁还不容易啊。结果这村里老少爷们不就都乖乖拆了老房，搬来新社区了嘛。再说那时候说先拆先选，先拆的户还给奖励，这一下呼啦就都抢着搬过来了，结果最后说好的给搬迁费也就没有了，你三四天就都搬过来了，还给你啥搬迁费啊。[③]（F-22）

---

① ［美］詹姆斯·C. 斯科特：《弱者的武器》，正广怀、张敏、何江穗译，译林出版社2011年版，第2页。

② ［美］詹姆斯·C. 斯科特：《农民的道义经济学——东南亚的反叛与生存》，程立显、刘建等译，译林出版社2013年版，第19页

③ 访谈记录。20130615。

交易规则是由政府主导制定的，村民只能在有限的行动空间进行最有利于自己的被动选择。基于利益最大化的经济理性与行动原则，每一个村民都要在减少自己的损失和增加自己的利益的经济考量下采取行动，使制度规则的不利降到最低。按照乡镇制定的搬迁规则，“先拆先选、后拆后选、不拆不选”，同时奖励先拆先选的农户。这样就形成了三种可供村民选择的方案：先拆先选方案（优先选房＋奖励奖金多）、后拆后选方案（选房机会少＋奖励奖金少）、不拆不选方案（不能选房＋没有奖金），这样本来就存在复杂化与多样性观念的村民之间的沉默化的团结立即被分化瓦解。对于每一个家庭来说，最有利的现实选择就是先拆先选，早日搬迁，这大多数村民就成了在政府的分析定位中的“积极配合的有素质的村民”，相反那些没有搬迁，依然选择继续博弈的村民则被定义为“钉子户”，结果遭遇了强拆。相比之下，选择配合政府行动，接受政府安排的行动，尽管是被动的选择，并且心怀愤恨与万分的不满，却仍然是损失最小、收益最大的理性行动。

策略二：理性行动。

利益是理解社会行动的一个关键性因素，“在‘利益’这个范畴里，可以根据行动者们为了相似的预期而做出‘目的合理性’取向来理解他们行动的一致性”①。长期的生活实践告诉正村的村民，抗争只会增加交易费用，他们不能也无法阻挡政府建设新型农村社区的行动，但是对于可能存在的未来损失又不能坐以待毙。村民知道国家权威必须得到尊重，而自身利益也需要给予弥补，因此村民在尊重国家权威治理与维护自身经济利益的双重作用进行了多种形式的补偿性行动，其中最有成效的就是部分村民以村民小组为基础进行的集体联合行动。

从建设新型农村社区开始，正村村民就发现不管拆迁还是建设都有机会赚钱，然后就由村委干部和村庄能人带头设立了几个公司，主要是以村民小组为基础，由村民自己兑钱，然后在新型农村社区建设和拆迁过程中找活干，以此挣钱，最后按照入股的钱数分享利润。这种公司强烈排斥本村之外其他类似公司的存在，因为建设新型农村社区是正村的

① ［美］塔尔科特·帕森斯：《社会行动的结构》，张明德、夏遇南、彭刚译，译林出版社2003年版，第728页。

事情自然就必须是正村村民自己的机会，这种反市场的思想逻辑是农民普遍接受并严格执行的一种乡土观念。

表 3—11　　正村村民小组自组织公司情况

村民小组	入股家户	兑钱数额	主要负责人
一组	10 户	20 万	村民小组组长
二组	20 户	5 万	村庄能人
三组和四组	34 户	10 万	村民小组组长
五组和六组	47 户	10 万	村支书记

我是二组的，俺组兑的钱比较少，五万块，我拿了五万块钱入股，今年分了5000块钱，差不多是10%的赚头，领头的拿的就更多了，这也是大家同意的，要是没有他们，这钱根本就挣不了。这些公司主要是做一些工地上简单的事，平整土地、清理障碍物、拉砖等，从中间抽点钱，这些事承包商也知道，政府也知道，开始也管，后来都默认了，就是反对也没有用，而且这些公司刚开始的时候就是村委带头弄的，基本上是占谁的地就得给谁活儿，占谁的地就得用谁送的料。你比方拉砖，外来的砖必须经过公司才能进工地，每车砖要加点钱，要不你就过不去，用不上，其实跟拦路抢劫也差不多，不过村民认为，土地都让你占了，我们挣点小钱，你要是还不愿意，那就不讲理了，那些建筑商也清楚，这和市场没有关系。[①]（F－26）

依靠社区建设成立公司挣钱这件事本身被认为是一种“地头蛇”的做派，领头的人必须是村里的一号“人物”，一般人根本就做不成，参与入股的也只是正村的一部分村民。其实在很多村民眼中，参加这些公司的都是村里的有钱人还有村干部，做这样的事“不地道”，是违背道德的事情。对于开发商而言，显然是增加了其建设的成本，干扰了工程建设的正常秩序。对于政府而言，这样的公司显然是一种非法的存在，因此

① 访谈记录，20130623。

这些公司必须为自身的存在找到“目的合理性”的理由。在一份张贴出来的“小字报”上，村民用乡土的道德话语为自己的集体行动找到了令人无法拒绝的“合法性”：

> 在这块土地上，数百年来，我们勤勤恳恳，悉心经营着这片用来维持我们生命的土地，水有源、树有根，这块土地是我们的根基，我们的祖先都安睡在这块土地上，这块土地谱写着历代人耕耘劳作的篇章，逢年烧香，遇节祭拜，祖先们在地下保佑着历代子孙平安和睦，为了拆迁，我们要把养育了我们的祖辈白骨挖出，看到父辈们的森森白骨，我们哪位不心疼，哪位不愧疚？你们理解吗？理解这种揪心的痛苦吗？为了拆迁，我们义无反顾地让出这块土地，并要亲手挖出自己父母、爷爷、奶奶、兄弟、姐妹的遗骨。孝道，这个千百年来中华儿女遵守的孝道，我们只有用泪水洗刷我们的不孝。为了搬迁，要用先辈们的森森白骨来表明我们对搬迁的支持，难道这样做还不够吗？我们赖以生存的土地没有了，给我们的补偿我们来算笔账：每亩 39400 元十四年存款 59100 元，每月 400 元各种花费，十二三年就把钱花完了，况且眼下物价飞涨。我们二话没说，默默无语地把这块土地（不问是租是卖）让了出来，把维持我们生命的氧气给予了搬迁，难道这么做还不够表达我们对搬迁的支持吗？十几年后，那一点土地补偿金用完后，我们只用双手找点活儿干以维持生计，按前例、按先例，我们想在建设这块土地时找点活儿这样小小的要求过分吗？

弱者不仅使用各种“弱者的武器”，而且，弱者本身就是武器。在这个张贴于社区附近公路两旁电线杆上（多数已被清除）的小报中，到处充满着道义经济学的词汇。迁坟拆房、土地丢失、赔偿很少、维持生计，这种基于生存安全与经济诉求等混合在一起的图景刻画描述了一幅“弱者的形象”，依靠这种弱者的形象彰显的道德潜力为自身的谋利行为争取社会的同情与人道关怀，为自身的搭“顺风车”行为找到了一种道德的理由。这种基于道德理由而获得社会“合法性”的话语在无形中消解了作为正式的“法”的权威力量，使得村民组建公司获取经济利益站在了道德的高地上，成为村民理所应当获取的一种利益补偿。从政府层面来讲，组织这些公司的领头人都是正村的精英型“人物”，从村委干部到村民小组组长都是乡镇政府推行工作必须依赖的乡土权势力量，因此，尽管知道这些公司的存在不利于社区的建设，但是基于道德合理性与行动有用性的双重考量，乡镇政府最后以默许的态度放弃了对其进行的管制，承认了这些公司的存在，这样，那些入股的村民最终获得了与政府和开发商进行利益博弈的成功。这种集体行动不是对政府行动的抗争，其存在的目的仅仅是获取经济利益，一旦社区建设完成，这些公司也就自动终结，它不是新型农村社区建设的障碍，只是增加了相应的建设成本与花费，是“理性的小农”基于经济理性对于面临的机会而采取的一种比较有效的行动策略，因此可以将正村村民的这种集体行动看作是经济导向的、依附于新型农村社区建设的一种利益补偿性行动。

策略三：依法抗争。

我国的国家现代化发展是艰难而曲折的过程，伴随经济发展与持续繁荣镜像的是利益结构化重置而形成的各种社会风险，风险、断裂、失衡、冲突等成为描绘我国社会转型的常用词汇。伴随这些词汇描述的经常是弱势群体的边缘化生存与社会排斥，而农民的遭遇经常是这些社会性质判断的主要依据与证明。从农民负担过重到土地征收补偿过低，农民群体的利益受到持续性损害，沉默的大多数不断寻求体制内的公正对待，上访就像传统社会的“告状”一样成为农民维护自身权益的常规性道路选择，存在改革争议的信访制度作为有中国特色的政治参与和权利救济制度，尽管可能降低人们对法律的心理认同，却以制度化的形式为农民提供了一条可行的途径，打开了一扇追求“公正”的天窗。

在正村最后的强制拆迁过程中，这些被政府强制执行的“钉子户”中的一些人走上了“上访”这样直接对抗的道路，以期通过这样的途径获取自身的权利诉求。正伯是其中最著名的上访者，包括本村和附近的村民都知道“正伯上访”的事情。正伯是一名退休的民办教师，曾经是正村村委会干部和小学学校校长，他对毛主席语录的熟悉达到了令人吃惊的地步，这表明其具有较高的政治素质与文化素质，在学术研究分类中，他应该属于乡村社会的文化精英。

建设新型农村社区开始，他明确表示反对，乡镇和村委多次派人和他谈判，做他的“思想工作”。据他的回忆，拆迁前后总共不下三十余次到他家里找他，但是他始终不同意，认为这是不符合中央政策的非法行为，是国家和宪法法律所不允许的，不是他有意刁难政府，用他的话说：“我用中央政策给他们说话，宪法、土地法我都拿着，但是他们根本就不理你，而且也不给你任何解释，说是征求意见其实只是要求你同意他们的意见，这哪行啊？再说新社区选址不好，是洼地，不适合居住；旧村赔偿太低，新房分配还非常不公平；老百姓啥事都不知道，就指定了几个群众代表开了个会就算通过了，这肯定不行。”从他的话中可见，他的反对理由包括违反国家法律、经济利益受损、建设不符合程序，群众不知情、分配暗箱操作这样五个方面的原因。不过，他的反对犹如螳臂当车，并没有阻挡社区建设的进程，后来他就退而求其次地提出按照国家的政策给予他应该的补偿即老宅按照国家补偿标准赔偿、分配单独的社区住房。但是乡镇政府认为赔偿标准由县里统一规定，分配方案是多方协商制订，老人只能跟随孩子居住，按照赔偿与分配规定，他的要求不符合政策，不能够答应。

当多数村民都接受政府的安排搬进社区以后，仅剩的几十户就成为“钉子户”遭到强制执行。正伯回忆当时的情况说：“我当时不在家，也是别人打电话给我说，才知道政府要拆我的房子，我赶紧回去了。回去一看，黑压压一群人，得有好几百。我回到屋里没有多久，就来拆我的房子了，我拦着不让，结果有十几个人吵吵着，扭着我的胳膊就给抬出来，到门外就给摁倒在地，不让我动弹，还给我说：叔啊，这事不怨俺们，俺们也是来帮忙的，你要怨，就找恁村和乡里。弄的我的胳膊现在还疼，没有治好，右手还不停地颤抖。摁着我动不了，我就骂开了，专拣难听的骂，结果这乡里当官的就恼了，让人就把我弄到派出所关起来，锁着我的双脚和双手。我不管，还是骂，后来也没有咋样就把我放出来了，但是我的房子、树还有屋子里的很多东西都给砸了毁了。我不告他们咋办？”从此，正伯就有了一个新的社会身份——“上访人员”。村庄已经被拆迁，在残垣断壁和杂草丛生的村庄遗址，正伯在他老宅旧址上搭建了临时窝棚暂居。在他的临时居所旁边，他讲述了自己为了争取自身权益的上访历程。

咱上访得按照国家的政策来，一级一级往上走。我第一步先到乡里，我知道肯定没有用，结果乡里一位干部给我说了一句“民不爱国，国不爱民”，我听着这话就觉得别扭，如果家都让国家给扒了，还咋爱国呀？所以我直接就去了县信访局，一位王主任听了我的事，给乡里打了电话，让我回去乡里找一个乡里的信访干部，我本来就不相信，但是咱宁肯跑冤枉腿儿也得相信他，当天下午我回到乡里，结果和我想的一样，根本不解决。我再返回县里的时候，他们也开始躲我，我就给他们说，你们不解决，那我就上市信访局，他们就说，那是我的权利。

既然县里面解决不了，我就只有到市里面信访局去。到了市信访局，一位杨主任接待了我，他听了我的情况后认为，没有达成协议，没有赔偿，结果房子被捣掉了，这属于非法暴力拆迁。然后他给乡里联系，让出个意见，最后还是维持乡里原来的意思，让我和孩子住一起，老房子拿赔偿款。这位杨主任还是站在农民这边说话的，但是事情到这一步，他说他职权所限，已经尽力了。

市里面没有解决，我就去了省信访局，排队填表，工作人员录到电脑里面后让我等通知。结果等了两个月没有任何结果，我知道这时间过期了，就又去了省信访局，省里问我为何又来了，我就说，根本就不处理，我不来咋弄，他们一听就又走了一遍程序，但是还是没有处理。

这期间我还去了市检察院、法院，结果他们说不归他们管，我去市委、省委，人家还不让进门，我只能在门口等。前前后后八九回都让乡里面给抓回来了，到最后也解决不了，很多人包括抓我的乡干部都劝我，别上访了，没有用，认了妥了。但是我不信，我觉得我这事一定能解决，所以我就去了北京，到了国家信访局，还是排队填表，让等通知，最后乡里又派人把我抓回来了，每次都答应我要给处理，结果每次回来就没有人管了，所以我停一段时间还得去。

没有解决任何问题，上访道路走了一圈以后又回到了原点，正伯总结说，上访就像是蚂蚁爬在杯沿上——任你驰骋却永远没有终点。但是就是这样的无意义的循环往复却并没有让他丧失上访的决心，这其中表现的就不仅仅是对经济利益的追求，更多揭示的是一种基层农民权利意识的觉醒。上访人员心里知道其重复的上访行动很多时候无法获得自己的预期报酬，甚至得到的是一种负数，然而却依然不懈地进行上访，这明显是对霍曼斯成功命题[①]的成功颠覆。不过从行动效果的层面看，正伯的上访行动无疑是失败的，正伯遭受了心理、肉体和经济等多重痛苦，付出了沉重的代价却并没有获得至少是经济利益方面的补偿，对自身权益的要求也没有任何部门负责解决。当村庄宅基地上的标的物消失以后，最现实的依据也就掩映在杂草之中，即使有上访的制度性空间，单靠个体的力量似乎根本无法获得自身的权利诉求。

三种不同的行动策略是正村村民追求自身权利的三种主要方式。第一种被动接受的方式是多数村民采取的被动隐忍的行动策略，这种策略既表现出村民的“随大流”的群体从众心理，“要吃亏都吃亏，反正大家都一样”，这样也就获得了一种内化的相对均衡感，同时遭遇的风险也最小，显示出“安全第一”的生存理性，因为村民知道与政府对着干没有“好果子”吃，“迟早都得搬，迟搬不如早搬，不搬的话，政府肯定想办法收拾你”。第二种搭顺风车的策略是一部分村民采取的主动的行动策略，这种策略的有效性取决于乡土道德与乡村精英的双重庇护。“扒了俺村的房子还不给点儿活儿让挣点儿钱，还让不让人活了。他们把俺村的地弄走挣大钱，俺们挣点儿小钱算什么”。这种策略承认政府的安排，以此减少政府打击与惩罚的行动风险，同时却要求用其他的方式给予补偿，是农民善于利用机会的理性选择，这样也能够获取某种经济上的相对平衡感。第三种依法抗争的方式是少数村民采取的直接对抗的行动策略。这种行动策略是对公共权威的公开挑战，对于陈镇政府而言是最难以接受的，因此也最具风险性，预期的收益也最小，因而采取这种方式的村民人数也最少，以此减少最大损失发生的概率。不过上访的村民获得了多数村民的认可，甚至是经济上的支援。比较三种方式可以看出，正村

① 霍曼斯成功命题主要指，对所有人类行动而言，个体的某一行动越是频繁地得到报酬，他就越乐意重复此类行动。这个命题强调了行动与奖赏的正相关关系，行动的频度取决于报酬的频度以及报酬的方式。同样，一项曾经得到报酬的行动失去报酬时，行动便会中止，除非得到其他的报酬。转引自文军《西方社会学理论：经典传统与当代转向》，上海人民出版社 2006 年版，第 145 页。

村民的行动策略具有基于安全基础上的经济利益最大化的行动特征，这意味着，村民在风险性行动空间中争取自身权益的时候，偏好选择最小风险程度上的利益最大化，这符合“理性的小农”[①] 的理论解释。不过这种理性的前提条件则是更有反思价值的内容，农民没有谈判的主体地位与主体权利时，则只是被安排的“草民”与“子民”，而政府则实实在在扮演了“父母”与“青天”的角色。

正村新型农村社区的建设过程显示了政府权力的主导优势。主导者的角色允许政府通过议程设置的方式规定相关的政策、目标与行动，这样的主导过程始终倾斜于权力与资本的政治联盟，而处于劣势的村民只能以隐忍、侧击和顺从的方式寻求某种程度的相对平衡。作为“国家主人”的村民在政府“公仆”的科学安排下，以放弃权利为代价，获得了政府提供的新型农村社区的新的生活空间。这一建设过程同时表明，一种具有前瞻性的战略在保守落后的农民那里并不会轻易得到认可，农民自身的局限性造成了农民对这种更为先进与理性的政策的短视，同时农民会充分利用自己弱者的道德优势谋取自身的利益，而在自我利益不能得到充分满足的情况下，又极其容易产生对政府的抱怨与咒骂。

通过主导正村新型农村社区建设，政府创造性地摧毁了一个普通的中原村落社区，建设了新的标本化的“农村社区”。正村村民几百年居住的村庄通过某种并不对称的权利交易实现了权利的转移，伴随这种交易转移的包括村民的房屋、院落以及历史形成的关系与习惯，换回的是新的居所、新的环境与新的生活。然而正村的村民无暇审视过往的社区建设给自己带来的各种影响，因为生活的继续才是更为紧要的事情，通过社区建设从原有的村落生活走向社区新生活，村民的活动开始转向宣称是改善农民生活的“新型农村社区”所创构的新的生活情景，住进社区的村民必须对自己的生活进行情景化处理使自己成为理性主义所要求的“现代社区居民”。

---

① 尽管舒尔茨是在经济行为意义上讲小农的理性的，但是这种理论同样能够拓展使用在小农的其他行为上，农民在其他的社会行动领域同样是“有进取精神并对资源能作最适度运用的人”，会对行动的风险、报酬和成本进行理性计算以后才会采取行动。

第四章

社区生活：政府治理与村民变化

陈镇政府的主导性行动与村民的策略性行动的结果就是按照城市特点建成了符合政府科学规划的物质化社区生态空间。不过，只有当有生命的个体被有意识地安排填充进这个表现现代化立场的硬朗的生存空间后，新型农村社区才能够获得真正的生命力，政府的理性主义也才能够真正地实现，因此，如果将正村新型农村社区建设看作是一个充满弱度博弈与有限较量的交易过程，那么真正赋予其以社会事件特征的则是村民入住新的社区空间及其生活的变化。

一 正村新社区：全新的生活空间

（一）进入新空间：安置村民

按照村企协议，新型农村社区由企业建成以后交由正村村委，无偿分配给正村的村民，这样出台一个社区住房分配方案则是村民进入社区的首要工作。

> 社区的分房规则是政府、村委和村民代表多方共同协商好几次，最后才形成陈镇正村拆迁安置实施细则这样的最终方案。然后成立了专案组对新农村社区的全部房子进行分配，当然这里面不可避免地也有领导意志，他们村里的干部也有个亲后远近，这里的人情也是避免不了的，因为这些人情，村里群众肯定在背后暗地里骂，这也没有办法，再说一个政策不可能让所有人都满意，能够有80%的

人受益就是好政策了，这社区的分配政策总体上还是可以的。[①]（F－2）

对比社区的调查问卷，多数村民对住房分配的形成过程并不是非常了解，不过，既然叫做“安置细则”而不是“分配细则”，这表现的显然是自上而下的领导意志，那么无参与的方案制定过程并不影响方案的具体执行。考虑到原来村民的居住方位与邻里关系，房屋分配在总体上首先将社区全部二十二栋楼房按照六个村民小组进行分配，以求达到相对集中、不改变原来村庄社会联系的分配效果。

表4—1　　社区楼栋分配表

村民小组	分配楼号
第1村民小组	10、11、15、20
第2村民小组	01、02、07、16、
第3村民小组	03、05、08
第4村民小组	12、17、21、22
第5村民小组	06、09、13、18
第6村民小组	19、23、25、

资料来源：根据访谈汇总形成。

不过，相对于这样的楼栋分配，村民更加关心的是《陈镇正村拆迁安置实施细则》，这个细则的内容安排关系到每一位村民的真正的切身利益：

陈镇正村拆迁安置实施细则

根据《陈镇镇区拆迁改造安置方案》有关规定，结合正村实际，经村两委反复酝酿、村民代表大会讨论通过，特制定以下实施细则：

一　安置户必须达到以下条件：1. 具有陈镇正村农业户口的自然户，2. 父母随子女安置，也就是父母有一个儿子的分一套安置房，

① 访谈记录，20130607。

父母有两个儿子的分两套安置房，以此类推，父母不单独安置，3. 年满18周岁以上需要分户的男士。

二　单身汉安置办法。单身汉可根据本人情况，以下两种办法任选其一：一是按照安置方案，可作为独立户安排，但今后不再纳入五保供养范围；如中途再要求享受五保待遇，其房产收归集体所有。二是直接提前按五保户对待，享受五保集中供养一切待遇。

三　在外公职人员安置办法。

（一）在外公职人员家有宅基地的可作为安置户进行安置；家无宅基地的，按成本价购房。为便于管理，在外公职人员的房屋实行集中安置居住。

（二）作为安置户的在外公职人员，可分得150平方米层电梯房一套。但保证所分配房屋只能居住，不得转让买卖的原则，同时必须缴纳物业管理费。物业管理费标准为：工作生活在Y县境内的公职人员，每户交3万元；工作生活在Y县外、河南省内的公职人员，每户交6万元；工作生活在省外的公职人员，每户交9万元。

（三）在外公职人员，父母是农业户口的，只安排父母与其生活在一起的儿子一套农户安置房。

四　因历史原因造成男到女家居住但不符合倒插门条件的，不作为安置户。但为尊重现实，如在本村定居多年的，可按成本价购买一处房屋。

五　因离异原因随其母抚养的子女，一律不予安置；再婚对象，女方带来男儿，凭法律文书，视同亲生子对待，可作为安置户。

六　本次安置完毕，以后再需安置的，以《安置方案》和细则条款为原则落实，达到结婚年龄需安置的以结婚证为准，农转非或在外公职人员按细则条款落实后，可享受安置政策。

七　对有争议的历史遗留问题及其他未尽事宜，由村民代表大会讨论决定。

陈镇正村村委会

这样的分配方案设计显然考虑了正村的主要情况，将全部村民做了类型化的处理，然后主要是按照“人口”进行了分配，应该说是顾及到了村内村外、以前和现在的各种情况，不过存在村民的反对声音自然是无法避免的，其中最大的反对意见集中在对老年人的安排上，在访谈中，干部认为“农村讲究孝道，让老年人和自己的孩子一起生活遵循的是中国传统的孝道，这样的话方便孩子照顾老人的生活起居，是表示孝心的很好的方式”。然而，很多村民表示“让老年人和自己的孩子一起生活是不符合农村的传统的，村里老年人多数都是自己生活，和自己的子女一起生活非常不方便”。更让村民担忧的是，原来的宅基地彻底消失了，而自己的家庭还要繁衍生息，这样后辈生活居所的预期也因此断裂。无论如何，这样的分配方案得到了最终的贯彻，村民搬迁进入新的社区生活空间以后，一个新的“社会标本”即正村新型农村社区最终建设成功。

（二）接受新环境：从自然发展到人为规划

空间是与时间相对的一种物质存在形式，“村落边界之内的空间，是生活场所（居所与公共空间）及其附属物（土地、水域和山林）布局的地方”[①]。正村作为中原地区的一个普通的村落，其村庄的地理空间是自然的和无规则的发展与延伸，不断更新的村民是这种自然发展的布局者。房屋、街道、花木、坟茔等在村民的支配下形成了正村特有的生活空间，村民生活的空间是生活历史与实践的凝结，村庄的历史也就是生活空间形成与变化的历史，这就意味着正村自然状态下形成的生活空间充满了历史性与语境化的色彩，正村的村民是村庄生活空间的创造者、改变者与使用者。村落生活空间通过村民的历史性活动造就了“故乡”的乡土价值，同时在地理意义上规范和生产了村民的日常生活、邻里关系与村庄秩序，可以说，共同的生活空间创造了村民之间共同的关系与一致的惯习，进而形成了正村村落生活共同体。

在老村的时候，村里老少爷们没有事或者下班的时候，经常去村里的十字街口或者是村里人开的茶馆里，聊天、打牌、喝茶、下棋，啥事都说，村里东头、西头、前街、后街，谁家生孩子啊、娶媳妇啊，啥事都知道，只要人家招呼一声，立马过去帮忙。现在村

---

① 张柠：《土地的黄昏》，东方出版社2005年版，第43页。

里人都光顾着打工挣钱了，这些事是少了很多，不过很多习惯还是没有变化。[①]（F-29）

不过这种自然的有些随意的村落发展在理性主义与现代主义看来则是对土地资源的毫无节制的使用，改变这种不规则的、混乱的、模糊的发展样态的最好办法就是对村落空间的重新规划，使之符合标准的、统一的、规则的现代主义视觉美学，这也是新型农村社区力图实现的美好图景，这种图景在正村新型农村社区得到了精致化的表达。

观察者眼中的正村新型农村社区

耸立在国道旁边有一个巨幅标牌，上写“正村新型农村社区”，它告诉所有的过往行人正村社区的确切位置。越过国道向南，在正村原村落旧址南面500米的地方，正村新型农村社区已经建成。与周边平房为主的其他村落相比，以七层楼房为主要建筑的社区显得格外与众不同、鹤立鸡群。整个社区布局为标准的长方形，东西长南北宽。社区大门朝向东面开放，随意出入，大门一侧每相隔十米就竖立宣传牌，写着各种各样的宣传语，如孝道、社区理念、社区公约歌、廉政等方面的话语，例如，《正村新型农村社区居民邻里公约歌》：

隔墙为邻，对面而居。
相聚是缘，地久天长。
谦诚礼让，团结友善。
邻里和睦，敬老爱幼。
举止文明，讲究卫生。
先人后己，互相帮助。
见义勇为，弘扬正气。
和谐社区，共同创立。

进入社区大门向西50米左右，一条天然河流纵贯社区，被设计为社区景观河。中间是一条东西走向、宽12米的水泥社区主干道构成中轴线，道路两旁是安装有先进的太阳能板的路灯。道路南侧是

① 访谈记录，20130901。

一排两层商用门面房，南侧是社区楼房，社区22栋楼房统一为七层，而且安装了现代化电梯，这主要是方便老人上下楼。北面四排南面一排，五排新建楼房以中轴线为准线，两边分立，排楼之间建设一层储物房，在楼房周围有很多的草坪。社区服务中心位于社区中心，可以辐射所有社区楼房，为居民提供公共服务，卫生室和文化中心与社区服务中心左右对称，两者之间是社区舞台，舞台前方是近1000平方米的社区广场，广场一边是休闲区，布置了石桌石凳，另一边是运动区，布置了各种体育运动器材。路网、水网、电网、气网、有线电视网、互联网应有尽有，空间绿化、路灯亮化、环境美化、道路硬化全部齐备。代表现代化发展图景的城市社区也不过如此，而正村社区更是有过之而无不及。

空间崇拜是现代化的一个特色，在固定的土地上向上发展和向下发展将人们的生活变成了一种物理化的存在，正如著名建筑设计师雷姆·库哈斯所言："如果看几百年前的，你会发现印度的、泰国的、非洲的、荷兰的和俄罗斯的建筑截然不同，都讲述着自己的语言，但现在这些语言在建筑中都消失了，服从于一种更广的、更统一的语言。整个过程就好像不同地方的口音逐渐消失一样。"正村新型农村社区建设饱含着这种物理主义的建筑信仰，为村民呈现的是体现理性主义与现代主义的美好乡村社区的优雅图像。传统的正村社区遵循的是自然主义的发展路线，村民家庭搭建的是由门楼、前庭、偏房与正堂构建的表现中国建筑话语的农家院落。物理主义对自然主义的规划替代不可避免地造成了对乡村社区多元化生态的漠视与盲目，力求用标准化、统一化的美学设计取代个性化的农家庭院，理性地切除了村庄发展中不规则的自然部分。尽管建立正村新型农村社区之前，正村的生态环境已经因为工业化与市场化的进入影响着村落的生态环境，但是并没有打破原有的存在状态，在建设新型农村社区以后，这样的村庄生活环境被彻底颠覆性地再造了。正村的新型农村社区建设为村民创造了一个全新的生活环境，至少在外在形象与表面来看，社区生活环境的优越程度比城市社区的环境有过之而无不及。在可观察的明显环境变化方面，正村生态环境的变化至少体现在以下主要方面：

表 4—2　　新社区与原村庄变化比较

比较内容	原来的村庄	现在的社区
社区治理	村党支部、村民委员会	社区党工委、社区委员会
整体形状	不规则	长方形
社区住房	农家院落、自建二层小楼等	统一的七层单元楼房
公共道路	碎石子路、土路、部分水泥路	硬化水泥路
社区生态	多样化种树、花草、野生花木杂草、家养牲畜	景观化的草坪、植树、河流
公共照明	单一的白炽灯	先进的太阳能灯
公共场所	自发性的街角、茶馆等	配置性的广场、休闲区等
垃圾处理	生态化处理、丢弃、焚烧	社区收集、乡镇集中、县处理

村落生态环境是一个村庄一切物质条件的综合，是村民生存与生活的场所即“家园”。村庄生态环境是多样化的物质板块，村民与村庄环境之间进行着持续的物质与能量的交换，以达到生存与生活的生态平衡。正村是中原地区一个普通的村落，与其他的村庄一样，正村的生态环境也是复合性的多样化存在，住房、道路、动物、植物组成了村民生活的情景，这种生态系统维持了正村近五六百年的村庄历史，也形成了村民的传统习俗与村庄秩序。在乡村浪漫主义的视野下，用表征现代化的物理主义取代表现传统的自然主义是无论如何不能接受的，是不考虑地方、不考虑村庄、不考虑未来的“理性的罪恶”，但是这种浪漫与抽象并不是正村村民选择的评价，相反，村民对于现在的新型农村社区的生活环境展现了极大的开放性与接受性。

表 4—3　　与老村比较而言，您对社区现在的生活环境的满意程度　　n = 117

	频数	百分比（%）
非常满意	6	5.1
比较满意	33	28.2
一般	51	43.6
不太满意	16	13.7
很不满意	11	9.4

在表4—3的回答中，选择“非常满意”的占5.1%，选择“比较满意”的占28.2%，两项合计33.3%，选择“很不满意”的占9.4%，选择“不太满意”的占13.7%，两项合计23.1%，前者比后者多出了近10.2%的比例，这意味着村民对这样的生活环境的认可程度处于中等偏好的程度，这也体现了社区的价值与村民对良好环境的向往，因此，仅就物质化的生活空间而言，可以认为新型农村社区的生活环境得到了村民的基本认同，这和访谈中的结果是比较一致的。

> 开始建设这个新社区，村里老少爷们百分之八十都是不同意的，不过政府说了算，老百姓又不当家，所以最后就盖成了，村里的人也都搬过来了，说实话，现在的生活环境比原来老村的生活环境是好多了，原来村里垃圾多，没有人管，一到夜里，全村就黑乎乎的，夏天那蚊子苍蝇一大堆，这现在搬来这里，实话实说，至少我觉得比以前老村强多了，环境好多了。[①]（F-17）

对社区物质性环境变化的认可表明只要能够为村民带来实实在在的好处，就能够得到村民的认同，同时也表明，新的事物被农民接受需要一个较长的时间，只有让农民感受到实际的价值与利益，他们才真心地相信政府以及政府提供的政策，这就意味着某种政策的执行不应该急功近利，而更应该稳步推进，让政策的要求与内容逐渐转变为政策对象的习惯才能够真正达到政府的行动目标。

这种环境的变化也带来了其他的新变化，正村原来的村落发展是一种蔓延性的空间拓展和村民生活的自我延伸，村落空间是一种时间历史的书写。而现在的新型农村社区则遵循严格的空间顺序，社区空间是一种人为规划的理性表述，这样村落空间的历史性被社区的空间性取代，历史形成的稳定的社交网络图，被社区的空间设计连根拔起，然后按照现代美学重新安置。新型农村社区通过对村民生活空间的再造，打破了原来的自然性空间配置和自主性空间行为，将传统处于平面的乡土生活变成为立体式的空间存在，这样原来村东头的老赵、后街的老正变为一

---

① 访谈记录，20130615。

单元的老赵和22号楼的老正。社区通过统一的、标准的社区住房取代了原来村落中多样化、差异化的乡村庭院，形成了一种人为的平均化，这种对村落必然存在的原始差异进行的重新校对形成了至少是表象化的公平与均衡。

（三）理解新社区：理性与事实的差别

按照常识推断，国家为正村村民创造了如此优越美好的生活环境，村民肯定应该感谢党与国家给予自己的恩惠，至少会认可新型农村社区，然而，这样的想法过于想当然，事实上对生活环境的赞同并不表示对新型农村社区的认同。对于村民而言，他们觉得自己并不是社区的真正主人，反而更像是这个社会标本的附属性构件。在积极意义上，村民没有选择的自由，在消极的意义上，村民没有退出的可能，搬进社区配合政府是唯一可行的道路，农民主体性仅仅只是政策的文本说明而非社区事实，村民及其生活被镶进城乡一体化的美丽镜框中，“就像小鸟被关进了笼子”“就像鱼被养在了鱼缸里面”“好像是被人当作猪赶进圈里那样”是访谈中很多村民提出来的，一位村民提供的“鱼缸论”是其中隐藏文本的代表：

> 我给你打个比方说，这原来的村庄可以形容为一个湖，这村里的几千人就是湖里面的鱼，俺们村庄已经有五六百年的历史了，这村里的人还在这个湖里面生活，也就是说，这人在这个老村里面能祖祖辈辈延续生存下去。现在这当官的和有钱的说是搞发展搞开发，实际就是相中这一片湖了，想把这湖里面的鱼都设法给赶出来，赶出来以后弄啥呢？想用这片湖喂王八呢，这王八肯定是比鱼值钱得很，所以就得把鱼给弄出来。那给弄到哪里呢？所以就给鱼修个小缸儿，把鱼放进去。那新盖的社区就好像是给村里的老百姓修的一个鱼缸，把村里爷们都放进去，观赏用哩。你说，那鱼在鱼缸里面能够长大吗？是在湖里面活得好啊？还是鱼缸里面活得好呢？那在鱼缸里面肯定没有办法活，那就是死路一条。所以，等于说这盖的社区把俺村的生存环境给彻底弄坏了。庭院里养不出千里马，花盆里栽不出万年青，住在社区里面就成了城里人了？要我看，弄这社

区竟是胡乱折腾！[①]（F-10）

联系到社区建设过程中的委屈和损失，村民对新型农村社区的感觉中隐藏着一种消极与否定的取向，这种认识在调查问卷中也能够得到证实，而且在事实上造成村民对社区认知的迷乱状态。

表4—4　　您觉得现在的社区　　n=117

	频数	百分比（%）
还是农村	16	13.7
和城镇一样	17	14.5
既不像农村也不像城镇	84	71.8

在表4—4的回答中，选择“既不像农村也不像城镇”选项的高达71.8%的比例，这意味着绝大多数村民并不觉得进入新型农村社区就是进了城镇，过上了所谓的城里人的生活，反倒是这种新的社区形式导致了村民主体感知的迷乱，根本分不清现在的新型农村社区到底是农村还是城镇？换而言之，在城乡二元结构下，正村新型农村社区成为一种“二不像”的创造物，这或许是政府智慧的绝佳呈现。

表4—5　　您觉得现在与城里人比起来，您是　　n=117

	频数	百分比（%）
我还是农民，没有啥变化	48	41.0
基本上和城里人一样	14	12.0
说农民不像农民，说城里人不像城里人	55	47.0

对新型农村社区认识的混乱也造成村民对自身定位认识的混乱，在表4—5的回答中，选择“我还是农民，没有啥变化”选项的所占比例为41%，选择“基本上和城里人一样”的所占比例为12%，前者是后者的三倍有余，说明农民的身份转换并不会仅仅因为城乡环境趋同化就会轻

① 访谈记录，20130612。

易实现，选择“说农民不像农民，说城里人不像城里人”选项的所占比例为47%，这或许表明“二不像”的新型农村社区导致了一个意外的后果，村民并没有感到自己就是城里人的同时，反而也无法确认自己还是不是农民的社会身份，这种始料未及的后果在某种程度上颠覆了政策原有城乡一体化的理性设想。

与村民理解大相径庭的是政府的看法，正村新型农村社区是当地政府倾心打造的典型的社会工程，表现了政府制作社会标本的高超艺术，政府创造性地摧毁了一个存在近五百年的老社区，建立了一个城乡一体化的新社区。依据城市现代主义信念规划创造的“人造空间”取代了正村社区发展的自然状态，实现了政策意义上的村民对传统乡村的脱域，改变了村民的传统生活与生产方式，提高了当地的城市化率，因此，政府对于新社区的理解与正村村民的感知存在极大的不同，Y县住建局一位干部对新型农村社区的自我认知可以看作是政府理解的代表：

> 建设新型农村社区是以后农村发展的必然趋势，也是国家的一项民生工程和长远工程，通过建设新型农村社区能够将公共资源集中起来，集中提供公共服务，这样就能够节约资金和土地，第一，社区改善了居住条件，很多社区只需要花很少的钱就能住，你像正村社区甚至都不要钱，农民就能住上新房；第二，建社区能够促进农村的土地流转，农民都住在社区，不种地了，土地流转就更好推进了；第三，社区有助于就地就业，改变生产生活方式；第四，有利于加强基层组织管理和建设。村民都集中在一起以后，开展集体活动就更加方便了，也有利于政府更好地管理。[①]（F-1）

政府官员与政策文本保持高度一致的话语至少表现了一种理性逻辑的推导结果：集中和集约既有利于农民与农村，又有利于国家与社会，既然有多赢的预期就应该大力推动。这种官方理念明显表达出政府对村庄统一与集中的向往，因为这样的社区明显有利于政府的直接管理与控制以及更好地提供真诚的公共服务。

---

① 访谈记录，20130610。

二 政府主导的社区治理与公共服务

从过程导向分析，新型农村社区建设是一个持续性行动过程，社区建筑的规划与建设仅仅是完成了新型农村社区的物质化空间建设。随着村民陆续搬迁进入新的生活空间，一个新的生活环境造就的新的生活叙事开始进行新型农村社区历史的初始书写，而此时政府面临的重大问题就是如何将新型农村社区治理进行下去。

（一）行政化的社区治理

没有规划的社会是没有希望的社会，没有治理的社区是会出问题的社区。政府主导的规划性变迁意味着新型农村社区是政府生产的新的“社会艺术品”，新的社会管理对象需要政府提供新的服务模式或者说控制模式，这样，社区治理就成为政府进行新型农村社区建设的“下一步”工作。治理是当下社会的热门词汇，“作为一种政治管理方式，治理有以下四个特征：治理不是一整套规则，也不是一种活动，而是一个过程：治理过程的基础不是控制，而是协调；治理既涉及公共部门，又包括私人部门；治理不是一种正式的制度，而是持续的互动”①。将治理理论应用到社区层面就形成了社区治理的概念，即社区治理是指“以社区地域为基础，政府与社区组织、社区居民共同管理社区公共事务的活动”②。可见，社区治理强调多元主体的合作互动，以此推进社区生活共同体的建设。不过理论的美好设想无法取代社区治理的社会事实，至少在正村的新型农村社区治理中，能够观察到的社区治理依然是政府主导进行的公共行政活动，表现出强烈的行政化治理导向。

如果说社区的物质化建设是社区的“硬件”的话，那么社区的治理就是建设社区的“软件”。在建设社区楼房的时候，陈镇政府是作为主导者的国家形象出现，在进行社区治理的时候，陈镇政府的角色就由主导者变成了治理者，角色的变化导致陈镇政府在社区治理方面也随之出现

---

① 俞可平：《引论：治理与善治》，《治理与善治》，社会科学文献出版社 2000 年版。

② 康宇：《中国城市社区治理发展历程及现实困境》，《贵州社会科学》2007 年第 2 期。

改变。

> 村民搬进新型农村社区以后，集中管理是镇里面临的最大的问题，压力大，要求也高，如果搬进社区还不如原来，那周边的村民自然能够看在眼里，那样的话以后的社区工作就更不好搞了，所以作为一个典型，各个方面必须比以前的老村和周边村庄都好才能够起到榜样的作用。咋办？基本的原则就是原来有的都不能少，现在享受的要更多，这样才能体现新型农村社区的优越性。老百姓的事主要就是生活方面的事，咱政府在这里面就需要通过社区管理提供更多的公共服务，以服务为中介建立社区与政府的关系。[①]（F－2）

在基层官员眼中，正村新型农村社区治理既是先前社区物质化建设的继续，又是以后全镇范围内的社区扩大建设的"样板"，因此，治理好与建设好是同样重要的工作，《致正村社区广大居民的一封公开信》既是对社区建设的历史回顾，以及对村民的激励与训诫，也成为陈镇进行社区治理的政府宣言：

> 共建新型农村社区　共享现代文明生活
>
> ——致正村社区广大居民的一封公开信
>
> 正村社区广大居民朋友们：
>
> 大家好！
>
> 今天，伴随着新型农村社区建设在中原大地的铿锵脚步，一波新型农村社区建设的大潮正在Y县大地涌起，正村社区率先建成并投入使用，走在了全省、全市前列，广大群众住进了基础配套功能完善、居住环境优良的新社区。这让我们多少年来能够过上像城里人那样生活的梦想变成了现实，这是咱正村社区居民的福气，是各级党委政府为我们办的一件大好事，我们应该打心眼里感激党委政府。
>
> 正村新型农村社区建设顺应省九次党代会精神，目的在于探索

① 访谈记录，20130607。

走出一条不以牺牲农业和粮食、生态和环境为代价的新路子，这说明享有“天时”；正村社区位于市“三化”协调科学发展试验区内，选址适中，交通位置优越，这说明享有“地利”；正村社区建设从一开始就尊重群众的意愿，置换条件优惠，拆迁补偿到位，搬迁积极性高，得到了群众的拥护和各界支持，这说明享有“人和”。正村社区“天时、地利、人和”三者俱备，幸福美满生活一定会芝麻开花节节高！

新社区与我们的旧村庄相比，可以说是“脱胎换骨”、焕然一新。它规划合理、设计精良、主体现浇、质量上乘、电梯代步，本县属六度震区，我们的房子是按超一度的设防进行建设，能防七度地震，居住舒适安全，赢得了周边群众的羡慕；它以城市化的理念改造农村，高标准实施道路硬化、环境美化、生活洁化、垃圾三化、路灯亮化，逐步配套建设社区服务中心、文化中心、卫生服务中心、警务室、学校、幼儿园、五保老人公寓、体育健身场、网络通信、商业超市、公交站点等公共服务设施；它让祖祖辈辈面朝黄土背朝天的农民，“既不离土也不离乡”，就地转变生产、生活方式，过上城镇生活，共享现代文明。一句话，城市社区有什么，在我们社区也应有尽有，城市社区没有的我们这里也有，不出社区什么事情都能办得到。

但就目前情况看，社区建设还有许多不尽如人意的地方。比如部分卫生间防水处理不到位，卫生洁具质量不高，部分墙体粉刷出现空鼓和裂纹现象等；个别群众在楼房上随意装修，在社区私自栽种蔬菜、饲养家禽、晒衣晾被、乱倒垃圾等，影响了别人的正常生活，影响了社区整体形象。同时群众入住新社区之后，生活方式、生活习惯都发生了翻天覆地的变化，一时还难以适应新生活、新规矩，融入新环境。对这些问题，县委、县政府高度重视，专门抽调人员，组成服务小分队，入户调查了解情况，围绕楼房内水电、燃气、防盗门、卫生间等设施使用、安全防护、公共设施维护等内容，当好宣传培训员，为广大居民讲解一些基本的生活常识，让大家熟练掌握，养成良好的生活习惯。同时，针对目前社区群众提出的各类意见和建议，我们已梳理归纳分类，建立了台账，限期整改，尽快解决问题，把好事办好，一定会让群众满意。

“社区是我家，管理靠大家”。社区物业管理是一项为民服务的基础性工作，也是每位居民义不容辞的责任和义务，需要广大社区居民朋友的热情参与和大力支持。目前社区已经组建以居民自治为主的物业服务中心，主要为广大居民提供日常的生活需求、社区环境保洁、公共秩序维护、工程维修等方面的综合服务，让居民自己管理自己的社区。希望广大社区居民继续支持社区、关注社区并积极加入到社区管理的行列中来，积极参加和谐社区建设，遵纪守法，爱护公共卫生和环境，为社区建设做贡献，为社区管理增光添彩。

同在一方热土，共建美好家园。朋友们，让我们携起手来，从我做起，从现在做起，肩并肩、心连心，共同营造出一个宜业宜居的社区环境，为建设和谐的新社区贡献力量。

最后，祝广大居民阖家欢乐，身体健康，万事如意！

陈镇正村社区党工委　管委会

从村民变为居民，从村庄变为社区，从村民自治变为社区自治，一种新的颠覆性形象需要全新的社区治理，这是陈镇政府的一个新课题，社区治理的目的是要赋予社区生活共同体以新的秩序、目的和中心方向。陈镇进行社区治理的主导思想是以社区党建为核心，以居民自治为导向，以服务为重点，以稳定为基础，以居民满意为标准，完善基础设施，构筑服务体系，建立健全社区管理体制和工作运行机制，着力建设“服务完善、管理民主、和谐并进、共同富裕”的新型农村社区。毫无疑问，这样的社区治理思想中饱含着政府对农民的深情是诚挚的，不过这种思想的落实才是最真实的具象表现，此时，“自治化”更多具有名义价值，“行政化”才是对社区治理更准确的形容。

（1）设置乡镇——社区一体化组织体系。“从理性系统的视角看，组织是一种为了完成特定目标而设立的工具”[①]。社区组织体系是陈镇政府进行社区治理的主要抓手，通过社区组织可以将政府工作延伸到社区治

① ［美］W. 理查德·斯科特：《组织理论》，黄洋、李霞、申薇等译，华夏出版社 2002 年版，第 31 页。

理过程中，使社区治理至少在形式上成为政府工作的一部分。而建立一个新的组织、成立一个新的机构或新的部门、制定一些新的规章，对于惯常应对机构改革的乡镇政府而言绝对只是“小菜一碟”。陈镇政府在正村社区建立了完整的乡镇—社区一体化的组织构架，这个组织体系包括社区党工委与社区管委会两个部分，社区党工委是党建组织，它取代原有的村党组织结构，并作为陈镇党委的派出机构，实现党委领导的核心职能，形成“社区党工委—村党支部—村党小组”的组织体系；社区管理工作委员会是管理组织，由镇政府牵头设立，它取代原有村民委员会，执行社区公共管理职能。显然，正村社区的一体化组织体系的设置是按照乡镇政府的“下级机构”的样式设计的，这样的社区组织及其治理都在表明“国家在场”。正如村民自治时，村委会是乡镇政府的“一条腿”一样，社区自治依然接受政府的领导与管理，所谓的“自治”只是社区行政化的招牌，一种展示基层创新的政治广告，这说明国家是不会改变的，只是换了一件外套而已，“国家在场”始终是基层社会不会褪去的政治色彩。

（2）设置社区制度化体系。制度是指导和规范主体行动的基本动力与规则，设计新型农村社区制度体系对于陈镇政府而言是一项全新的工作，更是其创新能力的表现，在其编撰的《陈镇正村社区制度汇编》中涉及社区治理方面的工作制度共六十六项，涵盖了社区卫生、保障、计生、物业、财务、廉政、文体等众多方面，基本上可以分为社区管理与社区服务两个方面，主要可以分为工作制度、办事制度与服务管理制度。工作制度如社区党工委工作职责、会议制度、社区党员大会议事规则等；办事制度如计划生育职责、文体活动室职责、图书管理、图书阅览制度等；服务管理制度如社区档案管理制度、居务公开制度、监督评议制度、物业管理制度等。不过正如一位村干部所言，这些比较完整的社区治理制度都是政府制定的，正村的村民并不知道，而且也不太关心，更多的时候，这些制度最大的作用在于满足上级机构与领导的口味，或许设计这些制度的初衷，就是以政府为主导单边性地实施社区治理，根本就没有考虑农民的地位与作用。

（3）创建社区服务组织体系。以社区服务进行社区治理几乎已经成为陈镇政府进行社区管理的唯一正确的选择，而创建社区服务组织则是提供社区公共服务的基础载体。在可观察的社区组织层面，社区服务组织体系主要形成了“四大中心”的服务体系，包括社区服务中心、卫生服务中心、文化服务中心与物业服务中心。以社区服务中心为例，整个中心用地2000平方米，建筑面积1900平方米，这个中心的机构设置分为两种，一种是社区自设的办公室如社区管理办公室、党员活动室、综合治理调节室等；另一种是政府援建的各个办公室，帮扶援建是一种极具中国式治理色彩的工作机制，主要指上级政府投入相关资源帮助建设的机构。作为典型样板的正村社区获得政府部门的帮扶援建几乎就是顺理成章的事情，据陈镇政府统计，总共有二十六个相关单位对正村社区给予了帮扶。以下是部分可以观察到的援建科室及单位：

表4—6　　社区内部援建科室及单位

科室名称	援建单位
便民服务中心	县图书馆
社区档案室	陈镇政府
计生宣教室	县计生委
社区规划展览室	陈镇政府
图书资料室	县文化局
社区党员远程教育室　廉政文化室	县组织部
农村党员干部现代远程教育　商务信息服务点	县商务局
社会法庭工作室	县人民法院

通过以上的观察与分析可以看出，正村的社区治理完全是由政府建立起来的，成为行政化的社区治理，这种特征表现在两个方面：第一，正村社区成为国家的基层治理单元，正村社区的组织、服务、规则等都是政府行政管理的自然延伸，甚至主要部门就是按照政府行政管理的要求有意识地构建的。第二，正村社区本身的组织架构体现出部门化、专业化与规则化等行政化特征。如此一来，新型农村社区从一开始就具有明显的国家化倾向，成为政府直接控制下的细胞化的行政单位。通常情况下，社区自治是社区治理的终极目标与价值追求，是构建国家与社区民主合作机制的良好媒介，此时社区治理的载体即社区组织主要是社区

居民为主动员全社区的人力、物力和财力，预防或解决社区内存在的各种问题，开展社会服务工作，提高社区居民的生活质量而建立起来的。[①]不过，“现实型社区”则充满了行政化色彩，政府组织成为社区治理的主要甚至是唯一的行动者，此时设立的各种社区组织与社区制度都是遵循行政管理的行动逻辑建构的社区服务载体，这样“国家权力在社区中的支配地位始终是绝对的，而其他力量只扮演国家力量的附属角色”[②]。正村新型农村社区行政化的社区治理符合国家治理的要求，有利于政府的“统一管理、统一服务、统一规范”，显然这种“统一”背后表现出一种公共权力的傲慢，不过其在事实上有助于实现将公共服务送到农民家门口。

（二）集优化的社区公共服务

实现公共服务均等化是城乡一体化的核心内容，而新型农村社区建设为这一目标的实现提供了可靠的载体与途径，事实上，提供更好的社区公共服务也是新型农村社区建设的优越性的主要表现。所谓的社区公共服务是“以社区为单位提供的社会公共服务”[③]。新型农村社区实现了居民的集中居住，这为社区公共服务的集中供给提供了便利。不可否认，与正村原来的公共服务情况相比，现在的正村新型农村社区的社区公共服务更加完善与合理，呈现出集优化的供给状态。和社区治理一样，在正村新社区里，社区公共服务也主要是由政府主导提供的。具体而言，正村新型农村社区中的集优化的公共服务主要表现在社区文化服务、社区教育服务等方面。

（1）社区文化服务。

社区文化服务是建立村民对新社区认同感与凝聚力的重要途径，陈镇政府非常重视对正村社区的公共文化服务的供给，各种文化项目与文化资金都重点投放在正村社区，因为正村社区是“典型”自然也能够获

---

① 黎熙元：《现代社区概论》，中山大学出版社 2009 年版，第 53 页。

② 黄锐、文军：《走出社区的迷思：当前中国社区建设的两难抉择》，《社会科学》2013 年第 2 期。

③ 杨团：《社区公共服务论析》，华夏出版社 2002 年版，第 36 页。

得优先对待，这在事实上丰富了村民的社区文化生活。

陈镇文化服务中心主任讲："我在乡里主要负责社会保障和文化服务这两块。我讲讲社区文化服务方面，这方面的工作基本上都是项目运作，县政策、乡执行，乡里没有多大空间。现在正村社区是一个典型，县里大力支持，乡里就有意识地向社区倾斜。只要是上面下来的项目优先给这个社区。我们在社区广场先后组织了多次联欢会；电影下乡，社区里每个月都有一次；农家书屋计划优先在社区实施；县里的豫剧团多次来乡里演出也放在社区；一些社会组织提供的志愿服务比如广场舞、茶艺培训等也给社区；还为社区居民的腰鼓队争取了项目资金；近期我们还计划搞舞蹈培训、戏迷擂台赛、广场舞大赛等文化活动，都是以正村社区为优先选择对象的，这要是在以前，肯定不会这样做，否则其他的村就会有意见。"[①] (F－3)

由外而内的社区文化服务催生了社区内部文化的生产，最明显的是，社区广场舞的兴起。由陈镇政府牵头，当地一个大学生志愿组织来到社区进行健美操培训，后来在村民的要求下改为广场舞培训，等到志愿者走后，社区一些热心于此的妇女开始自己组织广场舞，而且声势越来越大。

> 跳广场舞是夏天开始的，当时你可能也在社区，应该知道，刚开始人比较少，后来人就多了。人家大学生不能一直在这教，他们走了以后，我和几个姐妹就组织了一些人开始跳，都是喜欢锻炼的。慢慢地就兴起来了，最多的时候，这广场站得满满的，邻村的人也骑着电动车来俺这里跳，这里有广场比较方便。后来这旁边几个村里的支书知道俺领着跳舞，还专门跑到俺家，让俺去他们村里教大家跳舞，那我就去了，这周边几个村也就开始跳开了。要搁以前都在家看电视或者打牌，现在都出来锻炼身体，这多好啊。[②] (F－24)

① 访谈记录，20130619。

② 访谈记录，20130902。

（2）社区教育服务。

社区教育服务的改善主要表现在两个层面：一是村民的技能培训。例如由县劳动局给村民提供的创业培训，前后总共举行6期，每期30人，共有180位村民接受了创业教育；针对当地的饮茶风俗，由市县劳动局联合社会组织为社区居民提供了多期茶艺培训，并为培训合格的村民颁发结业证书等，这些针对村民的技能教育培训在一定程度上提高了村民的就业能力。二是学龄儿童的义务教育。在正村新社区，公共服务在教育方面的最大改变表现在村庄学校的改变上，原来的正村小学位于村庄中央，教育教学的基本设施一般，只能满足基本的教学。新社区建设了高标准的社区小学，学校在各个方面都得到了改善提高。

> 社区的学校是比原来的学校好了很多，你比方说，像乒乓球台、篮球场这些东西原来学校是没有的，现在都有了，学校的教师也多了，而且对学生的管理也比以前严了，管得严了的话，学生就能好好学习了。还有原来村里人住的比较分散，很多人家的孩子上学还得通过国道，车太多，不安全，现在这问题就没有了，孩子就近上学，家里大人也不用担心。[①]（F－8）

（3）社区公共服务设施。

社区公共服务设施是指政府、社区居委会以及其他各方面的力量，为了便利社区居民生活、满足身心健康发展需要、方便社区管理，直接为本社区居民提供的基本型、共享型设施，一般包括公共建筑及其场地，还有附属设备等。[②] 正村新型农村社区是一个全新的生活环境，也为村民提供了全新的社区公共服务设施，除了日常生活与社区治理方面的基础设施外，最明显的改变是社区公共场地及其设备的完善，社区中心广场面积将近600平方米，同时建设有近50平方米的广场舞台，广场周边安置了各种各样的体育建设器材和座位。这个社区公共场地为社区的

---

① 访谈记录，20130628。

② 陈伟东、张大维：《社区公共服务设施分类及其配置：城乡比较》，《华中师范大学学报》（人文社会科学版）2008年第1期。

各种活动提供了平台，成为构建社区公共空间的主要载体。“要搁以前，白天很多人是在茶馆，天一黑，街上就没有人了。现在可不是这个样子了，你也能看到，一到晚上，这广场上黑压压恁多人，聊天的、跳舞的、卖东西的，多热闹。这旁边的村里也有很多的人来这里看热闹”[①]。(F-24)

虽然新型农村社区内部的公共服务并没有多少与众不同的特色内容，甚至显得还很原始，但是就是这样的低层次的社区公共服务与原来正村村落存在的公共服务相比已经得到了很大的改观。这些变化也得到了村民的部分认可，这表明城乡公共服务仍存在很大差距，而新型农村社区在一定程度上也确实能够在城乡公共服务均等化方面发挥应有的作用，是统筹城乡的一个可能的突破口。

(三) 社区治理与服务的多元理解

不可否认，陈镇政府在努力完成社区物质化空间建设以后，又极力促进了正村社区的治理与公共服务。即使因为行政组织的路径依赖将正村社区治理变成了行政化的社区治理与服务，它依然全力以赴为社区发展提供了力所能及的公共服务，力图展现新型农村社区的现代特色与重要价值，而且也在事实上改善着社区居民的日常生活。不过，对于正村的社区治理与公共服务，不同的主体有不同的理解，乡干部、村干部与村民给出了多元化、差异化的主体解释。

(1) 乡干部的想法：争取更多资源。

陈镇政府没有更多的财力为正村社区的治理与公共服务提供经费支持，因此争取上级的支持是获取社区治理与公共服务资源的主要途径。从正村新型农村社区建设以来，陈镇政府就开始有意识地进行“社区形象”包装，将其打造成一个新型农村社区建设的“样板工程”和“典型标本”，只有这样看得见摸得着的“社区形象”才能够得到上级领导的肯定，而上级领导的“肯定”往往意味着社区能够获得更多的治理资源与服务资源。这或许意味着陈镇专注于社区治理与社区公共服务除了满足村民的需求之外，更为重要的是作为一种精致化的工具与措施以实现对

---

① 访谈记录，20130902。

新社区的形象整饬。陈镇政府一位干部讲述的社区图书室建设的故事为社区治理与社区公共服务做了很好的注脚。

说实在的，社区里面的很多东西就是一个摆设，都是为了应付上级检查的，让领导看看，得到领导肯定就有可能得到更多的机会与支持，很多的东西都是匆匆忙忙配置的，摆放得比较整齐，不过从来没有人用过。你比如，社区图书室就是这样弄的，当时是上级领导要来视察，乡里组织人手连夜搞的，把农家书屋项目的书都弄过来了，包括乡政府的图书资料和应该给其他五个村里的书，因为是省里大领导来，县里面也支持了很多，算下来有上万册的书，主要是党建方面、农业科技、文学艺术三方面的。一直忙到夜里十二点多，才算搞好，第二天省里领导看后就搁那里了。这看着是形式主义，但是你也不能不搞，要不这工作没有办法开展，领导脸面上不好看，没有成绩哪里还有支持，是不是？可是老百姓不管你这一套，他们老觉得这是面子工程，是搞形象。

问：那图书馆开放吗？

答：开放啊！

问：效果咋样啊？

答：说实话，这农村年轻人都出去打工去了，就是在家也都不看书，留下来的老年人本身文化素质就低，连他家的孙子孙女的功课都辅导不了，你说他还能看啥书？[①]（F－5）

在随后的调查中发现，社区图书资料室最大的价值在于接受上级领导的视察与来访单位参观考察学习之用，有的社区居民甚至不知道这个图书资料室的存在，更不用说阅读与教育了。精英人物给农家书屋赋予的浓烈的文化价值与服务功能在正村社区被搁置在了理想的“应然状态”，而在社区治理中却发挥了塑造社区形象的“实然功能”。显然，具备了提供公共服务的基本条件并不等于就实现了社区公共服务，也并不能保证公共服务在事实上发挥真正的效用。

① 访谈记录，20130608。

（2）村干部的认知：牌子和样子。

原来的正村村委会主要有六个村委干部，支部书记一人，兼任村长，支部副书记一人，兼任村会计，一个妇女主任，还有三个村委委员，其中一个委员负责计划生育工作，一个委员是村里的治保主任。社区委员会建立以后，原来村干部保留，然后在社区委员会里又增设了两个委员，一个是团委书记，一个无具体分工。按照理论的推断，从村委会变成社区委员会，从村庄治理变成社区治理，从村委干部变成社区干部，村干部的角色、职责、功能都会发生相应的变化，然而这种理论上的必然性并没有在社区治理与服务中得到证实。一位村干部提供了他的看法："在我看来，从村委会变成社区委员会，其实也就是换了一块牌子、一个名称而已，管理的还是一个村，还是这些人，实质上没有啥大的变化。"① （F－7）

不过相对于村委与村干部的职能转变，这位干部认为，现在变成社区以后，社区服务中心的办公条件倒是变得比以前好多了，房子很宽敞，设施都齐全，各种科室办公室的设置也更加全面细致。然而对于这样的社区委员会，他却认为"形象"大于"功能"：

> 乡里对社区抓得很紧，成立了管委会和各种办公室，管委会由乡里领导兼任，这是对社区高看一眼，那些办公室都是乡里和县里对口援建和设置的，每个办公室的门口都挂了牌子，墙上也挂了牌子，写了办公室的工作职责和流程，那些东西你也能看见，都在明面。不过说实话，这些都是摆设样子，上级领导和外面的人来参观考察时，看着好看，脸面上光彩，其实没有啥用。再说乡里领导也忙，不可能天天来社区。这村里的干部靠政府给的那点钱根本不够花的，支书也就一个月500块，我们一般干部一个月360块，基本上没有事，都打工挣钱去了，整个社区服务中心都是空壳子，其实很多的事情最后都是我在招呼，啥事都是我一人在弄，这搞得我很疲惫，没有多少钱还得把事情办好。② （F－7）

① 访谈记录，20130624

② 访谈记录，20130626。

从村干部话语中隐含着对社区委员会的不满与牢骚，我们可以隐约看到社区治理与服务的形象化特征。尽管这样的话语描述并不是社区治理与服务的全部内容，不过至少表明，现在的正村社区的治理与服务更多是没有实质性内容的“务虚性工作”，至于公共性、参与性与服务性的社区治理价值也就无从谈起了。尽管时间可以为形象化的社区治理与服务提供相应的理由与借口，然而依赖性的治理习惯依然使我们有理由相信这种社区治理的形象化特征会持续性存在。

（3）村民的理解：形象大于效用。

和社区物质化建设过程一样，村民参与社区治理与服务的身影依然非常模糊甚至淡薄。当然，对于多数村民而言，他们对新型农村社区的来源及其价值并不关心，把社区治理叫作村民自治或者社区自治并无二致，只是名称的变化而已，是村民见惯的花样。这种肤浅的感性认识自然抵不过理性思想的深邃，只是可能更加接近真实而已，因为正村村民生活在社区的生活空间，他们对社区治理与服务的话语与感受更加具有内在的合理性。尽管政府已经做了有关社区治理与社区公共服务的各种有意识的行动，而且事实上也有一定的效果，不过，在村民眼中，社区治理就是一种形象化的政府行动，社区公共服务与他们的生活似乎也并没有密切的关系，自己也没有从中获得更多的好处，这种理解与认识主要从以下三个方面得到说明：首先是村民对社区治理的感觉。

表 4—7　　搬到社区以后，您觉得社区管理与以前老村村委管理相比，有何变化吗？　　n = 117

	频数	百分比（%）
变好了	38	32.5
变差了	20	17.1
没有变化	59	50.4

在表 4—7 的回答中，32.5% 的村民认为“变好了”，17.1% 的村民认为“变差了”，50.4% 的村民认为“没有变化”，这就意味着，有近一半的村民搬进社区居住后，并没有感觉现在的社区管理与原来的村委会

管理有多大的差异。在对这个问题的追问之下，“变好了”主要指向的是社区管理环境，而选择“变差了”主要指向社区治安、厕所、垃圾不及时清扫等方面。这表明，如果排除社区管理环境这样的物质性条件变化，可以大致确定，没有变化或者变化不大是正村从村落变为社区以后社区治理的真实写照。

其次是村民对社区服务中心的认识。社区服务中心是推进城乡公共服务均等化的重要载体与主要渠道，社区服务中心处于正村社区的中心位置，两层社区办公楼房以橘黄色外表与社区居民楼房的灰蓝色调进行了鲜明的颜色区分，以此表示社区公共服务的重要地位与价值。社区服务中心是承载并提供组织、保障、教育、文体、治安等多项公共服务功能的综合设施，位于社区中心至少能够带来提供公共服务的便捷，也因此社区服务中心在社区治理中发挥着极其重要的价值与作用。社区居民对社区服务中心价值有切身体验，自然也就有合理的评价。

表 4—8　　您觉得社区服务中心在社区百姓生活中的作用如何？　　n = 117

	频数	百分比（%）
非常重要	14	12.0
比较重要	10	8.5
一般	51	43.6
不太重要	17	14.5
可有可无	25	21.4

在表 4—8 的回答中，选择“非常重要”与“比较重要”的占到 20.5%，选择“不太重要”和“可有可无”的占到 35.9%，而更多的选择了“一般”这样的选项，占到总比例的 43.6%，这样的选择表明，村民认识到社区服务中心有一定的作用，但是对于其价值的重要性并不敏感，换而言之，社区服务中心并没有在村民的生活中发挥出其重要的服务价值，这样自然无法激发村民对社区的认同感与归属感。

最后是村民对社区公共服务的判断。政府已经提供了很多的社区公共服务，在文化、卫生、教育等很多方面对社区居民的生活也已经产生了一定程度的影响，不过这些影响并不如理论与政策设想的那么完美。

表 4—9 新社区成立后，您享受到的教育、医疗、就业和社保方面的服务有什么变化？

n = 117

	频数	百分比（%）
变好了	23	19.7
变差了	4	3.4
没有变化	90	76.9

在表 4—9 的回答中，倾向性十分明显，76.9% 的村民认为这些方面“没有变化”，这意味着新型农村社区建设并没有在实质上给正村村民带来公共服务水平的真正提高，尽管其中有时间因素，但是其中更为关键的因素可能在于制度，如果国家社会政策没有得到整体性制度转换，即使某些地方政府进行了自主性制度创新也只是枝节改变，并不会带来本质性的变革。

总结而言，对于陈镇政府，社区治理与公共服务至少蕴涵着两层重要的价值。第一，形象出政绩的考核价值。科层制的评价体系依据的是“政绩”，而最好的政绩表现形式是“形象”，因此，在最短时间内完成社区治理所需要的一切基础条件，提供社区公共服务的物质性基础设施，塑造正村新型农村社区的优雅形象是村民搬进社区生活后陈镇政府的重要工作，而社区自治无法承担这样的责任，以政府为主要治理者进行的社区治理与公共服务才是操作性极好的行动路径。第二，形象出支持的资源价值。正村新型农村社区是上级政府极其重视的农村社区建设项目，从省级到县级的各级政府部门都给予了极大的支持。如果要获得上级政府的持续支持，陈镇政府必须给上级领导一个最好的继续支持的理由，良好的社区形象就是这样的好理由，而这些社区形象的最好表现就是政府提供的社区治理与社区公共服务，然后通过精心策划的社区宣传①，在

① 据村民反映，这些宣传其实都是预先设计安排好的，先找村里的演员，让他把写好的内容背熟，面带微笑地对摄像机讲出来。讲的内容当然都是社区多么好，例如：我家搬进社区，赔偿了多少钱，房子多么大，生活比城里还好，多么幸福，多么感谢党和国家政策之类的赞美套话。村民用话语与表情展示了自己对社区形象化、形式化的鄙夷与讨厌。

电视、报纸、网络等各个层面的媒介上进行社区形象宣传。所以尽管社区治理与社区公共服务与村民的利益密切相关，但是事实上的社区治理与服务似乎只是政府的“独角戏”。对于村民而言，在社区治理与服务活动中，自己更多的时候只是看客，一个没有关系的旁观者。尽管他们保持着对社区治理的清醒认识，蕴藏着对社区公共服务的需求，但是这种认识与需求并没有获得多大关注与吸收，这意味着，村民作为一个应然的治理主体在社区治理与公共服务中并没有获得应有的治理权力，社区参与的力度、广度与深度极其有限。当然，访谈中的多数村民似乎对于社区治理也没有体现出多大的参与兴趣，因为他们并没有感到社区治理与服务和他们的生活到底有多大关系，这显然是社区治理与社区公共服务的缺陷与隐忧。

三　村民的社区新生活

伴随老村房子的被扒，村民日常生活的场域开始从自然的生态村落转移到人为构建的生活情境中，社区建设的过程逐渐变为村民的历史记忆，偶尔在茶余饭后的闲谈中表达出来，注意的样态则由社区建设过程中的策略与交易转变为社区中的日常生活。这样，社区中的日常生活开始获得更多的关注，因为对于讲究实用的农民群体而言，历史属于过去，未来还很遥远，现实的生活才是需要全神贯注的紧要事情。

村落社区承载着村民的全部生活意义，当村庄发生颠覆性的改造，村民的生活肯定发生相应的变化。家庭是基本的社会生活单位，是社区生活共同体的组成基础，以家庭为边界进行划分，村民的日常生活至少应该包含两个层面的主要内容，一方面是立足于社区的公共生活，是村民在社区内部、家庭之外进行的公共性、社会性活动；另一方面是家庭私人生活，是村民在家庭内部展开的私密性活动。这样，可以从社区生活与家庭生活两个层面观察村民社区新生活及其变化。

（一）社区公共生活及其变化

乡村社区是一个生活共同体，这个共同体的秩序形成与信任关系建基于村民之间不断的感情与信息的交流与交往，“社会交往和社会关系，是作为一种社会生活共同体的社区必不可少的基础。没有这种社会交往和社会关系，社区也就成了一种没有什么社会意义的纯粹地域性的概念。而社区生活的许多其他方面，也都是与社会交往和社会关系密切联系在一起的”①。社区交往对于生活共同体具有极其重要的基础作用，农民也在社区交往过程中形成了“熟人社会”与彼此之间的身份认同。

正村原来的村庄环境是村民在自然的历史活动中创造的生活空间，这种自主性带给村民一种场所感与熟悉感，这种感觉以自然、随意甚至凌乱无序的状态创造着村民之间的交往网络，村民可以自由地穿越村庄的任何街道、胡同与庭院而不会受到任何的阻隔，村民之间的交往是没有任何阻碍、任何预定地点的面对面的人际交流，正是这种非正式的随意的交流聊天带给村民一种稳定的社会关系与村庄社会结构，进而形成了一种有意义的乡土秩序与公共生活。

现在的新型农村社区以全新的空间格局置换了原有的村庄环境，村民被安置在预定的空间中生活，村民从一个自然的自我创造物进入到新的生存场所，进而被理解为进入了现代化表示的文明模式。新的场所结构影响了新的社区交往模式，尽管历史形成的经过协商而实现的生活道德与伦理秩序在新的社区环境中没有被彻底颠覆，但是却发生了重大的变异。社区空间物理几何结构重新规划了村民活动的边界，村民不能够任意行事，传统村落时的随意穿越受到物理距离限制和冰冷铁门的阻隔，村民之间信息交流与交往的传统传播模式彻底失效，因此村民之间的关系暂时进入一种半陌生化与隐匿潜藏的状态，村民之间的社区交往受到极大的削弱。

以前在老村的时候，串门子是常事，今天你来我家，明天我去你家，想去谁家抬腿就去了，彼此也很熟悉，闭着眼也能找着，到家直接推门就进去了，所以谁家有啥事，彼此之间都知道，也就很容易相互帮忙。现在搬到社区以后，串门的就少了，现在只要门一关，各自在各自家里，除非到外面，很难再见面了，再说这分房子都把人分散了，谁也不知道谁在哪里，就是到现在我也才刚刚知道

① 孙立平：《社区、社会资本与社区发育》，《学海》2001 年第 4 期。

俺们这个楼上都有谁，但是很少去人家家里，又得敲门、换拖鞋，怕弄脏家里，很麻烦，干脆就不去了。[①]（F－23）

"串门子"是村民交往经常使用的交往方式，但是在新社区这样的交往方式却明显地发生了变化。

表4—10　　与老村比较，您现在串门的次数　　n＝117

	频数	百分比（%）
明显增多了	1	0.8
增多了	9	7.7
没变化	15	12.8
减少了	47	40.2
明显减少了	45	38.5

在表4—10的回答中，选择"明显减少了"的占38.5%，选择"减少了"的占40.2%，两项合计高达78.7%，当村民交往明显弱化之时，基于熟悉的共同体的联系纽带也就发生了断裂，这样的结果在很大程度上可能会造成村落生活共同体的消解与弱化，以生活共同体建设为目标的社区空间却造成了共同体的削弱，这本身似乎是一个社区悖论。

面对面的社区交往变成门对门的空间隔离，一个家庭成为另一个家庭的黑暗之所，这在城市是一种自我保护与彼此尊重的方式，在乡村则是意味着社区熟悉程度的弱化，甚至伴随自我意义的丢失。人的社会性本能决定着个体会有意识地找寻熟悉的伙伴并与之建立长久的社会联系，以此获取对彼此的熟识与快乐。不过，进入新型农村社区以后，伴随村民"串门"次数的明显减少，村民之间的社区联系也开始弱化，这种弱化也体现在村民在朋友与邻里关系之间相互联系的明显减少。

① 访谈记录，20130606。

表 4—11　　搬进社区以后，您与您的朋友之间的联系　　n = 117

	频数	百分比（%）
明显增多了	7	6.0
增多了	16	13.7
没变化	42	35.9
减少了	30	25.6
明显减少了	22	18.8

在表 4—11 的回答中，选择“减少了”与“明显减少了”选项的比例占到 44.4%，而选择“明显增多了”和“增多了”选项的比例占到 19.7%，这意味着认为联系减少的比例是联系增多的比例的近两倍多。

表 4—12　　搬进社区以后，您与新邻居之间的联系　　n = 117

	频数	百分比（%）
非常紧密	8	6.8
比较紧密	14	12.0
一般	48	41.0
联系较少	32	27.4
联系非常少	15	12.8

在表 4—12 的回答中，选择“联系非常少”和“联系较少”选项的比例有 40.2%，选择“非常紧密”和“比较紧密”的比例有 18.8%，前者也是后者的近两倍多，由此可见空间新格局造成村民之间联系的明显减少。

一种匿名化与陌生化的生活空间限制了村民之间的行为数量，村民之间联系的明显减少意味着村民彼此之间建立于原有村落交往基础之上的熟悉程度也开始弱化。

我给你说个很有意思的事情，今年过春节的时候，我的一个本家的老嫂子，在这栋楼四楼住，过年的时候，见到我让我给她写个供奉神仙的牌位。我说，咦，嫂子，你这一年冬天身体还中啊。结果她给我说，我中啥，我已经住了两回医院。我说，你咋住院了？她说，咦，你都不知道，我刚刚在市里医院住了八天，我这才刚刚回来还没有几天呢。我说，咦，老嫂子，你这住了两回院，我咋一点信儿都不知道啊。咱俩上下住在一个门栋，我都不知道你生病住院了。她说，这楼里面出来进去，谁也不见谁，你咋会知道啊？这个事给我一个很大的感触，村里面的亲情观念淡薄了，谁都不知道谁了。[①]（F－30）

为了增加村民之间的交往与熟悉程度，创设新的社区公共生活，政府也进行了各种各样的努力，主要通过社区服务中心有意识地组织和提供了多种社区公共服务活动如电影、跳舞、看唱戏、就业培训等，不过这些服务活动似乎并没有得到社区居民的青睐，社区居民的积极性并不高，参与程度也不太理想。

表 4—13　　您经常参与在社区里组织的活动吗？　　n＝117

	频数	百分比（%）
经常参与各种活动	2	1.7
参与过一些活动	39	33.3
很少参与	38	32.5
从不参与任何活动	38	32.5

在表 4—13 的回答中，有 32.5% 的村民选择“从不参与任何活动”，32.5% 的村民选择“很少参与”，这意味着多数村民不会参加社区里组织的各项活动。不管未参加社区活动的原因是什么，至少说明很多社区活动并没有引起村民的参与兴趣，如果没有兴趣参与，那么社区的活动效果自然大打折扣。无法达到通过活动为村民提供社区参与的预期目的，也就无法在事实上实现重建社区公共生活的目标，这是在后续的社区发展中应该给予更多关注的问题。

① 访谈记录，20130627。

由街坊邻居构成的熟人社会变成了半陌生化社区，当村民各自回家，村民就进入了隐匿的生活空间，只有走出来到社区公共场所如广场、街角与茶馆，熟人的感觉才能被找回来，这样的社区不是城市社区陌生人组成的依靠契约管理的陌生人社区，也不再是原有村落无私密性的熟人村落，而是介于两者之间的半熟悉、半陌生的生活状态，这意味着原有的生活共同体遭到了伤害，新的共同体却并没有健康生成，这也难怪很多的村民开始怀念老村的生活。在表4—14的回答中，选择“非常怀念”选项的比例为31.6%，选择“比较怀念”选项的比例为38.5%，两项合计为70.1%，而选择“不太怀念”和“不怀念”选项的比例仅占11.1%。

表4—14　　您怀念老村的生活吗？　　n＝117

	频数	百分比（%）
非常怀念	37	31.6
比较怀念	45	38.5
一般	22	18.8
不太怀念	10	8.5
不怀念	3	2.6

社区的公共生活是形成社区公共秩序的重要途径，村庄内部本来是一个熟人社会，彼此之间没有秘密，所有人知道所有事，彼此之间通过每天的日常生活进行交流与交往，获得彼此共同的精神体验与心理认同，正是通过这样的内部行动促进了村落共同体的形成与延续，同时也历史性地建构了彼此熟识与遵守的村庄公共秩序。搬迁到新型农村社区后，尽管原有长期共同生活而形成的社会网络与社会关系依然存在，但是随着居住空间的变化，彼此之间被隔离在仅属于自身的狭窄的生活空间中，私密空间的扩张伴随着公共空间的压缩，原来公私界限模糊的村庄变成了公私分明的社区，结果导致村民之间联系纽带的割裂与熟识程度的弱化，进而影响村民对新社区的认同感与归属感，重建社区生活共同体尚待时日，在这个意义上甚至可以说，新社区对旧村落进行了去根化的“外科手术”，而无根化的社区要想形成新的生活共同体则是一个异常困

难的过程。

（二）家庭私人生活及其变化

在新型农村社区构建的新的社区生活环境中，村民的社区公共生活不可避免地受到了弱化，原有村落中的交往、交流与熟悉程度不同程度地减少或降低了，原来的村落社区进入一个半陌生化的状态。如果将审视的眼光转向私人生活的家庭范畴，新型农村社区为正村村民家庭生活带来的深刻变化与意外后果更值得深入关注。相比较村民的社区公共生活的变化，家庭生活的变化给村民带来的影响更深刻。

（1）居住空间的转换。

社区首先是作为一个居住场所存在，而“住”是人生的重要内容，因此理解社区的性质，首先要考察住房的价值。通常情况下，人们习惯于将家庭看作是血缘关系连接的伦理有机体，进而更加关注家庭内部的伦理关系与生活。不过，用更直观的角度观察，家庭首先是一个居住空间的存在形式，居住空间是家庭存在与延续的物质性前提，只有一个固定的居住空间的存在才能创造牢不可破的家庭。正村的村民住房经历了时代的变化，至少从 70 年代开始，正村村民就开始进行着住房条件的不断改善与提升。

表 4—15　　　　正村村落住房变化

年代	住房样式	建房方式	建房途径
70 年代	罗汉房	生产小队，记工分	集体化
80 年代	青砖房	生产队，管饭、	集体化
90 年代	红砖房	宗亲朋友帮忙，管饭	社会化
2000 年以后	红砖平房与两层楼房	承包给建筑队	市场化

资料来源：根据村民回忆整理所得。

与其他村庄村民一样，“盖房子”是正村村民一生中最重大的事情，更是村民“面子”的显性表现，村民住房的差异性是村民不同富裕程度的展示，原有村庄生态环境中最耀眼的组成部分就是村庄不同家庭修建的不同样式、质量、面积的房屋，这种住房差异性得到了村民的高度认同，因为这是每一个勤劳致富的村民家庭应得的“体面”与“荣耀”。

新型农村社区为正村村民家庭带来的首先就是家庭居住空间的革命性变化。正村村民的住房从差异化的独家庭院变成了统一性的单元住房，每一个家庭分配的房子从内而外都是标准统一的，居住空间的结构、面积、质量、数量是完全相同的，这样的社区住房意味着正村的所有家户至少在外形上达到了一致，实现了均等化的住房条件。在政府文件中，这种住房均等化的最大价值就在于“一代人盖房三代人住”，是符合村民经济实惠的要求的。不过就像城市小区一样，每一个家庭都成为社区空间塑造的构成要素，家庭依凭的住房不能随意被拆掉，而只能是社区楼房中的一个组成部分。原来村落中的每个家庭都是相互独立的存在，只要依据主人的自由意志，任何一个家庭都可以随意拆分自己家的任何部分，这是一个家庭自主性的物理空间表现。但是现在这种自主性被社区空间的物理区间给阻断了，这样的社区创造了一种崭新的乡村空间的存在模式，实现了对每一个家庭的空间捆绑。原来村落中“分家”是一种普遍的传统习俗，只要孩子结婚成家，就会与老人分开单过，而通常老人也愿意独立生活，如此一来，村落的边界会随着房子的不断建造而向村外扩展边界，村庄占地也就会越来越多。但是现在这种自然延伸被社区掐断了，每一个家庭的所有成员被集中安排在一个独立住房中，相对于传统庭院而言，这种家庭私密空间也因此增加，不过伴随这种私密空间增加的则是一种明显的生活不适应。

表4—16　　搬进社区后，一家几代人住在一起，您觉得生活　　n = 117

	频数	百分比（%）
非常方便	3	2.6
比较方便	9	7.7
一般	18	15.4
不太方便	37	31.6
很不方便	50	42.7

在表4—16的回答中，选择“非常方便”和“比较方便”的比例仅占10.3%，选择“不太方便”和“很不方便”的比例则为74.3%，后者

是前者的近7倍，这种压倒性的比例表明了村民对于集中居住的明显不适应。这其中最不适应的群体是村庄老人，在社区观察中，很多老人并没有在楼房里居住，而是单独居住在社区配置给每个家庭的储藏间，对于一个讲求孝道的民族而言，让老人居住在没有窗户、低矮密闭的储藏间的社区事实是最让人无法接受的，也是社区访谈中，村民对社区最有意见的地方之一。

> 原来老人们都是自己居住，不管好赖都有自己的一个窝，孩子也会照看。现在搬来社区，上电梯、住楼房，年轻人还行，不管怎么样能接受，这七八十岁的老人家根本就不行，字不认得，电梯不敢上，厕所不会用，住在一起有时还会闹矛盾，所以很多就住那放杂物的房里了，夏天热、冬天冷，这一年下来村里有二十多个老人去世了，让人多寒心啊。[①]（F－16）

居住空间的改变在事实上改变了村庄原有的家庭生存状态，带给村民尤其村庄老人不得不适应的生活变革，原来政府的设想是家庭成员集中居住在一起，有利于家人彼此之间的照顾，尤其是有利于对家庭老人的“孝道”，这种良好的愿望事实上并没有得到村民的理解与认可，因此，集中居住更加符合政府的经济思维，却不一定符合村民的生活实际与习惯。

通常情况下，政府在社区规划时都会重点强调，通过住房所有权证可以让社区住房成为村民的活的资产，为村民带来更多的收益。从金融的角度看，在原有村庄和新社区中，家庭住房都是村民直接拥有的最大资产，但是原有村庄村民的住房因为制度化约束并不能够真正进入市场交易或者通过抵押获得银行贷款，这样的住房自然是村民的不动产，无法为村民提供现金流，也就无法为村民带来更多的潜在收益。当村民进入新型农村社区以后，村民按照规定办理了《中华人民共和国房屋所有权证》，确定了社区住房的私有性质，村民获得了对房产的独占私有，可以自由支配社区住房，但是这种住房性质的改变并没有给村民带来获取

① 访谈记录，20130618。

银行贷款等金融机会，社区住房依然是无法盘活的固定资产。

> 原来市里的政策是为社区农民办理房产证，这个房产证可以贷款，如果按照县里现在每平方米2500—3000元的价格，一个150平方米的社区房怎么着也能够实现贷款20万，但是现在的问题是无法实现，这不是因为政策的问题，而是银行不愿意贷款，害怕无法收回贷款。你比方说，一个农民贷款以后，如果赔了钱，无法还钱，银行或者信用社的人找谁去？把农民的房子收回来吗？这行不通，房子收回以后，农民住哪里，这就不是钱的问题而是社会问题了，影响社会稳定。再有，那都是一个村里的村民，相互会帮忙，贷款机构的人也不敢轻易去社区里面催要贷款啊，要是打起来，谁承受得起呢？所以干脆就不贷。[①]（F-1）

农民问题是政治问题，一旦社区里的村民无力还款，那么银行的贷款成为呆账、坏账的可能性极大，而对农民的还贷能力低下的前提性判断决定了拒绝贷款更加符合银行的经济理性。本质上银行认为农民即使有抵押物品也没有还贷能力，预期还贷风险很大，因而不愿意贷款给农民，也不敢贷款给农民。这样，即使有上级政策的支持，村民想要通过抵押贷款，获得流动资金的可能性仍然很小，这就意味着房产证并没有在事实上盘活农民的资产，这些资产也就无法为农民带来可能的资产溢出收益。尽管对于多数村民而言，“家”在村民的观念世界里是不能够用金钱来衡量的神圣空间，不过从消极意义上而言，在新型农村社区将住房限定为家庭资产的情况下，住房无法真正进入金融领域进行抵押，这本身表明农民及其资产并没有获得平等的市场地位与价值。事实上，无论是原有村落的住房还是社区里的住房都会遭到银行的贷款排斥，这是金融体系市场谨慎的表现，应该得到原谅。但是对于社区住房能够为村民带来金融收益的说法多少值得怀疑。

（2）生活资源的丧失。

首先，家庭无法再从村落环境中获取免费的生活资源。在村民的经

---

① 访谈记录，20130614。

验思维中，村落生态环境具有混合型的场所特征，既是生活生产的空间，也是各种资源的来源。原有村落的生态环境中包括了丰富的资源例如树木、空地、动植物等，这些资源是自然的馈赠，其为村民提供了很多的生活资源，尽管这些资源并不足以满足村民的所有需求，但是毕竟降低了村民的生活成本，这对于小农经济具有重要的意义。

> 以做饭为例，“在原来老村的时候，村里很多人家都在自家院子里垒个灶台，俺们叫地锅，不知你知道不知道。地锅烧的柴火都是村里的树枝、烂木头啊、豆杆什么的，这些东西随处都是，捡回来就能用，也不用花钱。现在可不中啊，都是天然气，连煤球也不能用，你瞧这墙面这么白，一用不就黑了啊”[①]。(F－23)

新型农村社区结束了这些免费的资源，并且将复杂化的环境简化为单纯的生活场所，兼具生产性、生活性与文化性的多功能村落生态变为单一生活取向的消费性社区，无形中减少了村民的生存手段，构成了对村民生活资源的隐形剥夺，使村民走出了低成本的村庄环境，走进高消耗的社区空间。“对于许多农民来说，一旦生存手段完全不在自己的掌握之中，就意味着同过去的生活有了根本不同”[②]。对于正村村民而言，这种改变意味着村民与村落环境中的自然性之间的平衡与依赖关系被彻底地阉割，生活就是生活，环境就是环境，彼此之间的自然联系在新的社区环境中是被忽视甚至是有意识地消除的。如果生活环境的优雅与美好以高成本、高消耗为代价，这对于多数并不富裕的正村村民而言是难以承受的。

其次，庭院经济的消失。庭院经济是中国农村的特有经济，也是农民长期生活所开创的经济模式，庭院经济拓展了乡村家庭的经济能力。通过在庭院空地上进行的种植、养殖或者加工生产能够以极低的成本为家庭提供比较丰厚的收益，保证农民的生活不用完全依赖外部世界，而

---

① 访谈记录，20130607。

② ［美］詹姆斯·C. 斯科特：《农民的道义经济学——东南亚的反叛与生存》，程立显、刘建等译，译林出版社2013年版，第83页。

拥有了相对的独立性。不过这种最大的优势被现代市场观点贴上了传统小农落后的标签，在规划者眼中，庭院仅仅是过多占用的土地，是不经济的表现。

正村原有村庄中，每一个家庭都有一个独立的院落，村民一般都在自家院落里面或者周边种树、种菜或者养花，这些工作通常都是村民在空闲时间完成的，也有村民会做一些加工服务，拿到外面村庄销售，获得收入。但是这种用于对付贫穷和市场风险、减少生活成本的手段和方式在新型农村社区中全部消失了。

> 老村的时候，院子空间大，我在家里磨豆腐，烧水用的是柴火，柴火村里到处都是，枯枝烂树足够用的。磨豆腐讲究千滚豆腐万滚鱼，30 斤豆子打浆汁可以磨出 60 斤豆腐，一斤豆腐可以卖到 2 元，这样毛收入就是 120 元。豆腐渣喂猪喂牛都中，一头猪四个月可以养到快 200 斤，按照毛猪一斤 7 块钱的话，这就是 1400 元，刨掉食料钱，最后能落 500 元。现在这社区里面根本没有这个条件，有人让我重新磨豆腐，但是我觉得没法干，也干不起来。[①]（F-8）

以腾地为主要目标之一的新型农村社区消灭了庭院经济，它断绝了家庭的自我供给，家庭中的所有消费品都是来自市场而非自己生产，“自然”的生活方式被“市场”的生活方式取代。原来村落庭院中的隐形工作机会也被消解了，而这些隐形的工作机会本来是村民利用空间与时间进行生产的有效方式。这就意味着新型农村社区中的家庭以生活为单纯性目标，进而消灭了原来村庄中家庭的经济生产功能，这无疑是村民不得不承受的经济损失。

（3）日常生活的变化：从低成本到高消费。

受市场与社会变化的影响，正村原有村庄家庭已经发生了很多的变化，不过总体而言，村民的家庭生活依然保持着较强的相对自主性，村民能够在受到市场经济影响的条件下依然保持一种比较安全的日常生活，这符合村民保守的性格与“安全第一”的生存理性。新的生活环境和生

---

① 访谈记录，20130620。

活方式产生新的生活成本和新的生活消费，新型农村社区在消解庭院经济的同时也在改变村民的日常生活，使之从低成本状态转变为高消费方式。

进入社区的第一步就是家庭生活方面的经济耗费。村民对生活空间的转换没有任何的反抗能力，只能无条件接受。不过村民接受的不仅仅是一个生活住所，而是一个存在持续性耗费的空间。装修是几乎所有家庭搬进社区生活必须进行的工作，也是耗费性生活的开始。

搬来社区，我也听说有的人家啥也没有动，就是把老家的东西直接搬过来就住了，但是这样的人家很少，多数都装修了。俺家的装修很简单，农村人家也不讲究那么多，能住就行了，以前的家具啥的能用的就都搬过来了，但是很多东西在新房子里面不能用，只能重新买了，你不买，住这房子就不能生活啊，这总共下来花了3万多块，老村宅子赔的钱差不多都用这上了，没剩下多少。[①]（F-15）

据对社区家庭的访谈情况而言，各个家庭的富裕程度不一样，进行装修的开支并不一样，一般的装修费用在2万5千元到3万5千元之间，最高的一个家庭花费10万元有余，最低的家庭装修花销在1万9千余元。

表4—17　　某村民家庭普通装修花费

厨房门2个	3000元	吊顶	2200元
热水器	1500元	新床	800元
抽油烟机	2000元	改造阳台门	1000元
橱柜	5000元	防盗窗	2600元
空调	2300元	吸顶灯	340元
沙发一套	2600元	浴霸	1000元
四门组合柜	3000元	其他事项	2600元
总计29940元			

资料来源：依据村民回忆的不完全统计。

① 访谈记录，20130622。

伴随现代化倾向的装修活动，热水器、空调、浴霸、冰箱等很多代表现代生活方式的工业器物也进入到村民日常生活之中，这些工业器物取代了表征传统生产与生活的家具、农具，占据了家庭的生活空间，形成了象征性的现代生活空间，这些以消费为导向的工业器物成为村民生活物品后，村民的生活也在无形中被拖进一种以消费为主要特征的日常生活，进而形成了对低成本生活方式的完全替代。

现在搬进社区以后，老家那煤球、地锅啊都不能用了，很多家具能用的还用，很多也都扔了，这电磁炉、空调、电冰箱都得买，在老村那时候哪有这些？也舍不得买这些电器，光电费都受不了，哪里还会弄空调啊，最多弄个电风扇吹吹就了不起了。还有，现在见天开门就是钱，吃的、喝的，都得买。在老村那会儿，自己种点，这菜孬好不用买，有地随便种点儿就够吃，根本不用花，现在可弄得劲了，买菜买面，用电用气，一个月下来少说也得六七百块钱下不来，这生活水平是上去了，这日子也算是过到坑里了。[①] (F－15)

按照这位村民的描述，他的家庭一个月的基本支出主要有电费、水费、天然气、蔬菜与米面等方面。按照他的估计，在原来村庄里，开支最大的两项是电费与部分食品，其他很少花钱，一个月需要300元左右，现在在新型农村社区，一个月花费至少600元，比原来家庭生活支出多出至少一倍，主要是电费增加、天然气必须用、蔬菜必须购买造成的生活成本的增加。

表4—18　　村民每月基本支出变化比较

项目	原来村庄	新型社区
电费	30元/月	140元/月

① 访谈记录，20130622。

续表

项目	原来村庄	新型社区
水费	自家井水，免费	集体提供，免费
天然气	不用	40 元/月
蔬菜	自家种，免费	市场购买，约 10 元/天
米面	自己耕种或市场购买	市场购买

资料来源：根据村民谈话整理。

进入社区以后的生活成本的增加完全可以预见，当村民抵御市场的生活手段被抛弃、新的生活手段以消费为主要特征的时候，这一减一增的变动意味着村民要保持与原来家庭一样的生活水平就必须付出更多的生活成本，这无疑增加了家庭经济负担。

表 4—19 搬进社区以后，日常开销的增加造成的经济负担对您和您的家庭而言 n = 117

	频数	百分比（%）
非常沉重	17	14.5
比较沉重	50	42.7
一般	34	29.1
不太沉重	9	7.7
不是问题	7	6.0

在表 4—19 的回答中，选择“非常沉重”的比例占到 14.5%，选择“比较沉重”的比例占到 42.7%，两项合计为 57.2%，选择“不是问题”的比例占到 6%，选择“不太沉重”的比例占 7.7%，两项合计为 13.7%，前者是后者的近三倍，这就意味着几乎所有家庭都感到了生活成本的增加，而且感到这种成本的增加是家庭生活的沉重负担。

此外，新型农村社区按照城市社区的方式进行管理，物业管理费用是社区最大的经济支出，主要花费在清扫垃圾、社区公共用电、电梯运行与维修、公共设施维护等几项。按照陈镇政府的统计数据，社区电梯、用水、路灯等用电电费为每个月 1.8 万元，一年费用是 21.6 万元，社区卫生保洁费用是每月 1.17 万元，一年费用是 14 万元，两项合计为 35.6 万元，再加上电梯运行的正常维修费用、公共设施维修费用，正村新型农村社区物业管理的正常费用在 50 万元左右。目前这笔费用从村委会售卖社区商业房的集体经济收入中列支，但是村集体经济维持不了多长时间是政府、村委与村民的共识，这笔钱迟早要以物业管理费的名目落到每一个家庭头上也是一个基本共识。这样，每一个家庭的日常经济开支必然会增加，成为日常生活的另一个经济负担，而这些在原来村庄是根本不可能产生的生活成本。

村民日常生活从低成本到高消费的模式转变意味着村民脱离了原有的生活方式与生产方式混合的状态，生活的相对自主性变成对外界的依赖，村民必须通过货币与外界进行单纯性的交易才能获得基本的生活资料。这种依赖表现为两个方面：一方面，是对外界市场依赖的增强，生活必需品必须从市场上购买获得，而不是自身生产；另一方面，是对国家依赖的增强，煤、电、气、垃圾处理等都是政府提供的，政府通过提供集体消费手段完成了对村民日常生活的操控，加强了国家与农民之间的联系，改变了税费改革之后的关系疏离状态，这或许是社区最成功之处。当村民的社会化生产程度还很低的时候，这种外界依赖性的增强意味着将村民原有生活的脆弱性暴露于不确定性极强的社会竞争与市场风险中，而村民必须获取更多的金钱才能够维持这种高消费的现代生活的持续性与安全性。

城乡一体化的核心内容是农民与市民能够享受到政府提供的统一的公共服务，在保障、医疗、教育、生活等方面实现城乡均等化的发展，以此弥补城乡二元结构导致的城乡发展差距。新型农村社区建设的预期目标之一就是设想通过这样的建设途径为农民提供与城市一样的公共服务，实现公共服务均等化。不过，正村新型农村社区的一个意想不到的结果却是，城乡生活一体化是以城乡消费一体化为核心特征与前提条件的。我们当然不能给原有村落家庭生活涂抹更多的玫瑰色调，不过现在的社区家庭生活却要背负更沉重的经济负担则是难以掩盖的社区事实，“对于脆弱的小农来说，实在是难以支撑得起一个成本日益提高的农村现代化体系”①。农民向现代化社会转变是历史的必然，但是这种“必然”需要很长的发展过程，采用这种激素的方式产生的突变性的现代化家庭生活可能导致农民一时难以承受现代化之重。

(三) 村民的适应性反应

原来的村落里，村民在历史变迁中过着自己普通的“日子”，现在的社区里，生活不再是原来的样子，原有的村落生活遭遇任何的外部力量的影响都可以得到不同程度的复原，现在的社区生活却是一个全新的生活方式，原有的村落复原能力毫无用处，因此，村民产生某种社区不适应性就是一种必然的结果。

表 4—20　　总的来说，您觉得适应这样的社区生活吗？　　n = 117

	频数	百分比（%）
非常适应	5	4.3
比较适应	23	19.7
一般	47	40.2
不太适应	24	20.4
很不适应	18	15.4

在表 4—20 的回答中，选择“一般”选项所占比例为 40.2%，而选择“不太适应”与“很不适应”选项所占比例分别为 20.4% 与 15.4%，两项合计 35.8%；选择“非常适应”的比例仅占 4.3%，选择“比较适应”的比例为 19.7%，这意味着一部分村民能够很快适应社区生活，但是更多村民对社区生活存在不同程度的不适应性。然而面对这种无法退出的新的生活环境、新的生活方式。村民必须寻找各种方式消除对新型农村社区生活的不适应性，村民的适应性反应主要表现在两个方面，一方面是提高经济收入支撑现在的生活，另一方面则是寻找社区内部降低

① 徐勇：《脆弱的小农能支撑得起一个农村现代化体系吗？》，《湖北日报》（理论版）2003 年 10 月 30 日。

生活成本的方式。

（1）生产方式的转变。

农民从来都是兼业的，传统的手工业、现代的打工都是农民维持生计的基本手段，因为土地可以保证生存但是无法促进富裕，可以消除风险却无法填补对财富的欲望。在正村没有进行社区建设之前，村民进行经济生产的方式主要有种地、做生意与打工，形成了种地—做生意—打工的生产结构与收入秩序，农民在本质上是兼业农，种植苗木等获得的农业收入是村民收入的重要组成部分。通过建设社区，村民原来的生产结构与收入秩序变为打工—做生意—种地，这样的结构变化表明，原来的兼业农变成了兼农工，农业收入被放置到村民收入来源的最后位置，除了种地本身无法维持生活的原因外，主要原因在于村民的土地被征收以后，没有了土地，无法耕种。

对于做生意这样的生产方式而言也不容乐观。整个社区基本形成了两条相连的商业街，一条是社区东面外围的一条街，共有 34 家门店。另一个是社区中轴线主干道南侧的门店，现在开业的有 17 家门店。这些门店主要是正村村民经营，但是经营效益并不好。

> 我的店主要是卖车修车，现在搬进社区，这生意与原来国道旁边根本没有办法比。我给你打个比方，这个充电站，以前一个月光充电就能挣到 200 块钱，现在一个月连 30 块钱也没有，这差的非常多，没法说。你在我这里也说了一上午话了，你也看见了没有一桩生意是不是？[①]（F－29）

另外一位经营电脑及电脑配件的村民提供了他的详细收支账目（参见表 4—21），六个月的纯收入是 7642.9 元，平均每个月的收入是 1273.8 元，这样的收入根本无法满足正常的家庭生活。

---

① 访谈记录，20130621。

表4—21　　某村民经营电脑及配件门店收支账目

项目＼时间	2012年11月	2012年12月	2013年1月	2013年2月	2013年3月	2013年5月
毛收入（元）	3241.6	5226.6	19537.6	5773.2	5999.4	5262.3
费用（元）	1912	4354	16233	5080.2	4530	4338
纯收入（元）	1329.6	872.6	3304	693	519.4	924.3

注：2013年4月，店老板因病住院没有进行详细收支账目记录，因此缺乏该月数据。

此时，打工几乎成为政府官员、村干部、村民等相关主体对社区建成后农民去向的统一评判。一位镇干部讲："现在农民都住上楼了，环境也好了，现在的生活还算安稳，有赔偿的一笔钱在支撑着，但是这钱总有花完的时候，所以解决村民就业是关键问题。以前这里主要是苗木为主，很多人不用出去，现在搞社区以后，村民没有了土地，社区里面很多人以前不用打工的人也得出去打工挣钱，总要生活啊。所以关键就是就业问题，现在社区里面有些能人也在想办法挣钱，比如办玩具厂啊，租种邻村土地啊、出租房屋啊、合伙购买挖掘机联合作业啊，这些也有，不过目前看，打工是主要的挣钱方式。"[①]（F-5）

打工将村民牵引至非农化生产道路，不过进入社区以后的"打工"与原来村庄状态下的"打工"具有完全不同的含义。以前的"打工"形成的"非农化"是农民的主体运动，是农民主动的选择，渗透其中的，是农民选择职业自由的增加。"非农化"是由于农民自己认为农业的比较效益过低，走向非农产业是因为农业"无利"。[②] 现在的"打工"对村民而言则是被迫的选择，没有自主性可言的选择。从抽象意义上来讲，将农民从小有产者变为无产阶级，成为产业工人的组成部分，接受现代市场分工体系，成为这个体系中的生产末端，出卖劳动力，换取生活资料，在城市化和工业化过程中似乎是农民的历史宿命，从这个意义上而言，我们或许更容易理解"农民是工人的天然同盟军"这样的智慧判断，不过问题可能在于农民是否已经做好了迎接挑战的准备，这也意味着政府

① 访谈记录，20130608。

② 李培林：《村落的终结——羊城村的故事》，商务印书馆2010年版，第31页。

在促进农民工作能力与素质方面需要承担更重要的责任。

（2）微田园：社区里的防御性行动。

在社区的每一栋楼的前后左右，只要是能够见到土地的地方都已经被有意识地种上了各种各样的蔬菜：豆角、荆芥、尖椒、青菜等，每一块菜地都比较小，长约3米，宽不足1.5米，我们可以叫它“微田园”，这些微型菜园是从农民搬进社区以后就已经开始形成的，没有人引导，也没有人制约，完全是农民自己自发自觉的行动。“先来先占、先占先得”成为“微田园”形成的初始模式，这种模式背后透露出来的正是农民本身的自私性，只要有丝毫的便宜可占，他们也会不失时机地行动。“谁搬来的早，谁就有机会占一块地方种菜，谁就沾光，其他人没有占到的也没有办法，都是一个村的，别人不说，自己也不好说”。尽管也受到少数村民的反对，但是更多的村民对于“微田园”是比较赞同的。

表4—22　　对于社区各家种的小块菜地，您觉得　　n = 117

	频数	百分比（%）
非常赞同	23	19.7
比较赞同	29	24.8
无所谓	26	22.2
不太赞同	26	22.2
非常反对	13	11.1

在表4—22的回答中，选择“非常赞同”和“比较赞同”的比例为44.5%，选择“不太赞同”和“非常反对”的比例为33.3%，前者远高于后者11.2%，访谈中，很多人反对的原因仅仅是因为自己没有占得这样的小块菜地。这意味着在社区开辟一小块菜地是多数人的共同选择。不过这样自发的行动对于社区公共空间而言则是一种侵占，对此，陈镇一位干部认为：

这是不行的，政府觉得应该种草，这样才像社区的样子，城里的小区哪里有种菜的？村里面也经常广播，让村民自觉把种的菜拔掉。但是村民根本不听你的，还是该咋种咋种，而且越来越多。乡里和村里曾经组织清理过一次，但是根本没用，你前脚走，他马上又种上了，原来的草皮都没有了，绿地都成了菜园子，看着很难看，尤其种的菜各种各样，有高有低，十分影响社区形象。咱社区是一个样板社区，各级领导经常过来参观考察，你说这要是被领导看见了，多不好，是不是？可是现在也没有很好的办法。

问：为什么不能尊重农民的意愿，政府只要规范一下，种菜也没有什么吧？

答：我觉得不行，还是形象的问题，社区怎么能够成为种菜的地方呢，又不是菜园子。

问：农民既然这样做，肯定有他的道理，否则他也不会这样做啊？

答：你说的也是，但是毕竟种菜好像是不太好的，不符合社区建设的要求。[①]（F－5）

即使到现在，社区也没有对这种行为进行集体性惩罚，不过社区管委会倒是经常在社区广播中说道："不能占用社区公共土地，必须腾出来，将来是要种草绿化的。"对于这种官方话语，农民的反应非常冷淡甚至反感："多好的地，不种菜，想种草，光知道涂脂抹粉图好看，其实目的就是要给上面的领导看，那些领导来了一看，到处都是绿化，就会夸奖这些在下面当官的，他们就能够得到一些好处。"

对于农民而言，土地必须带来收益才能够体现土地的真正价值，像城市社区一样的公共绿地是他们不能理解也难以接受的，因为他们认为种草是对土地的浪费，而浪费土地是可耻的行为，这是千百年来的土地依赖形成的朴素的土地价值观，其中包含着对土地价值的真正尊重与爱惜。小农经济不仅是生产方式的单维度内涵，也包括低成本、重节约的意识，历史性形成的节约意识与生存理性使之会在任何能够节约生活成本的地方挖空心思，甚至投机专营。"微田园"正是农民经济理性与生存理性的双重写照。从经济层面考虑，不足4平方米的微田园给农民带来

① 访谈记录，20130608。

的收益非常菲薄，但是农民却依然乐此不疲，而且精心照料，仅仅因为这个田园基本满足了家庭的生活需要，可以为家庭生活节约一笔很小的开支。这样，田园情怀在这里得到借尸还魂，社区公共空间在村民沉默的侵占中呈现出碎片化的形状，社区的公共土地也因此获得了劳动的生命，尽管原来的绿地也因此被谋杀了，此时农民的自私与自利再次成为侵越社区公共空间的帮凶。

从表面看，“微田园”的存在表明村民在自己的“社区主场”凭借沉默的行动获得了一次主动进攻的胜利，然而其背后反映的却是村民的另一种被动，是在新的社区环境限制下，新的生活方式压力下做出的一次防御性行动，因此这样的村民行动在本质上依然是村民的被动行为，既是对社区环境的适应性改造，也是对社区生活的补偿性应对，这从另一方面表明，城市表征的现代化方式并不被村民所接受与适应，又或者农民对现代化的适应需要长时间的铺陈，这在另一个微观视野下表明，现代化的本质不仅仅是器物与制度的现代化，更为紧要的是“人的现代化”。

（四）理解新生活：矛盾并适应着

正村村民告别了传统赖以生存的低成本生活方式进入到高消费的现代生活方式，这种生活方式并不是他们自愿选择的，但是这种生活又是他们不能不接受的选择。因此，面对设施先进、环境优美的全新社区环境，村民并没有显示出更多的兴趣与欣赏，而是展现了一种复杂与矛盾的心情。

表 4—23　　总的来说，您对目前的生活状况满意吗？　　n = 117

	频数	百分比（%）
非常满意	3	2.6
比较满意	26	22.2
一般	50	42.7
不太满意	24	20.5
很不满意	14	12.0

在表4—23的回答中，选择“非常满意”的比例为2.6%，选择“比较满意”的比例为22.2%，两项合计为24.8%，显然对于少数村民而言，生活发生了令人满意的变化。选择“很不满意”的比例为12%，选择“不太满意”的比例为20.5%，两项合计为32.5%，显然对于更多的村民而言，生活的变化实难令人满意。选择“一般”的比例为42.7%，村民对“一般”的解释包含着某种无可奈何的含义：“还有啥满意不满意的，满意能咋样？不满意又能如何，环境再好能咋样？也就是一般化吧。”显然，对于多数村民而言，搬进新型农村社区是无奈的选择，是没有自主性判断的选择，而“如果没有自主的判断，行为也就无道德可言”①。然而，村民根本没有时间考虑这种社区的道德性，因为继续生活才是更本质的。这样在新的社区环境中，村民的社区公共生活与家庭私人生活就被裹挟着卷进了现代化的工业社会，村民必须按照工业制度与市场规则来获取自己的生活资料，只是这种新的生活方式可能意味着村民自主性的丧失，他们再也无法掌握自己的命运，而只能依赖自身与外部世界的交易。

社区茶馆是社区的公共场所，正村村民经常聚集的地方，村民的公共性通常处于隐忍的状态，只要有外界合适的诱因刺激，在这样的公共空间就能够形成热烈的公共议论。以下是观察者关于村民对正村新型农村社区生活“喷点儿”②的记录，这些农民话语清晰地展现了正村村民对社区新生活的评价：

> 要说这社区哪好？那就是比着老村的环境好了，其他也没啥。
>
> 那是，这别管咋说，生活环境也是变好了呀，再说啥，这也是事实，你说是不是？
>
> 走你的吧，环境是好了，啥用呢？你指啥生活，你就不想想咋办，光看着驴粪蛋子，面子光了吧。
>
> 说实在的，这社区建设以后，这环境是变好了，就是没有粮食

① ［美］弗莱德·R. 多尔迈：《主体的黄昏》，万俊人、朱国钧、吴海针等译，上海人民出版社1992年版，第29页。

② 地方方言，指村民之间聚集在一起进行的日常聊天交流。

囤了。

就是，你看着这广场上整天有跳舞的，看着怪美，你现在一年能跳舞，二年能跳舞，三年还能跳舞，你以后咋弄，就光跳舞啊？

你们就别说了，这以后没有地了，你就只顾着挣钱就行了。

要是有地，还管生活，这没地了，可是把农民的命根子给断了。

现在有点赔偿的钱，还管生活，那以后孙子咋弄？

你就算了吧，把自己管好妥了，现下就是只管两代，还管他娘的以后下代人干啥。

是啊，现在房子都是儿子的啦，老子忙了一辈子，现在连个窝也没有了。

唉！这老百姓就是这，当不了家，人家想咋弄就咋弄，你还能咋样？

当官的说得好听着哩，进了社区可以去打工，哪有人要啊？年轻人都不长久，老年人人家才不要哩。

农民没了地了，你指啥生活，光靠打工，人家那活就给你搁哪里呀？那以前搞温泉度假村，刚开始不也说的怪好听，可以去里面打工，现在咋样？人家就不让你去，你打啥工呀？

别说了，别说了，再说你还能回去啊？

要是谁说拿三十万可以回老村，我立马回去。

现在就像鸟关进了笼子，你说还有啥扑腾的劲哩。

唉，咱这就是试验品。

这啥狗屁社区，他娘的净缺人。

……

这些在茶馆里聊天的对话，既是对过去的怀念，也包含着对现在的不满和愤恨，这样的话语中透露的是一种被动的结构、行为与思维。村民用略显粗鄙的乡土话语描述了自己对新型农村社区这种精细的社会图画的看法，消极与否定的话语氛围表现出村民对社区的强烈不满与无奈，其中还深藏着对社区的期望与忧虑的矛盾情怀，以及对社区生活的不适应，也许时间可以消灭空间造成的境遇落差和心理落差。村民的生活轨迹被置于社区空间和时间的共同压力和机会之下，社区的现实存在变为自身日常生活的载体与前台，无论如何，村民需要努力理解、适应和消费新型农村社区所设定的社区情境，重新培养自己对新环境的心理认同，实现对社区生活的情景化处理。

第五章

反思：小事件与大问题

通过前面几章的内容，论文以“解剖麻雀”的方式对正村新型农村社区的建设过程与生活变化进行了“深度描写”，描绘了政府、村民的观念、策略与变化，用琐碎与乡土的地方性资料勾勒了正村新型农村社区的故事画面，努力呈现了新型农村社区给正村及其村民带来的各种变化，以此基本完成了孙立平教授所提倡的“过程—事件分析”①。在社会意义上，正村新型农村社区是一个小事件，在正村的村民世界里，却是一个大事件，过程的描写只是对社会实践过程的文本再现，这种描写是对事件进行进一步分析的基础。在我国社会转型与变迁的历史性大背景下，作为一个实践文本，正村只是河南省乃至中国广大农村社会转型过程中的一个缩影，但是从这个实践性的微小缩影中能够抽象出很多带有普遍性与规律性的认识。这样，我们能够在正村新型农村社区个案中发现什么以及其呈示了什么样的实践逻辑，其为农村社区建设能够提供哪些理论认识或者政策启示就是一个需要进一步探究的问题。

一　正村社区试验的反思与判断

（一）新型农村社区：主导—顺从关系模式下的逻辑结果

在“传统—现代”的二元叙事中，乡村是被拯救的对象，而国家则被视为责无旁贷的关键角色，因此，我国的农村社区建设运动中最大的

① 谢立忠：《结构—制度分析，还是过程—事件分析》，社会科学文献出版社2010年版，第132页。

特色是“政府主导”，这意味着政府按照国家的整体利益与政治意志，在对农村社会进行科学分析以及未来的美好设想基础上，制定出代表进步与合理的现代化规划，进而借助行政力量改造农村社区，使之获得现代化新生。在正村新型农村社区建设的故事中，从社区的宣传、规划、建设、治理到服务等一系列的行动都是由政府主导推行的，而村民只是被安排的对象，只需服从政府的“善治”即可，这样在政府与村民之间就形成了主导—顺从的关系模式，而正村新型农村社区正是这种关系模式的逻辑结果。

政府主导新型农村社区建设，包含着推动农村现代化转型的良好愿望与渴求。从历史发展的角度而言，新的农村社区建设能够顺应农村社会发展，推动经济社会的全面进步，促进农村的现代化发展，弥补城乡二元结构导致的城乡差别，这是符合农村与农民根本利益的，因此需要政府主动推进、顺势而为。更为重要的是，农村社区建设能够为创设新的农村治理模式提供有效的治理平台，同时能够为政府更好地提供农村公共服务提供有效的途径，这样有利于重新建构国家与农村社会的新型治理关系。正是基于此，政府才以主导者的身份积极主动地推进新型农村社区的建设。此外，由于体制性要求，地方政府与官员对于获取土地、增加财政收入、提升政绩的渴求等私心杂念也被杂糅着装进了农村社区建设的良好动机中，这也促进了地方政府主导建设新型农村社区的积极性。

村民的被动顺从逻辑并不是村民的善良、无知或者对政府的充分信任而自然形成的，恰恰相反，这种行动逻辑是村民衡量多重因素后的理性选择。政府与村民是新型农村社区中的两个主要的行动主体，政府的主导角色与地位首先要求村民的同意与顺从，政府的精英主义与“重整山河”的情怀，对农民的落后、保守、散漫的先验假设都强化了要求村民顺从的权力意识。当然，政府试图动员村民参与建设新型农村社区的善治愿望也无须怀疑，不过在村民看来，政府主动采用村民参与、村民代表、小组讨论等这样的民主方式都是做做样子，当咒语一样使用。这些民主方式都是一种政治委婉化的技术性策略，以此增加政府行动的支持力量，并减少公共权威对村民的公共责任。村民内心对政府支配性权力的心理认同也暗示了顺从政府的安排才是更合理的选择，当然他们内心也知道，无论自己的意愿是否被接受，政府的行为都不会被改变，即使有一些勇敢的村庄精英提出了自己的要求，甚至走上了公开的反抗道路，其结果也是以卵击石，以失败告终，或许还会受到政府各种各样的惩罚性“照顾”。“胳膊扭不过大腿”的世俗箴言使这些反映市民精神的农民行动显得如此无力与幼稚，这种事实教训也规训了农民的顺从，只有顺从逻辑才是最安全的选择。因此，政府的要求、心理的认定、事实的教训都导致村民行动呈现为被动取向的顺从逻辑。

在正村新型农村社区的建设过程中，各个主体主要围绕“权利”这个核心主题进行权利转让与交易的相应活动。官员关心政绩，商人关心利润，而农民关心他们的生活、未来、土地和家庭，他们的亲戚、邻居和生存环境。征收村民土地是为了给村民建设社区房子，而盖房子是为了获得村民老村庄的土地，获得的土地可以为更大的发展提供基础材料，走了一个交易循环以后，正村的村民获得了新房子，开发商得到了新土地，乡镇政府获得了新政绩，实在是一举三得的好事。此时，开发商支出的是资金，村民支出的是村庄土地，政府支出的是公共资金与村民的信任，表面看来形成了一个如同政府文件所描绘的均衡格局：各取所需、各得其所。但是新型农村社区建设是由政府主导发起的，这决定了各个主体在交易中的差异。尽管通常情况下，开发商与政府之间的交易是一种不透明的“暗箱”，不过开发商的趋利本性与资本引诱可以很快与政府权力融合，因此可以将这场交易化约为政府与农民之间的交易。政府与农民的交易函数是不一样的，权衡的标准与预期的损益也有差异，支配其行动的价值与诱因也不一样，主导—顺从关系模式下的正村新型农村社区建设演变为一场非对称、非均衡的权利交易活动，而政府和村民之间的这种非均衡性的权利博弈关系正是这种主导—顺从关系模式及其逻辑的外在表现。

（1）角色扮演：主导者与被动交易者。

与传统意义上的社区不同，农村社区建设是一种现代意义上的社区，这种社区“是一种计划性或规划性社区，体现了国家自上而下、由外向内进行整合和理性建构的特点”①。与国外注重居民主体及其生活与文化

① 许远旺：《规划性变迁：机制与限度》，2010年华中师范大学博士学位论文，第123页。

特点的社区发展相比，这种农村社区建设具有更为明显的行政化与政府主导的特色。新型农村社区作为我国农村社区建设在河南的地方实践完全表现出政府主导的特色，这种主导性主要体现在政府在新型农村社区建设中扮演着积极主导者和行动主体的关键角色，规划、建设、搬迁与治理等全部由政府主导推动。这种“主导性”是国家改造乡村社区逻辑的延续与发展，主要表现在政府既是新型农村社区建设的规划者，又是具体行动的组织实施者。如果将新型农村社区建设比作一场比赛，那么政府主导意味着政府扮演了“裁判员”和“运动员”的双重角色，尽管这种双重角色本身意味着政府职能的模糊与功能的混乱，但是并不影响政府的政策执行，因为支持地方政府扮演这种角色的是地方政府拥有的配置性资源与权威性资源，这两种资源提供了政府行动的基本动力与保障，可以“依法”消除任何阻碍力量，因而在新型农村社区建设过程中始终保持优势地位与强大力量。

如果将新型农村社区比喻为一个“权利的蛋糕”，对于交易的双方而言，陈镇政府的主导与强势必将导致村民的弱势与被动，这就意味着政府可以根据自己的意志随意切割“权利的蛋糕”来决定利益的分配，而无须担心弱者的不满与对抗。不过为了获得弱者的同意，政府仍然会采取各种各样的方式和方法来“收买”弱者的同意。从弱者的角度分析，正村村民无论如何都被放置于“不得不交易”的被动地位，而且从理性角度考虑，隐忍与接受才是更为明智的选择，因此相对于主导者，村民在这场“权利交易”中扮演了被动交易者的角色。农民这个“主人”在政府这个“仆人”的理性主导下，接受了一个据说最有利于农民而他们又无权决定的一桩“买卖”，他们不得不出售的是他们的家园包括宅基地、房屋、村庄的公地以及未来的预期收益，换来的是新的房子、新的环境与不确定的未来。

(2) 目标偏差：注重发展与侧重生活。

按照政府的科学设计与战略规划，新型农村社区是持续探索“两不三新三化”协调科学发展路子、推进统筹城乡、加快城乡一体化中的实践探索，被赋予了革命性的变革价值与重大意义。毫无疑问，新型农村社区建设承担着重大的历史使命，是河南省发展和繁荣地方经济的重要抓手，是实现土地集约利用、产业集聚发展、人口集中居住的重要途径，是解决“三农问题”的河南道路。显然，政府是基于地方经济发展的理性诉求，侧重从整体和发展的宏观视野理解新型农村社区的，其中内含了理性主义和现代主义的科学思维，这种思维强调现代意义的乡村社区不再是历史的或者自然的产物，而需要按照理性的和科学的标准重新得到设计，只有这样的社区才是先进的现代化的生活共同体，只是这种让人精神上十分满足的科学结论是否能够被接受至少需要询问利益攸关者农民的看法。

宏大的理性设计和具体的农民理性总是存在差距。农民是日常生活的具体实践者，他依据生活的经验考虑自己的选择，在政府决定建设新型农村社区之前，正村的村民通过打工和做生意的途径已经获知了关于市场经济的体验与认知，生活的体验与生存的考验教导农民，利益才是决定一切的关键。国家的发展与政策的设计都是外在于村民的抽象存在，相比之下，他们更加关心自己的切身利益与基本的生活，维护与实现自身利益不受损失才是更加真实的具体目标。因此，当政府提出建设新型农村社区的时候，村民并没有因为国家的政策青睐而变得激动与感恩，相反他们立即怀疑政府是想把“土地”这个最大的利益与生活保障从他们的身上拿走，既往的历史与经验能够为他们的怀疑提供足够的证据。可见，基于发展诉求的宏大目标与基于生活诉求的微观目标之间总是存在偏差，共享的解释性图式难以在政府与村民之间建立起来，政府若要行动，政策就必须得到重新阐释。

正如萨特所言，“理念无法消化事实”，存在于图纸世界与思维领域的种种美好与伟大，和实际生活领域遵循的故有惯习与规则之间存在深刻的差异。着眼于宏大发展目标的新型农村社区建设在遭遇村民的具体评判时，抽象的战略价值往往沦陷于村民具体的生活诉求，如果将这种事实归结为农民素质低下的问题，显然是不明智的暴行。当然，多数时候，政策目标都会在权力的强力支持下实现，不过，更值得深思的是如何缩减甚至消弭不同主体层次之间的目标偏差。事实上，新型农村社区建设并没有获得村民的真正认同，不过是因为超越了村民的理解范围和衡量尺度而没有遭到村民的反对而已，即使是这样，陈镇政府依然需要采取各种各样的行动策略为政策的执行扫清障碍。

(3) 行动偏差：注重实用与偏好权益。

行为主体的行动总是对具体的行动情境做出的反应。乡土情境与上级政策形成的任务情境共同构建了基层政府行动的环境条件，基层政府需要在适应上级与摆平乡村之间找到行动的平衡。对于陈镇政府而言，新型农村社区建设是上级布置的政策任务，是必须达成的目标，因此，无论是基于科层体系的措施还是基于乡土情景的策略，任何公共行动都是试图符合上级政策的预期。“恰适性”是对此行动的最好描述，它体现的是一种实用主义的行为逻辑，只要是适宜于有效解决问题的行动都是能用的，这样的行动可能造成基层政府的行为逻辑偏向，其更多是满足上级政府的要求或者是自身的需求，而不是基层社会的需要。此时公共行动的工具性价值超越了目的合理性成为基层政府衡量一切行动的主要标准，只要能够满足实现任务需要的方法都可以拿来作为基层政府的策略，甚至可以以抽象的人民利益的名义侵越农民的主体权益，这样的行动显然与新型农村社区建设的政策预期发生了事实上的偏差。

正村村民与陈镇政府在新型农村社区的建设过程中互相建构了彼此的行动情境，正村村民及其行动建构了陈镇政府行动的乡土情境，而陈镇政府及其行动也为正村村民的行动建构了一种权威情境。陈镇政府通过开展恰适性行动，从规定动作到自选动作，从理性主义到策略主义，充分利用了官僚体系与乡土情境完成主导性角色的扮演。而正村村民也在权威情境下被动牵引到正村新型农村社区建设的过程中，为了实现自身利益而进行各种方式的主体行动。不过这种主体行动是对政府既定情境的防御性反应，村民无法寻找到制度层面的行动理由，而只能以道义的名义为自身的行动找到合理性依据，寻求某种程度的经济补偿。从被动接受到搭顺风车再到无奈的上访，正村村民采取的是隐忍、迂回和侧击等“游击”的策略去适应权威情境。在正村社区建设过程中的两种力量之间的博弈表明，新型农村社区建设具有复杂性与曲折性。

新型农村社区建设的基本指向是为了实现和保证村民的根本利益，按照常识推断，殷切期盼与积极配合应该是村民的行动指南。而现实的情况却是在建设过程中，村民不得不小心地衡量利益得失，想尽办法保护自己的权益，使自己的损失降低到最小，同时又以采取行动增加社区建设的交易费用方式保护自己的利益。而基层政府的行动则是以任务为导向，甚至不惜对社会进行重新剖析，以此满足政策宣称的理性目标，其中的影响因素非常复杂多元，但是至少表明，政府的行动与村民的行动在新型农村社区建设方面并没有达成共识，而是存在着行动的偏差。

（4）效果偏差：注重结果与风险累积。

通常情况下，评价政策成功的标准是预期目标的实现程度，这也关乎到对政府官员政绩的考核甚至升迁，这样上级政府更加关心的是新型农村社区建设的结果而不是过程，过程则是基层政府需要填补的空白。不过村民则更多是通过政策过程来理解政府政治的，这样就会在对政策效果的评价上产生评价偏差。

对于上级政府而言，正村的新型农村社区建设是极其成功的，创造了一个社区建设的典型社会标本，使村民过上了城市一样的生活，该社区获得了“市级新型农村社区建设典型”的荣誉称号，同时正村老村址上的招商引资项目也开始落地生根，这是Y县的重点项目，为Y县的经济社会发展创造了有利环境。据村民说，该镇政府的主要领导人也因此受到升迁的政治褒奖。综合各个方面的情况，正村的新型农村社区至少获得了经济、政治、社会等三重收益。

不过伴随这种收益的却是隐匿于乡村社会的政治性风险。这种政治性风险至少来自两个方面并且展示了某种累积发展的性质。一方面是农村社区建设中的过程性风险，另一方面是农村社区未来发展的不确定风险。首先，经历过新型农村社区建设尤其强制拆迁事件以后，正村村民中间短时间形成了对政府与官员的极端消极的认识，这种认识又演变成日常生活中的粗鄙话语表现出来，而且明显带有某种意味的无力与嘲弄，原有的高度政治认同被农民式怨恨所替代。尽管这种怨恨表达的是对自身权利缺失的不满，并不是对国家治理的否定或者反对，但是隐约中依然增强了削弱国家合法性基础的消极因子的累积。这种农民式不满表明农民对于自身被动纳入一种人为规定的社会秩序的怀疑与忧虑，显然把这种消极的社会文本看作是沉默的接受，是一种“鸵鸟思维”，如此一来，一种受到不公正待遇而又无法得到申诉进而形成的一种过程性风险将会在乡土日常生活中沉淀与累积。

其次，在村民看来，建设新型农村社区就是为了获得村里的土地，农民失去土地就是丢了“命根子”的保守性格使并不依赖土地生活的村民从内心产生一种对未来的不确定风险的忧虑，未来去哪里就业以获取生活之资？难道“打工”将是村民未来唯一的现代化宿命？日常生活如何继续？原有生活共同体的结构性重组带来的是好是坏？原有可持续的生存状态在新的生存空间何以为继？这种忧虑反过来又增加了村民对政府和社区的不满，这种恶性循环似的风险累积也在无形中消解了新型农村社区建设的综合收益。

如果通过市场化与行政化的方式，从外部投入巨额的资源，却产生了农民的无边怨恨，这种公共治理的意外后果恐怕是让人始料不及的。这种风险并不会对政府造成实质性的伤害，乡镇政府通常也置之不理，不过从长远的社会发展而言，这无疑会在无形中造成社会暴戾情绪的沉淀与累积，并且可能转化成为一种社会病症。

因为主观因素和评价标准的不同，各个主体对新型农村社区的评价呈示出相应的差异是显而易见的。不过，从效应扩散的意义上讲，对通过新型农村社区建设进行的“权利交易”进行评价需要引入与新型农村社区建设有关的其他社会价值，而不应该仅仅关注其最终的结果，这样的评价才更为全面。然而，在新型社区建设过程中，为了符合政策的需要而有意遮蔽最应该得到重视的农民的评判却是一种事实的存在，这或许可以看作既是一种偏差也是一种对农民权利的蔑视。

综上，政府与村民在角色、目标、行动与效果等方面都存在偏差，进而形成一种非均衡性与非对称性的主体权利关系，正是这种失衡的权利关系彰显了主导—顺从关系模式的内在逻辑。政府权力占据绝对优势而村民则是弱势的一方，这和正村社区的历史变迁完全一致，这表明，公共权力的执行者在变，但是公共权力在乡村社区的主导性影响力却从来没变。主导者的角色与地位允许政府通过议程设置的方式规定权利交易的政策、目标与行动，这样权利交易的天平始终倾斜于权力与资本的政治联盟，而处于劣势的村民只能选择以隐忍、侧击和顺从的方式寻求某种程度的相对平衡。一方面是公开的规则，另一方面是隐藏的文本，这正是国家与社会关系历史延续性的双重刻画。

新型农村社区就是在主导—顺从关系模式下产生的逻辑结果，在这种关系模式中，主导就是操纵，利益追求的国家倾向性遮蔽与压缩了村民的利益与偏好。顺从并不是软弱，而是权变，在结构化的被动格局中维持生存与安全符合农民的生活经验。政府的主导从积极意义上为社区提供了外部资源与力量，村民的顺从在消极意义上减少了社区的阻碍与干扰，最后，按照上级政府的政策意图形成了表征城乡一体化的正村新型农村社区典型。然而这也从另一方面显露，这种主导—顺从关系模式下形成的新型农村社区与治理模式，并不是和谐与健康发展的“善治”格局。

（二）新型农村社区是一项颠覆性的社会工程

在国家与社会的整体性分析框架中，纵观我国乡村社区的发展历史，国家的意志与力量是关键的外部因素。从革命叙事的历史到建设叙事的现代转变过程中，国家的视角与偏好从来都是改造乡村社会的主要建构逻辑，外部的制度性建构被认为是促进乡村社会变迁与进步的核心要素，而且这种改造乡村社会的努力被视为牵引农村走出表征落后与贫困的传统、走向现代文明与进步的必然过程而被高度颂扬。集体主义的情怀与现代主义的理性激励着国家不断地从“科学”角度提出政策方案，将乡村社会作为整个国家的一部分进行科学的规划与设计，以此达到建立一个与传统农村诀别，符合国家现代化文明进程的“新农村”。在农村现代化的改造过程中，威权体制为其提供了制度基础与治理要求，现代化的巨大成就为其提供了现代主义的意识形态自信，而社会国家化的现实降低了来自社会层面的抵制能力，这样就形成了一种国家主导的斯科特意义上的“社会工程”①，正如有学者所说：“掌握政权的中国共产党能够将建构社会的理想上升为国家意志，通过政策和法律的形成表现出来，然后经由官僚体系运用政治或行政的手段去推进，具有明显的全局性和有效的强制性，是一种典型的社会工程。”②

---

① 斯科特将政府试图改善人类状况的项目称之为“社会工程”，列举描述了一系列的社会工程如德国的科学林业、苏联的集体化农庄、巴西的城市与坦桑尼亚的强制村庄等项目。这些项目与工程从规划与设计的目标来看都取得了成功，但是都因为忽视了社会的复杂性、民众的利益与地方性的实践知识，因此都给人类造成很大的破坏与灾难。参见［美］詹姆斯·C. 斯科特《国家的视角——那些试图改善人类状况的项目是如何失败的》，王晓毅译，社会科学文献出版社 2012 年版。

② 吴淼：《决裂——新农村的国家建构：江汉平原中兴镇的实践表达（1949—1978）》，中国社会科学出版社 2007 年版，第 276 页。

正村新型农村社区就是表征这种社会工程的一件社会试验品，表现出强烈的建构性。政府的意志与价值偏好完全决定了社区的建设，政府的价值与意义被有意识地植入到社区的建设过程与治理体系中，政府的“善治”意愿植根于一个宏大的全局性考量，而微观层面村民的利益空间则被压缩到最低限度，其中的村民则完全处于被动的层面，市民社会理论所追求的公民精神只是昙花一现，根本无法构成对政府的任何抵制。结果，建构性的正村新型农村社区给正村及其村民带来的就是一种翻天覆地的变化，这种颠覆性主要表现在村庄空间、村民生活与村庄发展等方面。

(1) 村庄空间的颠覆。

从正村的历史性变迁过程中可以看出，土地改革、集体化、合作化与人民公社等制度性力量始终影响着村庄秩序与村民生活。不过这种力量主要改变的是国家与村民之间的关系，并没有改变村庄环境，因此尽管从时间意义上可以说，正村经历了各种各样的历史变化，但是在空间意义上，正村依然保有自身的发展特点，呈现一种平面化的状态，村中间的十字街、泥泞的路、满村的花树苗木、村民的尖顶瓦房、村东头的娘娘庙、村西头的祖坟、国道旁边的房屋构成了村民的生活场景，一种相对自主的生活画面依然铺陈在这个平凡的小村庄。空间是社会生活的载体，对生活空间的共同感知是一个村落生活共同体形成与发展的基础，这种趋于自然发展的空间也创设了村民之间稳定的结构化社会关系，每一个正村村民在正村的既定环境中可以随意穿行，彼此熟识，没有秘密。共同的物质空间、共同的社会空间塑造了村民之间的认同感与归属感。

新型农村社区建设完全颠覆了正村的生态与生活空间，新的社区是立体化的存在，广场、楼房、生态景观、草坪等构成了村民的新的生活空间，一种人为规划的生活画面开始构成社区的空间色彩。浑然一体的村庄被新的社区空间进行了功能性区隔，家庭作为多元化的功能复合体变成了单一的生活场所，复杂性与多样化的村庄生态环境被标准化与单一化的社区景观取代。生产不再是村庄与家庭内部承载的功能，庭院经济与生态系统的生产效用消失了，自然形成的村民关系结构被社区的空间化设计重构了，村民进入相对陌生化的生存情景中，延续数百年的村落空间发生了裂变，“故乡”的空间含义在新型农村社区之中被重新构造。

（2）村民生活的颠覆。

随着外在社会环境的变化，正村村民的日常生活也逐渐发生变化。一种现代化的力量牵引着村民从传统村落走向现代社会，呈现一种社会化的状态，尽管村落与村民生活的现代性一直在增加，表征现代化的工具、器物、语言和行为正在改变着村落的传统性质。但是本质上，村民的生活依然遵循村庄的固有习惯，传统习俗依然是村民日常生活的规则，村落的公共生活秩序并没有因为外部渗透而发生根本性的变化，可以说正村村民的生活是获得了现代性的传统生活，换而言之，正村村民的生活是正在发生朝向现代化转变的过渡状态，这种过渡性质和其他村落的现代化转变并无二致。

新型农村社区建设完全颠覆了正村村民的日常生活，其以强制性的过程牵引着村民的生活跳跃似的进入一种全新的生活状态。日常生活中的吃喝拉撒不再包含村民交往的成分而成为一种单纯性的劳动再生产的过程；生活资料只能用交易的方式通过外在的世界获取，原有的生活资源都被认为多余而做了有意识的剔除；生活器物更加现代化，原有的生活工具因为不适应新环境被全部替换为更加现代化的工具；传统意义上更加强调节约、循环、低耗的生活方式被更加强调享受、消费的现代意义上的生活取代；同时改变的还有村民的公共生活，家庭的空间重组与物理阻隔使社区生活开始从熟悉化向半陌生化状态转变，一种彼此边界更加分明的社区公共生活开始呈现，这意味着原有村落中混合性的公共生活开始变成边界明显的公共生活。这在本质上生产着村庄公共秩序的裂变，交往的减少、熟悉的弱化侵蚀着原有村落生活共同体的联系纽带，婚丧嫁娶、生老病死这些原本为村民熟知的“村里的大事”开始变成每一个村民“自己家里的事”，显然原有的公共生活也已改变，而现在的公共生活还未产生。

（3）村庄发展状态的颠覆。

传统的正村社区一直在外部与内部力量的双重塑造下进行历史性的变迁，但是村庄依然保留了象征传统的符号、文化与形象，即使外部力量明显占据优势地位的时候，乡土自身的社会秩序依然保持了延续性的力量，村民在输入性的变动中保持着相对稳定的日常生活与村庄秩序。

从村庄内部秩序而言，正是村民的日常生活与村庄的空间变化共同书写了正村村庄的全部历史，这种村庄发展的历史更倾向于自然状态的发展变化，这种发展变化是缓慢的蠕动式的但却是平稳的变动。

新型农村社区颠覆了正村的蠕动式的发展，使之从一种过渡状态直接跳跃到指代现代化的社区状态。在这种跳跃式的变迁中，正村村落的历史肌理不可避免地发生了裂变，新的社区会产生新的历史，原有村落的历史复原能力在新社区已经成为一种不可能，因此原有历史也就无法在新社区得到接续。正村村落的人文肌理也不可避免地发生了裂变，原有村落文化随着其依附的物质载体的消失开始消融于新的社区空间。因此，新型农村社区用拒绝原有村落历史与文化的方式开始了新的历史与文化的创造与书写，原有的“故乡”则成为“已故”的历史。

新型农村社区建设是一种颠覆性的社会工程，其在事实上是城市小区的建设模式在乡村社区的实践应用，这种实践造成对正村最彻底的颠覆，给村民带来了翻天覆地的社区变迁，村庄的空间、生活与发展等完全变换了模样。被颠覆与被消灭的传统农耕文明，一直是中国特色精神文明的传承载体，它的颠覆与消灭必然对整个村落文明的传承产生一系列的社会反应，其中既包含建设性的一面也包含着破坏性的一面，正确认识和处理这些变化才能更好地推进农村社会的成功转型。

从政府的宏观视野出发，这种颠覆性的乡村再造显然具有更多的建设性与更少的破坏性。新型农村社区的“新”意在通过在农村复制城市社区的建设模式，实现村庄的整体拆建，让村民集中居住在新的社区环境中开始全新的生活，以此实现城乡一体化与农村城镇化等高尚的政策目标。新型农村社区被赋予了众多的目标价值如获取经济发展的土地资源，解放农村劳动力，城乡管理、服务、基础设施一体化，刺激农村消费，改变农民的生产、生活方式，等等。这些目标表现出更加明显的宏观的、整体的价值追求，似乎这些价值目标的实现是新型农村社区成功的标准。至少从表面看来，政府的政策得到了实现，一个崭新的被称为正村新型农村社区的“新农村”耸立在那里就是最好的证明。原来村庄的一切都得到了科学规划与理性设计的全面替代，楼房取代了庭院，街灯与水泥路取代了黑暗的土路，草坪取代了树木，广场取代了十字街，社区委员会取代了村民委员会，居民取代了村民，社区自治取代了村民自治等惊人的人为奇迹构成了正村村民的新生活。除了物质性的改善外，社区公共服务也得到了明显的优化，文化、卫生、教育、体育等方面都按照政府原有的设想得到了实现，尽管村民对这些公共服务的敏感性并不明显，但是社区公共服务比原来村庄公共服务得到极大优化与提升却是不争的事实。这些都表明了正村新型农村社区对原有村落的颠覆性改造具有良好的“建设性”，也表明了国家规划与建构的理性对村落演变与发展的自然进程的逻辑取代得到了实践的证明。

对这项颠覆性社会工程的另一考量维度则是在新型农村社区中生活的正村村民，他们代表了分析的底层视角与微观视野。相比政府宏观视野下的建设性，村民则是另外的感受，一种被动的实践、不可预期的风险与持续的耗费将伴随每一个村民的家庭，这种颠覆的变化在总体实力并不强的村民看来，无疑是一个“现代化的陷阱”。通过新型农村社区建设，村庄的集体土地得到了节约却不再属于村民，劳动力得到了解放却只能外出打工，各种硬件设施一应俱全却没有换来村民的笑脸，搬迁新居刺激了消费却花光了村民的积蓄，村庄实现了与城镇一样的面貌却让村民经常问“我是谁?”，住进了漂亮的单元房却不知自己的邻居是谁?生活方式更加现代化却让村民对以后的生活充满忧虑。无论如何，仅仅用村民不适应现代社区生活这样的词句无法使“颠覆性”得到更好的理解。对于社区的本真含义而言，先前的村庄尽管已经在外部力量的影响下发生了很多的变化，不过其共同体的本质依然存在，村民与村庄依然是一个地理与心理意义上的社区，而新型农村社区改变了传统的共同体的存在形式，却又没有继承原有的社区内涵，这样的“颠覆性”社会工程似乎具有“反社区”的意涵。传统的乡村文明不应该拿来作为拒绝新型农村社区的道德性理由，不过把现代化的城市文明复制到乡村社会，用标准的、科学的现代化城市建筑风格替代乡村社区是否就合适呢？一个社区，有了城市般的硬件，水泥路、通信网络、草坪绿化、自来水等就是一个共同体了吗？显然不是的。文化、道德、认同、秩序等软件才是社区更为重要的构成要素，这些要素是传统形成的，却恰恰是新型农村社区破坏的。

利益是评判一切社会变化的关键性指标。在现实的评估层面，政府与农民对利益做出了相反的评价，政府认为农民获得了免费的住房，这是一个天大的“馅饼”，以后就没有这样的好事了，村民认为自己的宅基地与土地都被政府在当下或者远期卖掉，所谓的“免费”其实花了巨大的代价，这明显“吃大亏”了。在未来的评估层面，社区并没有容纳村民子孙后代的利益，而且也管不了那么长远的事情。村民当前的利益只是他们一生中的一个利益片段，原有村落以可持续的状态接纳了代际出生的村民及其后代，而现在的社区只管“两代”，因为社区的面积与住房是一定的，无法扩展，不像原有村落有用于建房的村落准备用地，可以延续，这样，原有村落的赔偿明显伤害了村民的利益，也使公平的民主基础受到了伤害，显然社区的建设并没有从根本上考虑村民的利益偏好。

除了利益的考量之外，新型农村社区按照城市方式改造农村的结果是使乡村既不是乡村也不是城市，而居住其中的正村村民在心理上也产生了现代化的错乱：不知道自己是农民还是市民。对于新型农村社区的未来前景，村民的判断与态度更是趋于悲观。

表 5—1　　对于社区以后的发展前景，您的态度是　　n = 117

	频数	百分比（%）
非常乐观	1	0.9
比较乐观	20	17.1
一般	39	33.3
不太乐观	33	28.2
非常悲观	24	20.5

在表 5—1 中，选择“非常悲观”的比例为 20.5%，选择“不太乐观”的比例为 28.2%，两项合计 48.7%，选择“非常乐观”与“比较乐观”选项的比例合计为 18%，可以肯定地说，有近一半的被调查村民对“社区”持悲观态度。一个没有预期的社区是令人害怕的，一个预期悲观的社区是令人忧虑的，因此新型农村社区的“颠覆性”造成的意外后果是多重而又复杂的，简单地用政策任务的完成程度与生活环境的变化来判断显然是不充分的。

无论如何，正村的故事表明，新型农村社区是一项颠覆性的社会工程，政府用行政主导的方式打破了村落社区蠕动式的发展，以再造与重建这样被认为更加现代化的方式牵引村庄社区的根本变化，无论是叫新型农村社区或者其他更为诱人的名称，体现的都是国家理性建构的逻辑。一种国家主导的规划性变迁考虑更多的是宏观的战略目标，而且只要政府愿意就能够将这种理性的与科学的现代化思维变成社会事实，从而彻底改变村庄原有的一切，使村庄与村民实现与传统的决裂并跳跃式地进入到标榜为城市文明的现代社区生活中。不过政府的善治愿望与付出的极大努力带来的可能是农民的沉默、悲观或者反对。如果我们不是简单地从经济价值上分析新型农村社区，而是赋予其更多生活的意义与价值，更多地从社会与人文的视角思考，这样也许意味着新型农村社区是政府有意识地定制的时尚西服，但是却未必是农民中意的装束，显然政府与村民对于新型农村社区产生了差异性的认识，政府的宏观意图与村民的微观意愿之间并没有达成有效的共识图景。

（三）农民：边缘化的社区主体

在哲学意义上，主体是与客体相对应的存在，指对客体有认识和实践能力的人，是客体的存在意义的决定者。马克思认为“人始终是主体”[①] 而“创造这一切、拥有这一切并为这一切而斗争的，正是人，现实的、活生生的人，而不是‘历史’”[②]。人的主体性是人作为主体所具有的性质，也是人作为主体的根据和条件，这主要表现在社会实践与价值层面。

我国国家历史、革命与建设的根本特征是以农民为主体。传统历史上，农民是主体，在经济上，被判定为落后的小农经济维持了一个农业帝国的千年延续；政治上，被判定为封闭胆小的农民提供了朝代更替的反抗力量；文化上，被判定为保守狭隘的农民创造了一个繁荣千年的农业文明；当“革命”成为中国近代历史中政治社会场域的关键词时，农民再次成为革命主体。谁也不会怀疑，中国共产党领导的无产阶级革命其实是以农民为主体的革命，毛泽东断言：“农民问题乃国民革命的中心问题，农民不起来参加并拥护国民革命，国民革命不会成功；农民运动

---

① 《马克思恩格斯文集》第 1 卷，人民出版社 2009 年版，第 195 页。

② 《列宁全集》第 55 卷，人民出版社 1990 年版，第 19 页。

不赶速地做起来，农民问题不会解决；农民问题不在现在的革命运动中得到相当的解决，农民不会拥护这个革命。”① 历史已经证明这个论断的正确性，因为“在中国，农民在革命中的作用甚至超过了俄国。他们为最终摧毁旧秩序提供了炸药”②。新中国成立以后，建设与改革成为农民发挥主体作用的另一个阶段，农民是推动制度变迁的创新主体。在国家的现代化建设中，巨额的农业提取成为工业化建设的资金来源，农民冒着生命危险冲破制度的牢笼，创造了包产到户与乡镇企业“两个意想不到”，引领了一场自下而上的农村制度变迁，最终开启了改革开放的现代化进程，因此，“如果中国的改革要感谢一个人，那就是邓小平；如果要感谢一群人，那就是农民”③。30 年的改革开放推动了国家经济的持续发展与繁荣，“中国模式”或者“中国经验”显示的是制度变迁的力量，而其中的创造主体则是农民，正是农民理性的扩张才导致“中国奇迹”的发生。④ 无论历史还是现实都清楚地表明“农民是主体”这一几近常识的事实。

农民主体通过其自身的主体性来表达，主体性是主体的本质规定性，主体在实践过程中表现出来的能力、作用、地位即主体的自主、能动、自由、创造性的活动的特性。自主性是主体自由意志支配下的独立判断与选择的行为取向，选择性是主体根据自身本质要求选择客体的目的性行为。能动性则表示一种不受外界支配的自觉能力。无论如何，农民的主体性意味着农民可以按照自己的意愿去改造或重建属于自己的生活世界。如果将农村社区看作客体，将农村社区建设看作是主体的活动，就会发现其中存在不同的参与主体如政府、企业、社会组织、村民等，不过各个主体在其中的作用及其之间的关系是不一样的，这就引发了主体性与主体间性的问题。如果承认“农民是主体”的社会事实自然也会赞

---

① 《毛泽东文集》第 1 卷，人民出版社 1993 年版，第 37 页。

② ［美］巴林顿·摩尔：《民主与专制社会的起源》，拓夫、张东东等译，华夏出版社 1987 年版，第 181 页。

③ 李成贵、孙大光：《国家与农民的关系：历史视野下的综合考察》，《中国农村观察》2009 年第 6 期。

④ 徐勇：《农民理性的扩张："中国奇迹"的创造主体分析——对既有理论的挑战及新的分析进路的提出》，《中国社会科学》2010 年第 1 期。

同农村社区建设的农民主体性，事实上，党的政策文件明确提出“农民是建设新农村、管理新农村的主体”[①]。这表明，农村社区建设应该以农民为中心，重视农民的主体性即承认农民是农村社区建设的实践主体与价值主体，尊重农民的自主性、能动性、创造性与选择性，这才是“以人为本”的科学发展理念的具体体现。

尽管农民本身存在很大的局限性，但是承认“农民主体”意味着要承认和维护农民的语言、价值与利益。然而国家与社会之间的困难就在于无法实现政府与农民的平等的对话，这样政府最美好的愿望难以实现与村民日常生活、思考与利益的接续，而且这种愿望在行政等级的话语阐释中还会被销蚀。面对这种“高昂的交易成本”的最好方式就是假定农民没有能力认识到自己的需要，没有能力安排与解决自己的问题。在正村的故事里，原有村庄的脏、乱、差、暗是政府官员经常提起的事情，村民的文化水平低、思想素质差，不能领会政府好意，不能认识到社区的美好前景是政府官员时常抱怨的事情，结果“为人民服务”就变成了“替人民做主”。村民希望按照自己的理解去生活和发展，向往与自身目标和价值一致的发展方式，而政府却希望按照新型农村社区的模样为村民提供更好的“公共服务”，最后是政府认为村民是“占大便宜了”，村民认为自己“吃大亏了”。

事实上，至少在正村，一个宗族内的村民经过数百年在一个环境中的共同生活，已经形成了共同的规则模式与生活秩序，也就拥有了解决自身生活、生产与发展过程中面临的各种困境而构建规则安排的社会资本，这种社会资本是村民主体性的历史结晶。但是这种社会资本只存在于村民的“地方性知识”体系中，在政府的政策视野内是不存在的，政府看到的只是村民对集体土地的无效率的使用，急需进行重新规划改造，最终在很多村民不熟悉规划方案、不熟悉分配方案、不熟悉赔偿方案的情况下完成了社区建设。这样，没有农民主体性的乡村社区建设，首先丢掉了其应有的道德因子，只剩下对行动效率的追求，对经济效益的崇拜，而本来的村庄主体却作为社区的附件而存在，这显然是一种本末倒置。

---

① 《十六大以来重要文献选编》（下），中央文献出版社 2008 年版，第 639 页。

在正村的社区建设过程中，村民在政府主导制定的交易规则中是作为“被动的交易者”存在的，其获得的是赔偿金与“免费”社区住房，交易的代价是出让村庄的集体的、个体的土地。土地原本是中国共产党获取农民支持的诱因，现在却成为政府与农民交易的对象。尽管农业的式微与市场的影响导致土地无法为村民带来更多的经济财富，不过在很多已经“非农化”却依然保守的正村村民眼中，土地依然是一种保持生活自主性的安全保障，依然具有一种身份与价值的文化意义。通过社区建设被动交易土地以后，失地村民就必须依赖其身体和技能获取生活资料，而此时对自己身体及技能的价格判定却是外在于自己的市场与资本世界，这对于还年轻的村民而言是可以接受的变化，不过谁也无法预期自己是否能够在市场中获得永远稳定的工作与收入，何况每个人都有变老的时间表。对于村中老年人而言则是更为灰暗的预期，伴随社区化引致的土地丢失会让根植于土地的农业经验、技能等智慧失去效用，而这些恰恰是老年人的优势，再加上市场与工业对年龄具有一种天然的过滤机制，这让村里的老年人实质上处于失业的状态，而这些在农业状态下是不会发生的。失去了主体性的社区生活充满了物质化形式下的社区风险，因此从远期来看，正村村民的生活就被卷入一种成系统的风险状态。他无法掌握自己，必须由他人掌握，不能自我决定，必须由外界决定，这也是为何访谈中，村民对未来的生活普遍表示担忧的原因：土地的失去意味着自主性的失去，失去自主性意味着村民主体性的弱化，这对于处于过渡状态的村落和并不富裕的村民而言都隐含着一种不可预期的未来。

如果说社区建设是一场非均衡性的交易，那么社区生活则是一次没有自主性的选择。新型农村社区颠覆了原有村民生活的同时又创设了一个新的生活形态，村民所要做的就是无条件地接受政府的“好意”，搬进社区开始新的现代生活，以此完成社区建设的最后一步。关注自身经济生活从来都是农民观念世界中的首选思维，农民的生活向来以低成本、低消费、低消耗为基本特征，村庄的生态环境、家庭的庭院经济、熟悉的社会交往等都是维持这种生活延续的主要方式。社区以优美的环境、完备的基础设施、有品质的住房取代了村民的原来生活，把村民带入更为现代的生活方式中，这种生活方式以高成本、高消费、高消耗为基本特征，表现出消费主义与享受主义的明显倾向，对于追求生活质量的人而言无疑具有极强的吸引力，但是对于保守主义与实用主义的村民而言则显得过于奢侈了。在村民看来，新社区的现代生活方式带来的不仅仅是表面的光鲜，更多的则是经济负担的更加沉重，这种充满消费主义与享受主义内涵的生活方式是多数处于一般生活状态的村民向往却无法企及的，但是现在却是不得不接受的“美好”，既定情境约束了他的自由选择，他不得不进入这样的社区环境，进入一种依赖外部的现代生活。在现代化的社区生活中，村民也被规划成为标准化的服务对象，每个家庭的住房面积都是相同的，住房设计是相同的，储物间是一样的，整个社区的公共场所的面积是确定好的，提供的体育设施是经过慎重计算的，垃圾桶摆放的位置与距离是一定的，包括公共厕所的距离都经过科学测量以有利于包容更多人的使用需求。社区相同的面貌取代了原来差异化的村落，而差异化是原有共同体选择的结果，是对村民勤劳的荣誉奖赏，村民的主体性在掩盖了差异化的新社区里遭到了形式化否定。可以说原来的社区是村民的主体性创造，现在的村民正在被新社区创造。新社区割裂了村庄原有的历史肌理，以新的空间实现了对村民的二次排序，其直接的后果是村民从熟悉的状态变得陌生了，不得不重新适应新的生活，重新创造社区的历史与文化。以建设共同体为名的新型农村社区却在事实上造成对村落共同体的伤害，而这种伤害又是村民不得不承受与适应的后果，村民需要在这种伤害中重新塑造共同体的公共生活。我们完全有理由相信，村民会继续创造村庄历史，不过不是在他们选定的条件下创造，而是在既定的社区情境下创造。无论喜欢不喜欢，社区环境都是必须进入的生活场景，无论愿意不愿意，社区生活都是必须接受的图样，这种不得不愿意、不得不接受、不得不适应的没有选择的“被动状态”明确显示了村民主体的边缘化与主体性缺失。

从村民主体意识层面讲，自己的家园由自己建设，自己的生活由自己掌握，是再简单不过的常识。然而，从正村新型农村社区的故事里，发现的却是一种与常识相悖的现象：村民并不是农村社区建设的主体，甚至也不是社区治理与生活的主体，而是被边缘化的主体，村民主体呈现为一种客体化的状态。从自主选择到被动选择，从能动地创造到被动的接受，从相对自主到外部依赖，村民的主体性在社区建设与生活中遭到主导力量有意的忽视与遮蔽，在政府主导的情境过程中被结构化为一种“被动”的存在，这样“政府主导”似乎暗含了一种悖谬，本来应该是农村社区建设过程中相互配合、相互支持的两股力量却在事实上演变为政府对村民的排斥与消解的状态，最终正村新型农村社区成为主导—顺从关系模式下的逻辑产物，而村民则在这种关系模式下成为边缘化的社区主体。

二　正村社区试验的抽象与放大

追求国家现代化是我国的百年“中国梦”，而对于国家现代化的一个基本共识就是：没有农村的现代化就没有中国的现代化。从这个意义上而言，新型农村社区建设承担着重大的历史使命，它是从村社、宗族、等级、小农等代表的传统社会转变为契约、专业、规则、理性等代表的现代社会的中介与桥梁，同时也是社会转型过程中，国家创新基层社会治理体系，实现公共服务均等化的基础载体。新型农村社区建设作为一种规划性的社会变迁，其中必定存在很多的问题需要从理论上给予深入的探索。如果将正村新型农村社区建设放在这样的宏观背景下考量，正村的故事或许能够给予农村社区建设很多有益的理论认知。

（一）理性认识农村社会的发展阶段及其特征

新型农村社区是政府应对农村社会的现代化变迁而做出的理性规划与人为建构，尽管是人为的主动推进，但是毕竟能够为农民带来实际的利益。在正村社区，现代化的生活环境、完善的基础生活设施、制度化的社区治理与多样化的公共服务是以前村落完全没有的。值得反思的是，这些实实在在的好处却并没有真正获得村民的认同，在村民的眼中，新型农村社区使乡村不再像乡村，却又不是城市，而成了一个“非城非乡、两者兼有”的奇怪的地方社会；使村民产生了一种心理上的迷乱，感觉变成了一个“非农非市、两者兼有”的奇怪的社区群体；自己就像是“实验中的青蛙”，原有村庄的传统秩序被打乱而新的秩序却难以产生，原有的生活被取代而新的生活却充满风险，只能留待日后默默承受。社区建设被村民认为是粉饰了政府脸面，毁坏了村民的家园。

显然，农村社会的发展是一个自然的历史过程，有其自身的规律，试图“毕其功于一役”的新型农村社区建设是一种急功近利的激进方式，这种打激素的建设方式很可能导致斯科特意义上的失败与风险。因此，新型农村社区建设需要理性认识农村社会的发展特征。试图超前推进只会适得其反，产生各种各样的社会问题，让美好的愿望与良好的动机陷入失望的深渊与风险的陷阱。

改革开放以来，我国农村社会正处于由传统向现代过渡的状态中，在以城市为中心的现代化发展过程中，农村社会也在艰难地孕育着现代性，越来越多的现代符号开始渗入农村社会与农村家庭。在这种过渡状态下，农村社会也呈现出历史的阶段性特征。一方面，农村呈现衰败之势。建立在原有集体经济基础上的村落共同体走向衰落，社区认同感与归属感趋于淡化甚至消解；人力资源的流出形成空心、留守等现象造成原有家庭、家族共同体的解体；经济生活的外向性转变让“村民在村庄以外获取收入且在村庄以外实现自己的人生价值，村民很容易割断与村庄的联系”①；文化的多元化与离散化造成村落传统文化价值的凝聚力降低，村落的道德与伦理开始丧失；建立于家庭生产和村庄基层组织基础上的内部社会组织逐渐瓦解，村民处于一盘散沙的状态；集体资源的匮乏造成村落公共事务的萧条等都表明原有村落生活共同体在不可避免地衰落，因此需要重新建立一种新的生活共同体，需要重新建构农民之间的纽带关系，这也表明新型农村社区建设的必要性与合理性。另一方面，尽管农民家庭的经济收入已经有了很大增长，生活水平也得到了很大的提升，但是总体而言，农民的经济实力依然有限，村庄整体经济条件依然薄弱，与城市有很大差距，根本无力承担建设新型农村社区需要的经济投入。正村新型农村社区建设成功的传奇因子就在于“免费”，其实质是一种“置换”方式即用村庄土地置换社区住房，这样的置换方式也只是将风险延迟到不确定的未来由村民支付。这意味着新型农村社区建设需要考虑农民家庭的经济承受能力，在农民承受能力较低的情况下，推进新型农村社区建设无疑会造成农民的沉重负担。如果其中还裹挟着获取土地、刺激消费的经济意图这种经济沙文主义，让社区建设轻易蜕变

---

① 贺雪峰：《新乡土中国》，广西师范大学出版社 2003 年版，第 9 页。

为政府汲取乡村财富的美妙手段，那么试图以新型农村社区建设促进城乡一体化只会导致城乡差距的加大而不是缩小。此外，我国的农村数量众多，各地发展极不平衡，呈现出明显的区域性特征，中西部农村与农业明显落后于东部沿海地区的农村。不同地理环境中的农村也有明显差异，即使在同一区域内，不同的村庄也有不同的发展状态，处于不同的发展阶段，这就意味着新型农村社区建设需要结合实际情况，因地制宜。正如 Y 县的干部讲道：

> 现在的社区建设也好，城镇化也好，推行的都太急了，每一个地方的情况都不一样，根本不可能按照上面的要求实行，上面要求每一个地方都同时搞这个东西，执行这个政策时就肯定会有错误和失误。本来这个就是政府强力推行的，老百姓在心里就不大愿意，你现在还这样大规模的搞，弄得下面没法办，不做吧，考核过不去，做吧，老百姓怨声载道，本来政策设计是个好事，结果也不落好，还让群众骂，这样群众也就不相信政府了，现在不都讲政府合法性吗？都不相信政府了那你合法性不就没有了吗？[①]（F＝1）

理性认识农村社会发展的阶段性与区域性特征意味着新型农村社区建设的复杂性、长期性、多样性与困难性。农村的社会经济发展水平、农民的思想素质与经济承受能力、政府的财政能力、农村社会的文化与政治状况等都是新型农村社区建设的制约因素与前提条件，只有具备了一定的主客观条件的情况下，才能推进农村社区建设，盲目与超前推进新型农村社区建设只会给农村和农民造成不必要的伤害。因此，新型农村社区建设是与农村社会的发展阶段相适应的一个长期客观的发展过程。

（二）重新认识政府主导的价值：从主导到引导

新型农村社区是规划性变迁，这种社区变迁的最大特点是政府主导。在正村的故事中，政府几乎主导了新型农村社区的任何方面，从规划、拆迁、赔偿到建设，从搬迁、治理到服务等都是政府“替村民做主”。政

① 访谈记录，20130606。

府主导是正村新型农村社区建设的关键因素，但是也是各种社会问题的源泉，因此需要辩证地看待政府的主导地位、角色与功能，正确认识与把握政府主导的价值与意义。

（1）政府主导的合理性与有限性。

第一，政府主导的合理性。新型农村社区建设在本质上是一种制度变迁的过程，制度变迁需要有组织的集体行动，一个有效的组织是推动新型农村社区建设成功的关键。“政府是一种实现集体行动的工具”[①]。在村落集体力量涣散薄弱无力承担组织功能的时候，由政府推动制度变迁就成为一个较好的选择。政府自身具有的各种优势也为政府主导的合理性与必要性提供了证明，政策优势、资源优势与权威优势使政府成为支配性主体，能够为新型农村社区建设提供各种必需的支持。作为政策来源，政府主导着社区建设的正确方向；作为资源来源，政府支配着公共资金的分配，政府主导新型农村社区意味着政府可以站在城乡一体化的高度为社区建设提供资金支持；作为权威来源，政府主导社区建设可以最大限度地杜绝与消除阻碍社区建设的各种不利因素；同时政府的主导作用还体现在政府的理性与现代视野能够为社区建设提供更科学合理的社区设计与规划，因此依靠政府力量推动制度变迁具有内在的合理性，政府主导新型农村社区建设是一种现实的也是可行的选择。

第二，政府主导的有限性。新型农村社区建设是一项复杂的系统工程，政府主导容易导致社区建设动力的单一性，结果是政府的积极主动与农民的消极被动并存。政府的有限理性导致政府不可能获取全面的决策信息，这种条件下的政府主导很可能造成社区建设的盲目性，同时与农民的需要与农村的实际情况产生较大偏差。此外，作为利益主体，政府会有意识地将自己的利益诉求与政绩等装进社区建设的容器，这样，政府主导的结果很可能造成政绩工程、形象工程等，而这显然是不利于社区建设与农民利益的，因此政府主导在具有内在合理性的同时也具有一定的有限性。

---

① Buchanan. James M. and Gordon Tulluck, “The Calculus of Consent: Logical Foundations of Constitutional Democracy”, University of Michigan Press, 1962.

（2）政府主导的规范与操作。

第一，有边界的主导。政府主导的合理性与有限性意味着，在新型农村社区建设中需要政府力量的推动，但同时这种主导是有边界的主导，是规范前提下的主导作用的发挥。无边界的过度主导与干预只会产生更多的矛盾与冲突，尤其是政府与农民之间的矛盾。正村的故事表明，政府通常假定农民理性的有限性，认为他们没有自觉的价值判断，没有长远的思维意识，看不清自身的利益是什么，因此需要政府“替农民做主”，通过政策和制度安排农民的未来。这种政策制定的精英思维直接导致农村社区建设中的“政府主导”，而主导就是操纵，操纵就有可能异化。政府的主导往往意味着“政府说了算，农民只有听的份儿”，权威通过强势力量极大地压缩了农民的行动空间与权利空间，结果就是农民主体客体化，农民的主体性在强力面前变得微不足道，即使有一些民主方式强调农民的主体性也只是一种服务于“政府意图”的策略与技巧。政府主导的特征在正村社区故事中得到了明显表现，而村民对政府主导的厌恶都隐藏在了暗骂、诅咒、冷笑与怀疑等各种日常行动中。

政府主导的规范化意味着政府角色、地位与职责的转换。首先，政府是社区建设的引导者，掌舵而非划桨，政府的主要职责是为社区建设提供催化剂，诱发农民的自主性与创造性并将之引入新型农村社区建设。其次，政府是激励性政策的供给者，强化而不强制，政府要为农民进行社区建设提供足够的行动诱因，使之按照国家政策积极行事。最后，政府是社区建设的规划者，满足社区的需要而不是政绩的需要。政府的主要任务是提供面向农村社区发展与建设要求的合理的社区规划与公共性质的社区基础设施与社区公共服务，使之摆脱政绩与形象工程的困扰，进而实现“政府善治”。

第二，从主导到引导的操作方式。政府的社区价值与农民的社区意愿叠合程度越高，越能够获得农民群众的信任与满意，农民的积极性与主动性也就越高。政府从主导者向引导者、供给者与规划者角色转化，需要政府的操作方式的转向，引导式的操作方式需要更多地考虑农民的价值取向及其行动意愿，引导农民在行为上与政府政策的互动合作，在政府与农民之间形成互动合作型的关系模式，取代原有的主导顺从型关系模式，才能够更好地发挥政府的主导功能与农民的主体作用。这样，政府的主导方式与方法需要更多采用参与、协商、对话与谈判等积极意义上的方式方法，这种软性偏向的操作方法下形成的互动合作关系模式才是真正的以人为本，是建设农村社区的更好的制度变迁路径。

（三）尊重农民主体权利，培育和发挥农民主体性

在城镇化进程中，统筹城乡、推进城乡一体化是必然的选择，农村社区建设代表了农村社会未来的发展趋势，无疑是最好的选择。新型农村社区建设具有双重价值取向，一方面承载着政府的价值诉求，另一方面关系着农民的切身利益，而后者具有更根本性的意义，正村的社区故事表明真正尊重农民的主体性，追随农民的脚步才是新型农村社区建设成功推进的根本保证。

精英主义的政策思维经常假定农民理性的有限性，进而需要政府“替农民做主”，这表现了一种对农民的褊狭的认识，事实上，“农民的眼睛，全然没有错的。谁个劣，谁个不劣，谁个最甚，谁个稍次，谁个惩办要严，谁个处罚从轻，农民都有极明白的计算，罚不当罪的极少”①。如果革命年代的农民有自己的正确判断，那么有理由相信经过了近百年的社会发展，农民会有更好的判断能力与行为能力。历史和经验都证明农民对自身的利益更为理性，更具有创造性，自然对自己的家园更为关心与谨慎。他们掌握着农村社区成长与发展的密钥，控制着农村社区建设的地方资本，具有建设美丽乡村的创造力。他们知道自己所需要的与所缺乏的，能够做出更加符合农村及其自身需求的理性选择与行动，“不论多么聪明的学者，多么有能力的政治家，都没有能力去规划设计农村发展的方向和道路。或者说，探究和把握这种方向和道路，唯一正确的方法就是观察和追随农民的脚步”②。因此，在农村社区建设中，更应该尊重农民的主体地位与主体性价值，因为只有农民自己更了解自己需要什么样的生活。

（1）尊重农民生活。乡村与城乡是两种不同的文明形态与生活方式，然而传统与现代的两极化解读给乡村生活打上了落后、封闭、愚昧的记

---

① 《毛泽东选集》第1卷，人民出版社1991年版，第13页。

② 赵树凯：《农民的政治》，商务印书馆2011年版，第318页。

号，这种对乡村生活的污名化导致乡村的边缘化，进而也导致农民的客体化，结果城乡一体化就演变成城乡一样化，而正村的新型农村社区建设就是这种思想的试验品，自然会产生很多不可预知的问题。事实上，新型农村社区实现的集中居住并不是社会生活现代化的必要条件，通信技术与交通工具已经改变了人们的交流与沟通，电视、电话、汽车已经打破了空间距离的阻隔，即使生活在山区也能够获得现代性的提高，不见得非要按照理性的社区规划集中居住在一栋大楼或者一片别墅里才是现代化的体现。农村社区的变革与变迁是不可避免地客观趋势，可以预见的是，农民会根据自己的事实情况创造性地实现现代化的转变，农村的生活方式也会在未来趋同于城市生活，而且保留乡村的特色。但是如果因此“认为乡村社会和乡下人将来会变得和大城市的情况一样，这是一种过于简单化的幻想”①。可以确信，即使城乡的生活方式与公共服务完全一体化，两者的差异将依然存在甚至扩大。乡村与城市的差别无法从根本上抹杀，而且也没有必要消灭，需要更加注重的是如何培育乡村社会的独特吸引力与独特面貌。与其强化城乡的同质程度，不如培养两者的差异化与多样性特色，将城市按照城市的发展规律涂满现代色彩，让乡村按照乡村的本质保留家园美丽，而农民可以在两个各具特色与吸引力的生活空间进行自由选择符合自我价值的一种，依循这样的观念建设的新型农村社区才是对农民主体地位与价值的真正尊重。

（2）尊重农民权利。在新型农村社区建设过程中，让农民的角色实现从顺从变为主体的转变，需要有制度性的权利保障。没有权利的主体是无内容的形式，没有保障的权利是无根基的价值。“中国由一个资源为中心的时代进入到一个权利为中心的时代。只有获得权利才能获得资源，只有维护权利才能维护自己的利益。由此建构起以‘维权’为中心的权利话语体系。这一话语体系赋予公众对自己政治诉求的正当性。他们不再是听治理者如何说，而是看如何做，更注意如何使自己满意”②。制度性的权利公平是解决农民利益与权益的根本途径，权利的工具性价值就

① ［法］孟德拉斯：《农民的终结》，李培林译，中国社会科学出版社 1991 年版，第 293 页。

② 徐勇：《现代化进程的节点与政治转型》，《探索与争鸣》2013 年第 3 期。

在于通过制度性的强制安排保证农民可以以平等的主体地位与外部力量协商交易，而不是被外部力量进行单纯性的决定。

正村社区的变迁历史印证，农村发展的历史在本质上是国家不断赋权农民的过程，这表明农民权利是不断变化与丰富的过程。根据正村个案可以发现，就农村社区建设方面，农民主体地位的确定至少需要三方面的权利保障：经济方面的集体产权、政治方面的参与决策权与社会方面的组织权。首先，需要确定农民对村庄哪些资产有所有权，关键是土地、宅基地等，可以仿照企业股份制的形式将村庄资产股份化，使村民真正变为集体产权中的“主体”；其次，明确权利内容后，农民应该有权力参与决定如何使用与开发；最后，在于农民需要形成有效组织与外部进行谈判。只有这样的权利保障才能确保农民在农村社区建设过程中的主体地位，也避免农民主体与农村资产的“精英俘获”，为农民的主体性发挥创造基础性条件。

（3）尊重农民主体需要培育和发挥农民主体性。新型农村社区建设需要充分发挥农民的主体性，调动农民的主动性、创造性与自主性参与社区建设，但是这种对农民主体的尊重是有前提与条件的，即首先要培育农民的主体性，从根本上说就是要培育具有主体性的现代新型农民。不可否认，市场化、工业化与城镇化的发展极大地影响着农民的思想与价值，在这一过程中，农民的现代性已经大大增强，开始接受新思想、新生活与新方式，但是在本质上，农民还存在各种各样的局限性。农民的小农意识普遍存在，缺乏主体意识，无法认识到新型农村社区与自身之间的密切联系，其积极性与主动性自然不强。在正村的故事中，村民很多时候只是以冷淡的旁观者看待新型农村社区建设。同时受小农意识影响，农民的自私性较强，没有集体观念与国家观念，只有自我意识与自我利益。在正村的故事中，村民在赔偿、占有社区公地等方面都表现出这种自私性与落后性。整体而言，农民文化素质比较低，这影响了农民对社区发展趋势的正确判断，这种短视也造成与政府之间的矛盾冲突，保守的思想与观念也造成农民对新型农村社区的恐惧与拒斥，这在正村的故事里都有明显表现，因此在很大程度上可以说，农民正处于从传统农民向现代农民转变的“过渡状态”，这种局限性限制了农民主体性的有效发挥，因此，培育农民主体性、促进农民的现代化转变就成为尊重农民、发挥农民主体性的前提条件。从正村的故事出发，培育农民主体性应该从三个方面进行：第一是思想教育。培育农民的公民意识与创新意识，让农民意识到自身的主体价值，进而能够在社区建设中成为真正发挥主体作用的关键因素。第二是生活教育。引导农民接受社区生活方式，逐渐适应新的现代化的社区生活，成为新型农村社区生活的真正主体。第三是技能教育。现代化的社区生活成本明显高于传统村落生活，因此技能教育的目的是让农民能够获得工作技能，进而获取更多的生活资源，满足社区生活的需要，使之既是社区生活的消费主体，也是社区生活的享受主体。

总之，在城镇化进程中，通过新型农村社区建设实现城乡一体化需要考察农村社区的发展阶段与农民的实际状况，在此前提条件下，还需要发挥政府与农民两个层面的努力，在两者之间形成互动合作关系模式，政府侧重顶层设计，进行自上而下的全局性统揽，发挥掌舵的功能。农民开展底层行动，进行自下而上的创新实践，发挥“划桨”的作用，两种力量有效合作才能共同促进新型农村社区的建设，实现城乡之间的互动协调与统筹发展。

附　　录

一　访谈对象基本情况汇总

编号	姓名	性别	年龄	单位
F - 1	GGT	男	42	Y 县住建局
F - 2	HWM	男	40	陈镇政府
F - 3	ZXB	男	36	陈镇政府
F - 4	LHR	女	25	陈镇政府
F - 5	MHK	男	38	陈镇政府
F - 6	ZGS	男	65	正村村委会
F - 7	ZSD	男	50	正村村委会
F - 8	ZML	男	58	正村村民
F - 9	ZFK	男	70	正村村民
F - 10	ZYQ	男	43	正村村民
F - 11	ZBQ	男	64	正村村民
F - 12	ZYL	男	34	正村村民
F - 13	ZSS	男	75	正村村民
F - 14	ZSZ	男	63	正村村民
F - 15	ZWL	男	48	正村村民
F - 16	ZPG	男	56	正村村民
F - 17	ZSB	男	60	正村村民
F - 18	LYL	女	56	正村村民
F - 19	ZJL	男	40	正村村民
F - 20	ZL	男	33	正村村民
F - 21	ZLF	男	57	正村村民

续表

编号	姓名	性别	年龄	单位
F－22	ZJL	男	55	正村村民
F－23	SHL	女	27	正村村民
F－24	ZDH	女	40	正村村民
F－25	ZYD	男	43	正村村民
F－26	ZXS	男	40	正村村民
F－27	ZBL	男	17	正村村民
F－28	ZSM	男	56	正村村民
F－29	ZSZ	男	32	正村村民
F－30	WJM	女	67	正村村民
F－31	ZJL	男	41	正村村民

二　新型农村社区建设调查问卷

本次问卷旨在研究新型农村社区建设的基本情况，为政府有关部门提供政策建议，使新型农村社区建设更加符合农村家庭的需要。十分感谢您的配合！

A1. 您的性别：[1] 男　[2] 女

A2. 您的年龄：[　]

A3. 您的受教育程度：

[1] 未接受过教育　[2] 小学　[3] 初中

[4] 高中　[5] 大学

B4. 您曾经参加过社区建设的任何会议吗？

[1] 参加过　[2] 没有参加

B5. 您是否了解当时社区规划方案的详细内容？

[1] 非常了解　[2] 比较了解　[3] 了解

[4] 不太了解　[5] 不了解

B6. 您是否了解当时拆迁赔偿方案的详细内容？

[1] 非常了解　[2] 比较了解　[3] 了解

[4] 不太了解　[5] 不了解

B7. 您是否了解当时房屋分配方案的详细内容？

[1] 非常了解　[2] 比较了解　[3] 了解

[4] 不太了解　[5] 不了解

B8. 您经常参与在社区里组织的活动吗？（如看电影、跳舞、看唱戏、参加培训等）

[1] 经常参与各种活动　[2] 参与过一些活动

[3] 很少参与　[4] 从不参与任何活动

C9. 搬进社区以后，您与您的朋友之间的联系：

[1] 明显增多了　[2] 增多了　[3] 没变化

[4] 减少了　[5] 明显减少了

C10. 搬进社区以后，您与新邻居之间的联系：

[1] 联系非常紧密　[2] 联系比较紧密　[3] 一般

[4] 联系较少　[5] 联系非常少

C11. 与老村比较，您现在串门儿的次数：

[1] 明显增多了　[2] 增多了　[3] 没变化

[4] 减少了　[5] 明显减少了

C12. 您是否经常去中心广场玩要、聊天或者散步？

[1] 经常去　[2] 偶尔去　[3] 没去过

C13. 搬进社区以后，日常开销的增加造成的经济负担对您和您的家庭而言：

[1] 非常沉重　[2] 比较沉重　[3] 一般

[4] 不太沉重　[5] 不是问题

C14. 搬进社区后，一家几代人住在一起，您觉得生活：

[1] 非常方便　[2] 比较方便　[3] 一般

[4] 不太方便　[5] 很不方便

C15. 总的来说，您觉得适应这样的社区生活吗？

[1] 非常适应　[2] 比较适应　[3] 一般

[4] 不太适应　[5] 很不适应

D16. 您觉得社区服务中心在社区百姓生活中的作用如何？

[1] 非常重要　[2] 比较重要　[3] 一般

[4] 不太重要　[5] 可有可无

D17. 搬到社区以后，您觉得社区管理与以前老村村委管理相比，有何变化吗？

[1] 变好了　　[2] 变差了　　[3] 没有变化

D18. 新社区成立后，您享受到的教育、医疗、就业和社保方面的服务有什么变化？

[1] 变好了　　[2] 变差了　　[3] 没有变化

D19. 您认为现在社区最应该解决以下哪些方面的问题？（可多选）

[1] 绿化、卫生等环境问题　　[2] 治安问题

[3] 社区经济发展问题　　[4] 社区就业问题

[5] 社区民主决策问题　　[6] 社区文化体育建设

[7] 社区老人问题　　[8] 其他

D20. 对于社区各家种的小块菜地，您觉得：

[1] 非常赞同　　[2] 比较赞同　　[3] 无所谓

[4] 不太赞同　　[5] 非常反对

D21. 与老村比较而言，您对社区现在的生活环境：

[1] 很满意　　[2] 比较满意　　[3] 一般

[4] 不太满意　　[5] 很不满意

D22. 您觉得您家现在的生活水平：

[1] 明显提高了　　[2] 提高了　　[3] 没变化

[4] 降低了　　[5] 明显降低了

D23. 您觉得社区里的生活方便吗？

[1] 非常方便　　[2] 比较方便　　[3] 一般

[4] 不太方便　　[5] 非常不方便

D24. 总的来说，您对目前的生活状况满意吗？

[1] 非常满意　　[2] 比较满意　　[3] 一般

[4] 不太满意　　[5] 很不满意

E25. 对于上级政府拆掉老村、建设社区的政策，您的意见是：

[1] 非常同意　　[2] 比较同意　　[3] 无所谓

[4] 不太同意　　[5] 坚决反对

E26. “建设社区对农民有很多的好处，农民是最大的受益者”，对于这种看法，您的意见是：

[1] 非常同意　　[2] 比较同意　　[3] 无所谓

[4] 不太同意　　[5] 坚决反对

E27. 您怀念老村的生活吗？

[1] 非常怀念　　[2] 比较怀念　　[3] 一般

[4] 不太怀念　　[5] 不怀念

E28. 您觉得现在的社区：

[1] 还是农村　　[2] 和城镇一样

[3] 既不像农村也不像城镇

E29. 您觉得现在与城里人比起来，您是：

[1] 我还是农民，没有啥变化

[2] 基本上和城里人一样

[3] 说是农民不像农民，说是城里人也不像城里人

E30. 与老村原来的生活状况相比，您觉得现在的社区生活：

[1] 比老村的生活好多了　[2] 和老村的生活一样

[3] 比老村的生活差远了

E31. 对于社区以后的发展前景，您的态度是：

[1] 非常乐观　　[2] 比较乐观　　[3] 一般

[4] 不太乐观　　[5] 非常悲观

非常感谢您的回答，祝您身体健康、家庭幸福！

参考文献

一　著作类

1.《马克思恩格斯全集》第 3 卷，人民出版社 1975 年版。

2.《马克思恩格斯文集》第 1 卷，人民出版社 2009 年版。

3.《马克思恩格斯文集》第 3 卷，人民出版社 2009 年版。

4.《马克思恩格斯选集》第 3 卷，人民出版社 2008 年版。

5.《列宁全集》第 55 卷，人民出版社 1990 年版。

6.《毛泽东文集》第 1 卷，人民出版社 1993 年版。

7.《毛泽东选集》第 1 卷，人民出版社 1991 年版。

8.《孙中山选集》，人民出版社 1981 年版。

9.《十六大以来重要文献选编》（下），中央文献出版社 2008 年版。

10. ［英］齐格蒙特·鲍曼：《共同体》，欧阳景根译，江苏人民出版社 2007 年版。

11. ［美］塞缪尔·P. 亨廷顿：《变化社会中的政治秩序》，王冠华、刘为等译，上海人民出版社 2008 年版。

12. ［美］明恩溥：《中国乡村生活》，午晴、张理京译，时事出版社 1998 年版。

13. ［德］斐迪南·滕尼斯：《共同体与社会——纯粹社会学的基本概念》，林荣远译，北京大学出版社 2010 年版。

14. ［美］詹姆斯·R. 汤森、布兰特利·沃马克：《中国政治》，顾速、董方译，江苏人民出版社 2003 年版。

15. ［美］哈罗德·D. 拉斯韦尔：《世界大战中的宣传技巧》，张洁、田青译，中国人民大学出版社 2003 年版。

16. ［美］项目管理协会：《项目管理知识体系指南》，王勇、张斌译，电子工业出版社 2009 年版。

17. ［美］杜赞奇：《文化、权力与国家——1900—1942 年的华北农村》，王福明译，江苏人民出版社 1995 年版。

18. ［美］詹姆斯·C. 斯科特：《弱者的武器》，正广怀、张敏、何江穗译，译林出版社 2011 年版。

19. ［美］詹姆斯·C. 斯科特：《农民的道义经济学——东南亚的反叛与生存》，程立显、刘建等译，译林出版社 2013 年版。

20. ［美］詹姆斯·C. 斯科特：《国家的视角——那些试图改善人类状况的项目是如何失败的》，王晓毅译，社会科学文献出版社 2012 年版。

21. ［法］古斯塔夫·勒庞：《乌合之众》，戴光年译，新世界出版社 2010 年版。

22. ［美］丹尼尔·A. 科尔曼：《生态政治：建设一个绿色社会》，梅俊杰译，上海译文出版社 2002 年版。

23. ［美］塔尔科特·帕森斯：《社会行动的结构》，张明德、夏遇南、彭刚译，译林出版社 2003 年版。

24. ［法］孟德拉斯：《农民的终结》，李培林译，中国社会科学出版社 1991 年版。

25. ［美］W. 理查德·斯科特：《组织理论》，黄洋、李霞、申薇等译，华夏出版社 2002 年版。

26. ［美］弗莱德·R. 多尔迈：《主体的黄昏》，万俊人、朱国钧、吴海针等译，上海人民出版社 1992 年版。

27. ［法］米歇尔·克罗齐耶：《法令不能改变社会》，张月译，上海人民出版社 2008 年版。

28. ［美］巴林顿·摩尔：《民主与专制社会的起源》，拓夫、张东东等译，华夏出版社 1987 年版。

29. ［美］黄宗智：《长江三角洲小农家庭与乡村发展》，中华书局 2000 年版。

30. ［美］乔尔·S. 米格代尔：《社会中的国家》，李杨、郭一聪译，江苏人民出版社 2013 年版。

31. ［美］蒂莫西·比特雷：《消失的故土：全球化时代可持续发展的住宅与社区》，王骏、张冠增译，同济大学出版社 2012 年版。

32. ［美］德雷克·格利高里、约翰·厄里：《社会关系与空间结构》，谢礼圣、吕增奎译，北京师范大学 2011 年版。

33. ［德］托马斯·海贝勒、君特·舒耕德：《从群众到公民——中国的政治参与》，张立红译，中央编译出版社 2009 年版。

34. ［英］H. K. 科尔巴奇：《政策》，张毅、韩志明译，吉林人民出版社 2005 年版。

35. ［美］彼得·M. 布劳：《社会生活中的交换与权力》，李国武译，商务印书馆 2008 年版。

36. ［美］安吉拉·M. 科迪维拉：《国家的性格》，张智仁译，上海人民出版社 2001 年版。

37. ［荷］扬·杜威·范德普勒格：《新小农阶级》，潘璐、叶敬忠译，社会科学文献出版社 2013 年版。

38. ［美］德鲁克基金会：《未来的社区》，魏青江等译，中国人民大学出版社 2006 年版。

39. ［美］康拉德·科塔克：《远逝的天堂：一个巴西小社区的全球化》，张经纬、向瑛瑛、马丹丹译，北京大学出版社 2012 年版。

40. ［美］曼瑟·奥尔森：《权力与繁荣》，苏长和、嵇飞译，上海世纪出版集团 2012 年版。

41. ［美］安瓦·沙：《发展中国家的地方治理》，刘亚平、周翠霞译，清华大学出版社 2010 年版。

41. ［美］埃莉诺·奥斯特罗姆：《公共事务的治理之道》，余逊达、陈旭东译，上海译文出版社 2012 年版。

42. ［美］罗布特·戴维·萨克：《社会思想中的空间观：一种地理学的视角》，黄春芳译，北京师范大学出版社 2013 年版。

43. ［美］詹姆斯·G. 马奇、约翰·P. 奥尔森：《重新发现制度》，张伟译，生活·读书·新知三联书店 2011 年版。

44. ［美］欧文·戈夫曼：《日常生活中的自我呈现》，冯刚译，北京大学出版社 2012 年版。

45. ［美］曼瑟·奥尔森：《集体行动的逻辑》，陈郁、郭宇峰、李崇新译，上海人民出版社 2012 年版。

46. ［美］塔尔科特·帕森斯：《社会行动的结构》，张明德、夏遇南、彭刚译，译林出版社 2012 年版。

47. ［美］孔飞力：《中国现代国家的起源》，陈兼、陈之宏译，生活·读书·新知三联书店 2013 年版。

48. ［美］卡尔·波兰尼：《当代政治与经济的起源》，黄树民译，社会科学文献出版社 2013 年版。

49. ［美］弗兰克·费希尔：《公共政策评估》，吴爱明、李平等译，中国人民大学出版社 2003 年版。

50. ［美］让 – 皮埃尔·戈丹：《何谓治理》，钟震宇译，社会科学文献出版社 2010 年版。

51. ［美］道格拉斯·C. 诺斯、约翰·约瑟夫·瓦利斯、巴里·R. 温格斯特：《暴力与社会秩序》，杭行、王亮译，上海人民出版社 2013 年版。

52. ［美］阿尔弗雷德·舒茨：《社会世界的意义构成》，游淙祺译，商务印书馆 2012 年版。

53. ［美］西奥多·W. 舒尔茨：《改造传统农业》，梁小民译，商务印书馆 2010 年版。

54. ［美］米歇尔·克罗齐埃：《科层现象》，刘汗全译，上海人民出版社 2002 年版。

55. ［美］富兰克林·H. 金：《四千年农夫：中国、朝鲜和日本的永续农业》，程存旺、石嫣译，东方出版社 2011 年版。

56. ［法］H. 孟德拉斯：《农民的终结》，李培林译，社会科学文献出版社 2010 年版。

57. ［美］瑞雪·墨菲：《农民工改变中国》，黄涛、王静译，浙江人民出版社 2009 年版。

58. ［美］雅克·布道：《建构世界共同体——全球化与共同善》，万俊人、姜玲译，江苏教育出版社 2006 年版。

59. ［美］约翰·罗尔斯：《正义论》，何怀宏、何包钢、廖申白译，中国社会科学出版社 1998 年版。

60. ［美］詹姆斯·R. 汤森、布兰特利·沃马克：《中国政治》，顾速、董方译，江苏人民出版社 2003 年版。
61. ［德］马克斯·韦伯：《儒教与道教》，洪天富译，江苏人民出版社 1995 年版。
62. 温铁军：《中国新农村建设报告》，福建人民出版社 2010 年版。
63. 温铁军：《八次危机：中国的真实经验》，东方出版社 2013 年版。
64. 费孝通：《乡土中国》，人民出版社 2008 年版。
65. 费孝通：《中国城镇化道路》，内蒙古人民出版社 2010 年版。
66. 费孝通：《江村经济——中国农民的生活》，商务印书馆 2004 年版。
67. 梁漱溟：《梁漱溟全集》（2），山东人民出版社 1990 年版。
68. 杨懋春：《近代中国农村社会之演变》，台湾：巨流出版社 1984 年版。
69. 梁漱溟：《乡村建设理论》，上海人民出版社 2012 年版。
70. 梁漱溟：《自述》，《乡村建设论文集》，邹平乡村书店 1936 年版。
71. 王先明：《走进乡村——20 世纪以来中国乡村发展论争的历史追索》，山西人民出版社 2012 年版。
72. 晏阳初：《十年来的中国乡村建设》，《晏阳初全集》（1），湖南教育出版社 1989 年版。
73. 宋恩荣、熊贤君：《晏阳初教育思想研究》，辽宁教育出版社 1994 年版。
74. 黎熙元：《现代社区概论》，中山大学出版社 2009 年版。
75. 詹成福、王景新：《中国农村社区服务体系建设研究》，中国社会科学出版社 2008 年版。
76. 师坚毅：《新农村社区建设与管理》，中国社会出版社 2011 年版。
77. 林宪斋、王建国主编：《河南城市发展报告》，社会科学文献出版社 2012 年版。
78. 杨团：《社区公共服务论析》，华夏出版社 2002 年版。
79. 贺雪峰：《乡村社会关键词》，山东人民出版社 2010 年版。
80. 袁方：《社会研究方法教程》，北京大学出版社 1999 年版。
81. 赵树凯：《乡镇治理与政府制度化》，商务印书馆 2010 年版。
82. 从翰香：《近代冀鲁豫乡村》，中国社会科学出版社 1995 年版。
83. 张乐天、曹锦清、陈中亚：《当代浙北乡村的社会文化变迁》，上海远东出版社 2001 年版。

84. 李路路、李汉林：《中国的单位组织：资源、权力与交换》，浙江人民出版社 2000 年版。
85. 林毅夫：《制度、技术与中国农业发展》，上海三联书店 1992 年版。
86. 周其仁：《农村变革与中国发展（1978—1989）》，牛津大学出版社 1994 年版。
87. 陈振明：《政策科学》，中国人民大学出版社 2002 年版。
88. 谢岳：《当代中国政治沟通》，上海人民出版社 2006 年版。
89. 李培林：《村落的终结——羊城村的故事》，商务印书馆 2010 年版。
90. 喻新安、刘道兴：《新型农村社区建设探析》，社会科学文献出版社 2013 年版。
91. 荣敬本、崔之元等：《从压力型体制向民主合作体制的转变——县乡两级政治体制改革》，中央编译出版社 1998 年版。
92. 文军：《西方社会学理论：经典传统与当代转向》，上海人民出版社 2006 年版。
93. 赵树凯：《乡镇治理与政府制度化》，商务印书馆 2010 年版。
94. 张柠：《土地的黄昏》，东方出版社 2005 年版。
95. 俞可平：《治理与善治》，社会科学文献出版社 2000 年版。
96. 谢立忠：《结构——制度分析，还是过程——事件分析》，社会科学文献出版社 2010 年版。
97. 吴淼：《决裂——新农村的国家建构：江汉平原中兴镇的实践表达（1949—1978）》，中国社会科学出版社 2007 年版。
98. 赵树凯：《农民的政治》，商务印书馆 2011 年版。
99. 曹锦清、张乐天、陈中亚：《当代浙江乡村的社会文化变迁》，上海远东出版社 2001 年版。
100. 徐勇：《中国农村村民自治》，华中师范大学出版社 1997 年版。
101. 徐勇：《非均衡的中国政治：城市与乡村比较》，中国广播电视出版社 1992 年版。
102. 吴毅：《村治变迁的权威与秩序》，中国社会科学出版社 2000 年版。
103. 郑大华：《民国乡村建设运动》，社会科学文献出版社 2000 年版。
104. 张静：《基层政权——乡村制度诸问题》，浙江人民出版社 2000 年版。

105. 程同顺：《农民组织与政治发展：再论中国农民的组织化》，天津人民出版社 2006 年版。
106. 阎云翔：《私人生活的变革：一个中国村庄里的爱情、家庭与亲密关系（1949—1999）》，上海书店出版社 2006 年版。
107. 张乐天：《告别理想——人民公社制度研究》，东方出版中心 1998 年版。
108. 贺雪峰：《村治的逻辑——农民行动单位的视角》，中国社会科学出版社 2009 年版。
109. 贺雪峰：《新乡土中国》，桂林：广西师范大学出版社 2003 年版。
110. 张暄：《日本社区》，中国社会出版社 2007 年版。
111. 杨叙：《北欧社区》，中国社会出版社 2008 年版。
112. 吴群刚、孙志祥：《中国式社区治理》，中国社会出版社 2011 年版。
113. 陆益龙：《农民中国——后乡土社会与新农村建设研究》，中国人民大学出版社 2010 年版。
114. 林宪斋、王建国：《河南城市发展报告》，中国社会科学文献出版社 2012 年版。
115. 秦红增：《乡土变迁与重塑——文化农民与民族地区和谐乡村建设研究》，商务印书馆 2012 年版。
116. 张鸣：《乡村社会权利和文化结构的变迁（1903—1953）》，陕西人民出版社 2013 年版。
117. 彭大鹏、吴毅：《单向度的农村——对转型期乡村社会性质的一项探索》，湖北人民出版社 2008 年版。
118. 厉以宁、孟晓苏、李源潮、李克强：《走向繁荣的战略选择》，经济日报出版社 2013 年版。
119. 张静：《社会冲突的结构性来源》，社会科学文献出版社 2012 年版。
120. 樊平、宓小雄、吴建瓴、齐慧颖：《农地政策与农民权益》，社会科学文献出版社 2012 年版。
121. 乔家君：《中国乡村社区空间论》，科学出版社 2011 年版。
122. 温锐：《毛泽东视野中的中国农民问题》，江西人民出版社 2004 年版。
123. 王景新、鲁可荣、郭海霞：《中国共产党早期乡村建设思想研究》，中国社会科学出版社 2011 年版。
124. 丁元竹：《社区的基本理论与方法》，北京师范大学出版社 2009 年版。
125. 祝彦：《救活农村：民国乡村建设运动回眸》，福建人民出版社 2009 年版。
126. 武岩、廖树芳、秦兴洪：《中国农民的变迁》，广东人民出版社 1999 年版。
127. 黎熙元、童晓频、蒋廉雄：《社区建设：理念、实践与模式比较》，商务印书馆 2006 年版。
128. 喻新安、谷建全、王玲杰：《新型城镇化引领论》，人民出版社 2012 年版。
129. 喻新安、吴海峰：《新型三化协调论》，人民出版社 2012 年版。
130. 喻新安、刘道兴、阎德民：《新型农村社区论》，人民出版社 2012 年版。
131. 陈万灵：《农村社区变迁——一个理论框架及其实证考察》，中国经济出版社 2002 年版。
132. 杨山：《乡村规划：理想与行动》，南京师范大学出版社 2009 年版。
133. 辛秋水等著：《传统文化与现代文明相对接——新乡村建设的理论与实践》，合肥工业大学出版社 2010 年版。
134. 袁金辉：《乡村治理与农村现代化》，郑州大学出版社 2007 年版。
135. 宋亚平：《咸安政改——那场轰动全国备受争议的改革自述》，湖北人民出版社 2009 年版。
136. 宋亚平：《出路：一个县委书记的县政考察笔记》，中国社会科学出版社 2010 年版。
137. 冯仕政：《当代中国的社会治理与政治秩序》，中国人民大学出版社 2013 年版。
138. 金太军：《村庄治理与权力结构》，广东人民出版社 2008 年版。
139. 黄仁宇：《中国大历史》，生活·读书·新知三联书店 1997 年版。
140. 于建嵘：《岳村政治》，商务印书馆 2011 年版。
141. 于建嵘：《底层立场》，上海三联书店 2011 年版。
142. 项继权：《集体经济背景下的乡村治理》，华中师范大学出版社 2002

年版。

143. 厉以宁、程志强：《中国道路与新城镇化》，商务印书馆 2012 年版。

144. 娄源功、耿明斋：《中原经济区建设总览》，中国经济出版社 2011 年版。

145. 胡美灵：《当代中国农民权利的嬗变》，知识产权出版社 2008 年版。

146. 陈锦晓：《中国乡村建设道路探索研究》，黄河水利出版社 2009 年版。

147. 吴相湘：《晏阳初传》，岳麓书社 2001 年版。

148. 邓大才：《小农政治：社会化小农与乡村治理》，中国社会科学出版社 2013 年版。

149. 潘小娟：《中国基层社会重构——社区治理研究》，中国法制出版社 2004 年版。

150. 杜润生：《杜润生自述：中国农村体制变革重大决策纪实》，人民出版社 2005 年版。

151. 折晓叶、陈婴婴：《社区的实践：超级村庄的发展历程》，浙江人民出版社 2000 年版。

152. 毛丹：《一个村落共同体的变迁：关于尖山下村的单位化的观察与阐释》，学林出版社 2000 年版。

153. 王铭铭：《社区的历程——溪村汉人家族的个案研究》，天津人民出版社 1997 年版。

154. 奚从清：《社区研究：社区建设与社区发展》，华夏出版社 1995 年版。

155. 何艳玲：《都市街区中的国家与社会：乐街调查》，社会科学文献出版社 2007 年版。

156. 杨团：《社区公共服务论析》，华夏出版社 2002 年版。

157. 张英洪：《农民权利论》，中国经济出版社 2007 年版。

二　论文类

1. 孙立平：《社区、社会资本与社区发育》，《学海》2001 年第 4 期。

2. 孙立平等：《改革以来中国社会结构的变迁》，《中国社会科学》1994 年第 2 期。

3. 温铁军、黄平等：《中国大陆的乡村建设》，《开放时代》2003 年第 2 期。

4. 温铁军：《三农问题的本土化思路》，《学习月刊》2005 年第 9 期。

5. 温铁军：《中国的“城镇化”与发展中国家城市化的教训》，《中国软科学》2007 年第 7 期。

6. 温铁军：《中国农村发展的另类解读》，《理论前沿》2008 年第 13 期。

7. 温铁军：《解构现代化》，《管理世界》2005 年第 1 期。

8. 徐勇：《东方自由主义传统的发掘——兼评西方话语体系中的“东方专制主义”》，《学术月刊》2012 年第 4 期。

9. 徐勇：《农民改变中国：基层社会与创造性政治——对农民政治行为经典模式的超越》，《学术月刊》2009 年第 5 期。

10. 徐勇：《村干部的双重角色：代理人与当家人》，《二十一世纪（香港）》1997 年第 8 期。

11. 徐勇：《脆弱的小农能支撑得起一个农村现代化体系吗?》，《湖北日报》（理论版）2003 年 10 月 30 日。

12. 徐勇：《现代化进程的节点与政治转型》，《探索与争鸣》2013 年第 3 期。

13. 徐勇：《农民理性的扩张：“中国奇迹”的创造主体分析——对既有理论的挑战及新的分析进路的提出》，《中国社会科学》2010 年第 1 期。

14. 徐勇：《在社会主义新农村建设中推进农村社区建设》，《江汉论坛》2007 年第 4 期。

15. 徐勇：《国家整合与社会主义新农村》，《社会主义研究》2006 年第 1 期。

16. 徐勇：《深化对农村城镇化认识十题》，《东南学术》2013 年第 3 期。

17. 周飞舟：《财政资金的专项化及其问题兼论“项目治国”》，《社会》2012 年第 1 期。

18. 渠敬东：《项目制：一种新的国家治理体制》，《中国社会科学》2012 年第 5 期。

19. 周雪光：《权威体制与有效治理：当代中国国家治理的制度逻辑》，《开放时代》2011 年第 10 期。

20. 张静:《统筹城乡社区发展展望》,《求实》2006 年第 2 期。
21. 项继权:《农村社区建设:社会融合与治理转型》,《社会主义研究》2008 年第 2 期。
22. 项继权、夏宁波等:《中外农村社区建设比较研讨会综述》,http://zqs.mca.gov.cn/article/ncsqjs/。
23. 项继权:《论我国农村社区的范围与边界》,《中共福建省委党校学报》2009 年第 7 期。
24. 项继权:《从"社队"到"社区":我国农村基层组织与管理体制的三次变革》,《理论学刊》2007 年第 11 期。
25. 项继权:《中国农村社区及共同体的转型与重建》,《华中师范大学学报》(人文社会科学版)2009 年第 3 期。
26. 项继权:《农村社区建设:社会融合与治理转型》,《社会主义研究》2008 年第 2 期。
27. 项继权:《中国农村建设:百年探索及路径转换》,《甘肃行政学院学报》2009 年第 2 期。
28. 项继权:《经社分开、城乡一体与社区融合——温州的社区重建与社会管理创新》,《华中师范大学学报》(人文社会科学版)2012 年第 6 期。
29. 吴业苗:《农民转身:新型农村社区的适应处境与公共服务建设》,《浙江社会科学》2013 年第 1 期。
30. 贺聪志、李玉勤:《社会主义新农村建设研究综述》,《农业经济问题》2006 年第 10 期。
31. 陈伟东、张大维:《社区公共服务设施及其配置:城乡比较》,《华中师范大学学报》(人文社会科学版)2008 年第 1 期。
32. 陈伟东:《论社区建设的中国道路》,《学习与实践》2013 年第 2 期。
33. 卢爱国:《农村社区体制改革模式:比较与进路》,《理论与改革》2009 年第 5 期。
34. 甘信奎:《中国当代新农村社区建设的现实条件及路径选择》,《理论学刊》2007 年第 1 期。
35. 高强:《全面小康依托下新农村公共服务平台建设的探索——新型农村涉恶趣"内源式"和"外推式"建构模式分析》,《学习与实践》

2006 年第 2 期。
36. 王惠平：《建设新型农村社区是推进城乡一体化的有效切入点》，《农村财政与财务》2011 年第 10 期。
37. 李颖华：《探索一条特色之路　共谋引领“三化”大计——曹维新为我市领导干部作专题报告》，《新乡日报》，2012 年 6 月 29 日。
38. 吴文藻：《吴文藻自传》，《晋阳学刊》1982 年第 6 期。
39. 胡宗山：《农村社区建设：内涵、任务与方法》，《中国民政》2008 年第 3 期。
40. 郑杭生：《社会公平正义与和谐社区建设——对社区建设的一种社会学分析》，《中国特色社会主义研究》2007 年第 6 期。
41. 吴理财：《中国农民行为逻辑的变迁及其争论》，《中国农业大学学报》（社会科学版）2013 年第 3 期。
42. 叶敬忠：《没有小农的世界会好吗?》，《中国农业大学学报》（社会科学版）2013 年第 3 期。
43. 李华燊、付强：《新型农村社区：城镇化道路的新探索》，《中国行政管理》2013 年第 7 期。
44. 吴业苗：《新型农村社区建设：如何可为？——以城乡一体化为视角》，《社会主义研究》2012 年第 3 期。
45. 黄锐、文军：《从传统错落到新型都市共同体：转型社区的形成及其基本特质》，《学习与实践》2012 年第 4 期。
46. 黄锐、文军：《走出社区的迷思：当前中国社区建设的两难抉择》，《社会科学》2013 年第 2 期。
47. 袁方成：《治理集体产权：农村社区建设中的政府与农民》，《华中师范大学学报》（人文社会科学版）2013 年第 2 期。
48. 张明锁、贺庆生：《新型农村社区建设的制约困境与突围路径分析：基于河南四市农村的实证研究》，《社会工作》（学术版）2011 年第 3 期。
49. 谢松保、张远凤：《关于农村新型社区建设的研究报告：以湖北省为例》，《中国民政》2011 年第 4 期。
50. 周国平、徐成华：《苏州新型农村社区组织建设实证研究》，《唯实》2010 年第 8 期。

51. 毕于建、姜继玉：《“合村并居”后新型农村社区建设的现状与对策》，《高等函授学报》（哲学社会科学版）2011 年第 8 期。
52. 张颖举：《中部地区新型农村社区建设的必要性与可行性：以河南省为例》，《贵州农业科学》2011 年第 2 期。
53. 关海廷、吴群芳：《邓小平与中国改革的合力起点选择》，《中共党史研究》1998 年第 5 期。
54. 李成贵、孙大光：《国家与农民的关系：历史视野下的综合考察》，《中国农村观察》2009 年第 6 期。
55. 李远行：《在城镇化中重构乡村主体性》，《南风窗》2013 年第 25 期。
56. 钟涨宝、狄金华：《中国的农村社区研究传统：意义、困境与突破》，《社会学评论》2013 年第 2 期。
57. 腾玉伟、牟维伟：《我国农村社区建设的主要模式及其完善的基本方向》，《中国行政管理》2010 年第 12 期。
58. 康宇：《中国城市社区治理发展历程及现实困境》，《贵州社会科学》2007 年第 2 期。
59. 贺雪峰：《农民本位的新农村建设》，《开放时代》2006 年第 4 期。
60. 秦晖：《共同体社会大共同体——评滕尼斯共同体与社会》，《书屋》2000 年第 2 期。
61. 李凯中：《农民组织化与农村社区治理》，《社会科学论坛》2006 年第 12 期。
62. 魏娜：《我国城市社区治理模式：发展演变与制度创新》，《中国人民大学学报》2003 年第 1 期。
63. 曹海林：《农村社区治理：何以可能与何以可为》，《人文杂志》2009 年第 4 期。
64. 李增元：《农村社区建设：治理转型和共同体构建》，《东南学术》2009 年第 3 期。
65. 夏周青：《中国农村建设：从乡村建设运动到农村社区创建的兴起》，《云南行政学院学报》2010 年第 2 期。
66. 李若青：《农村社区建设的条件分析》，《学术探索》2005 年第 10 期。
67. 贾金龙：《从城乡关系演进规律看农村社区管理城市化的必要性》，《北京行政学院学报》2004 年第 4 期。

68. 肖茂盛：《推进农村社区建设的思路与对策》，《中国行政管理》2007年第6期。
69. 陈建胜：《城乡一体化视野下的农村社区建设》，《浙江学刊》2011年第5期。
70. 叶齐茂：《欧盟十国乡村社区建设见闻录》，《国外城市规划》2006年第4期。
71. 汤慧玲：《新型农村社区改革试点的经验与问题探微》，《人民论坛》2013年第2期。
72. 崔伟华：《关于新型农村社区建设中的几个重要问题》，《中国党政干部论坛》2011年第2期。
73. 王立、刘明华、王义：《城乡空间互动——整合演进中的新型农村社区规划体系设计》，《人文地理》2011年第4期。
74. 闫文秀：《现代化变迁中的乡村社区发展道路探讨——基于山东省新型农村社区的调查》，《东岳论丛》2011年第11期。
75. 王孔祥：《城市化偏好与农村现代化》，《东南学术》2001年第2期。
76. 郑海花、李富强：《人类学的中国乡村社区研究历程》，《广西民族研究》2008年第4期。
77. 吴星云：《民国乡村建设与中国农村现代化路径》，《广东社会科学》2006年第6期。
78. 潘家恩、杜洁：《中国乡村建设研究述评》，《重庆社会科学》2013年第3期。
79. 吴理财：《农村社区认同及重构》，《中共天津市委党校学报》2011年第3期。
80. 邓大才：《社会化小农：动机与行为》，《华中师范大学学报》（人文社会科学版）2006年第3期。
81. 孙立平：《中国社会结构的变迁及其分析模式的转换》，《南京社会科学》2009年第5期。
82. 高鉴国：《社区公共服务的性质与供给》，《东南学术》2006年第6期。
83. 刘平：《问题与思路：从社区建设到社区发展》，《学习与探索》2002

年第 3 期。
84. 董磊明:《村庄公共空间的萎缩与拓展》,《江苏行政学院学报》2010 年第 5 期。
85. 段建军:《育社区社群共同体:社区治理的基础条件》,《生产力研究》2011 年第 6 期。
86. 陈宇海:《改革开放以来中国农村社区的精神文化变迁》,《云南社会科学》2007 年第 1 期。
87. 刘少杰:《新形势下我国社区建设的边缘化问题》,《甘肃社会科学》2009 年第 1 期。
88. 李增元:《乡村社区治理研究:分析范式、分析方法及研究视角的述评》,《甘肃行政学院学报》2012 年第 4 期。
89. 沈毅:《社会整合与社区整合》,《天府新论》2007 年第 4 期。
90. 毛丹、张志敏、冯钢:《后乡镇企业时期的村社区建设资金》,《社会学研究》2002 年第 6 期。
91. 曹海林:《从"行政性整合"到"契约性整合":农村基层社会管理战略的演进路径》,《江苏社会科学》2008 年第 5 期。
92. 夏建中:《社会学的社区主义理论》,《学术交流》2009 年第 8 期。
93. 张康之、张乾友:《共同生活与公共生活的兴衰史》,《学术研究》2009 年第 10 期。
94. 张红军:《新农村建设中农民主体地位实现的制度保障》,《现代农业科技》。
95. 汪小红:《农村社区权力关系建构:一种善治的话语分析》,《社会主义研究》2012 年第 1 期。
96. 张文静:《农村社区建设进程中农民主体性确实与建构研究》,华中师范大学博士论文,2013 年。
97. 李增元:《分离与融合:转变社会中的农民流动与社区融合》,华中师范大学博士论文,2013 年。
98. 陈薇:《空间·权力:社区研究的空间转向》,华中师范大学博士论文,2008 年。
99. 黄大金:《中国乡村社区治理研究》,湖南农业大学博士论文,2010 年。

100. 彭兵：《政府主导的乡村社区发展》，浙江大学博士论文，2010 年。
101. 许远旺：《规划性变迁：机制与限度——中国农村社区建设的路径分析》，华中师范大学博士论文，2010 年。

后　记

这本小书是我的博士论文，是一个描述性案例研究，它记录了中原一个普通村落的颠覆性变迁。书中我表达了对这种试验性社区变迁的忧虑，不过后来我发现，自己忽视了农民的适应能力与纠正能力。因为几次回访，我觉得，正村没有变得更坏，生活没有变得更糟。我相信一切都会变得更好。我的研究对他们没有多大的帮助，他们却对我有很大的支持，感谢村里的各位朋友们对我的真诚支持。

感谢我的导师宋亚平老师，是他带领我走进一个新的学术境界。作为一个农村的孩子，自认对农村非常熟悉，而宋老师则将我从熟悉带入深刻，从经验带入理性，从生活带入思想。每一次的交流总有醍醐灌顶的痛快淋漓，每一次的外出调研总有全新的感受与体验。从选题、调研到写作，宋老师都倾注了很大的心血。尤其是初稿完成后的论文修改，大到逻辑结构，小到标点符号，宋老师反复斟酌修改，他严谨认真的治学态度令我钦佩又汗颜。我会谨遵宋老师的教诲，少做枕头文章，多写砖头文章。

感谢华师的同窗好友李晓鹏、杨桓、冯士季、李敏杰、张良等同学的关心与帮助，在与你们的交流与讨论中，我受益匪浅。感谢河南大学汪来杰、张向东、马翠军、凌文豪、宋晓杰、付光伟、朱磊、田丰韶、刘辉等诸多师友的深切关心与大力帮助，在我有困难的时候，你们毫不犹豫地伸出援手帮助我渡过难关。

最后，还要感谢我的父亲母亲与妻子。父亲在生前总是淡淡地告诉我，要么努力学习，要么回家种地，我感受到最深沉的鞭策；我娘以一个母亲特有的无私与勤劳默默地支持着我的学习，从来没有丝毫的怨言；我的妻子韩晓静在自己繁忙的工作之际，仍然积极地帮助我联系调查点，并抽时间和我一起进行实地调查。正因为有了她的帮助，我感觉到蹲点调查与入户访谈是一件非常愉快的事情。此外，她丰富的学识和看问题的独特视角也给了我很多写作的灵感。尽管感到很惶恐，我依然想把这本书献给我的家人。

2018 年 1 月 21 日于河南大学地方政府与社会治理研究所